I0825883

LE
LIVRE DE MORALE

DES ÉCOLES PRIMAIRES
(COURS MOYEN, COURS SUPÉRIEUR)
ET DES COURS D'ADULTES

PAR

LOUIS BOYER
Inspecteur de l'Enseignement primaire
Officier de l'Instruction publique

PARTIE DU MAITRE

PLANS — RÉSUMÉS — LECTURES — RÉCITATIONS
DEVOIRS DE RÉDACTION

> « Le suffrage universel exigeait l'instruction universelle; mais celle-ci n'est rien si l'éducation morale et civique ne vient la féconder. »
>
> LÉON BOURGEOIS.

PARIS
LIBRAIRIE CLASSIQUE INTERNATIONALE
A. FOURAUT
47, RUE SAINT-ANDRÉ-DES-ARTS, 47

LE
LIVRE DE MORALE

A LA MÊME LIBRAIRIE

DU MÊME AUTEUR

Le livre de morale des écoles primaires (Cours moyen, cours supérieur) **et des cours d'adultes.** PARTIE DE L'ÉLÈVE. 1 vol. in-18 jésus, cart. 1 fr. 30.

Le livre d'instruction civique des écoles primaires (Cours moyen, cours supérieur) **et des cours d'adultes.**

— PARTIE DE L'ÉLÈVE. — Résumés. — Lectures. — Récitations. (*Sous presse.*)

— PARTIE DU MAITRE. — Plans. — Résumés. — Lectures. — Récitations. — Devoirs de rédaction. (*Sous presse.*)

Le livre de morale et d'instruction civique des écoles primaires (Classe enfantine et cours élémentaire). (*Sous presse.*)

PARIS. — IMPRIMERIE CHARLES BLOT, RUE BLEUE, 7.

LE
LIVRE DE MORALE

DES ÉCOLES PRIMAIRES
(COURS MOYEN, COURS SUPÉRIEUR)
ET DES COURS D'ADULTES

PAR

LOUIS BOYER

Inspecteur de l'Enseignement primaire
Officier de l'Instruction publique

PARTIE DU MAITRE

PLANS — RÉSUMÉS — LECTURES — RÉCITATIONS
DEVOIRS DE RÉDACTION

« Le suffrage universel exigeait l'instruction universelle; mais celle-ci n'est rien si l'éducation morale et civique ne vient la féconder. »

LÉON BOURGEOIS.

PARIS
LIBRAIRIE CLASSIQUE INTERNATIONALE
A. FOURAUT
47, RUE SAINT-ANDRÉ-DES-ARTS, 47

1895

C.

APPRÉCIATIONS

« ... Je n'avais pas oublié votre *Livre de morale*. J'en ai terminé la lecture, l'examen attentif. C'est un excellent travail, qui rendrait grand service, s'il était publié... »

F. MARTEL.

Mon cher Inspecteur,

Je vous retourne ci-jointes les épreuves de votre *Livre de morale*. Je les ai parcourues avec un vif intérêt. Ce livre rendra certainement les plus grands services à nos élèves et à nos maîtres. Les résumés sont nets et précis, la formule qui les termine se gravera facilement, je pense, dans les esprits; quant au choix de lectures et de morceaux de récitation, il était difficile d'en faire un plus varié et plus judicieux.

Croyez, je vous prie, mon cher Inspecteur, à mes sentiments affectueux.

MARCHAND,
Inspecteur d'académie de Vaucluse.

AVANT-PROPOS

Le présent travail est l'œuvre de la collaboration des Instituteurs et Institutrices de l'arrondissement d'Orange. Ceux-ci avaient été invités, sur les indications de M. F. Martel, Inspecteur général de l'Instruction publique, à fournir pour la conférence d'automne (1893) un carnet de préparation pour l'enseignement de la morale au Cours moyen des écoles primaires. Ce carnet devait comprendre un certain nombre de leçons, avec plan, résumé, lectures, récitations et devoirs de rédaction pour chacune d'elles.

Ce sont ces travaux réunis qui, après une sélection, ont fourni les éléments de ce volume.

La réalisation de ce travail d'ensemble a évidemment nécessité quelques soins.

Il y avait, dans les carnets envoyés, beaucoup de différence, notamment dans l'étendue des plans et des résumés. Il s'agissait donc d'apporter de l'uniformité dans ces parties : ici de rendre un plan plus concis, là de donner un peu plus ou un peu moins de développement à son résumé; assez souvent, plans et résumés ont dû être refaits entièrement.

Il a fallu, en outre, opérer un choix dans les devoirs de rédaction, dans les textes de lecture et de récitation, quand il y avait abondance, et en introduire de nouveaux, quand ils faisaient défaut.

Mais là ne s'est pas bornée notre tâche. Nous avons pensé que ce travail, qui était, en principe, destiné au *Cours moyen*, gagnerait néanmoins à pouvoir être utilisé dans le *Cours supérieur*. C'est dans ce but que nous y avons introduit les quelques paragraphes du programme de ce dernier cours qui n'y avaient pas eu place. Nous avons alors établi, pour chaque leçon, deux plans et deux résumés correspondant au Cours moyen et au Cours supérieur.

Les *plans*, toujours succincts, ne diffèrent pas sensiblement pour la même leçon : l'ordre des idées est seulement un peu changé. Le second renferme quelques idées nouvelles et répond ainsi au programme du Cours supérieur.

Les deux *résumés* sont le plus souvent comme deux formules de la même idée morale. Cette variété n'est peut-être pas inutile pour éviter la monotonie et soutenir l'intérêt de cet enseignement.

Le second résumé, destiné au Cours supérieur ou à la deuxième année du Cours moyen, est toutefois un peu moins concret et un peu plus élevé que le premier. Nous nous sommes efforcé de terminer le plus souvent possible les résumés, en manière de conclusion, par une courte maxime ou sentence facile à retenir.

Pour chaque leçon, il est fait mention d'un assez grand nombre de *Récits*, de *Lectures* et de *Récitations*. Les sources où l'on a puisé étant nombreuses, il sera ainsi toujours possible de se procurer un nombre suffisant et varié de morceaux pour les besoins de notre enseignement.

Parmi les lectures indiquées, il en est que le Maître pourra enchâsser, comme récits, dans le corps de sa leçon. Rien n'est plus propre que ces récits (contes ou histoires) à provoquer l'intérêt des élèves, les émouvoir et rendre plus concrètes les vérités morales qu'on veut faire pénétrer dans leur esprit et dans leur cœur.

Dans d'autres morceaux, le Maître pourra puiser des idées pour la préparation de ses leçons. Enfin, un certain nombre pourront être utilisés avec avantage comme textes de *Dictées*, de sorte que l'enseignement de l'orthographe viendra concourir, dans une certaine mesure, à l'enseignement de la morale.

Il en sera de même de la récitation et de la rédaction. Grâce aux morceaux et aux *Devoirs* indiqués à chaque leçon, on pourra suivre pas à pas, dans ces exercices, le développement du programme de morale.

Les sujets de rédaction pourront être traités, soit par écrit, soit de vive voix; dans ce dernier cas, ils tiendront lieu de questionnaires et formeront d'excellents exercices d'élocution.

Les Institutrices n'ont pas été oubliées dans ce travail. Beaucoup de lectures et de récitations, ainsi qu'un assez grand nombre de devoirs de rédaction, se rapportent spécialement aux filles. Nous avons même introduit une leçon qui les concerne exclusivement (1).

A titre d'indication, il a paru utile de placer en tête de ce travail le *Programme des Cours moyen et supérieur* des écoles primaires, ainsi que la *Liste des leçons de l'année*, suivie d'une *Répartition mensuelle* (sur neuf mois, estimant que le programme doit être parcouru en entier avant l'époque ordinaire des examens du certificat d'études primaires).

---

(1) 27e LEÇON : Le patriotisme des femmes.

On nous saura gré du soin que nous avons mis à faire coïncider cette répartition mensuelle avec des divisions naturelles du programme, et cela sans développer une partie au détriment d'une autre. Les Maîtres savent, par expérience, quel précieux avantage offre cette distribution des matières d'enseignement, en jalonnant leur route, en leur fournissant des étapes régulières et leur permettant de marcher à pas égal, sans précipitation et sans lenteur.

A la fin, on trouvera le *Développeme it de quelques leçons du programme de la morale théorique.* On y verra comment des notions en apparence assez abstraites, puisque le programme actuel, à tort, selon nous, n'en fait pas l'objet de leçons spéciales, peuvent être mises cependant à la portée des enfants de 9 à 13 ans.

A la suite de ces leçons, nous avons jugé utile de donner quelques directions au sujet de l'*Explication des morceaux de lecture et de récitation*, directions empruntées à l'excellent livre de M. Charles Causeret : *Cours de lecture expliquée et de composition française.*

Tel est le travail que nous présentons aux Instituteurs et aux Institutrices. S'il n'offre pas toute la perfection possible, il ne laissera pas moins, nous l'espérons, de fournir, tel qu'il est, bien des ressources aux Maîtres et Maîtresses; il leur facilitera un enseignement dont l'importance n'échappe à personne, et qui est d'ailleurs, de leur part, comme de celle de tous ceux que l'avenir de notre pays préoccupe, l'objet d'une faveur toute nouvelle et on ne peut plus justifiée.

Louis BOYER.

PROGRAMME DE MORALE

(Arrêté du 18 janvier 1887.)

ÉDUCATION MORALE

COURS MOYEN (de 9 à 11 ans).

I

L'enfant dans la famille. Devoirs envers les parents et les grands-parents.

Obéissance, respect, amour, reconnaissance. — Aider les parents dans leurs travaux, les soulager dans leurs maladies ; venir à leur aide dans leurs vieux jours.

Devoirs des frères et des sœurs.

S'aimer les uns les autres; protection des plus âgés à l'égard des plus jeunes; action de l'exemple.

Devoirs envers les serviteurs.

Les traiter avec politesse, avec bonté.

L'enfant dans l'école.

Assiduité, docilité, travail, convenance. — Devoirs envers l'instituteur. — Devoirs envers les camarades.

La patrie.

La France, ses grandeurs et ses malheurs. — Devoirs envers la patrie et la société.

II

Devoirs envers soi-même.

Le corps : propreté, sobriété et tempérance; dangers de l'ivresse; gymnastique.

Les biens extérieurs.

Économie; éviter les dettes; funestes effets de la passion du jeu; ne pas trop aimer l'argent et le gain; prodigalité; avarice. — Le travail (ne pas perdre de temps, obligation du travail pour tous les hommes, noblesse du travail manuel).

L'Âme.

Véracité et sincérité; ne jamais mentir. — Dignité personnelle, respect de soi-même. — Modestie : ne point s'aveugler sur ses défauts. — Éviter l'orgueil, la vanité, la coquetterie, la frivolité. — Avoir honte de l'ignorance et de la paresse. — Courage dans le péril et dans le malheur; patience, esprit d'initiative. — Dangers de la colère.

Traiter les animaux avec douceur; ne point les faire souffrir inutilement. — Loi Grammont, sociétés protectrices des animaux.

Devoirs envers les autres hommes.

Justice et charité (ne faites pas à autrui ce que vous ne voudriez pas qu'on vous fît; faites aux autres ce que vous voudriez qu'ils vous fissent). — Ne porter atteinte ni à la vie, ni à la personne, ni aux biens, ni à la réputation d'autrui. — Bonté, fraternité. — Tolérance, respect de la croyance d'autrui.

N. B. — Dans tout ce cours, l'instituteur prend pour point de départ l'existence de la conscience, de la loi morale et de l'obligation. Il fait appel au sentiment et à l'idée du devoir, au sentiment et à l'idée de la responsabilité; il n'entreprend pas de les démontrer par exposé théorique.

Devoirs envers Dieu.

L'instituteur n'est pas chargé de faire un cours *ex professo* sur la nature et les attributs de Dieu; l'enseignement qu'il doit donner à tous indistinctement se borne à deux points :

D'abord il leur apprend à ne pas prononcer légèrement le nom de Dieu; il associe étroitement dans leur esprit à l'idée de la Cause première et de l'Être parfait un sentiment de respect et de vénération; et il habitue chacun d'eux à environner du même respect cette notion de Dieu, alors même qu'elle se présenterait à lui sous des formes différentes de celles de sa propre religion.

Ensuite, et sans s'occuper des prescriptions spéciales aux diverses communions, l'instituteur s'attache à faire comprendre et sentir à l'enfant que le premier hommage qu'il doit à la Divinité, c'est l'obéissance aux lois de Dieu telles que les lui révèlent sa conscience et sa raison.

COURS SUPÉRIEUR (de 11 à 13 ans).

1° La famille.

Devoirs des parents et des enfants; devoirs réciproques des maîtres et des serviteurs; l'esprit de famille.

2° La société.

Nécessité et bienfaits de la société. La justice, condition de toute société. La solidarité, la fraternité humaine.

Applications et développements de l'idée de justice : respect de la vie et de la liberté humaine, respect de la propriété, respect de la parole donnée, respect de l'honneur et de la réputation d'autrui. La probité, l'équité, la loyauté, la délicatesse. — Respect des opinions et des croyances.

Applications et développements de l'idée de charité ou de fraternité. Ses divers degrés, devoirs de bienveillance, de reconnaissance, de tolérance, de clémence, etc. Le dévouement, forme suprême de la charité : montrer qu'il peut trouver place dans la vie de tous les jours.

3° La patrie.

Ce que l'homme doit à la patrie (l'obéissance aux lois, le service militaire, discipline, dévouement, fidélité au drapeau). — L'impôt (condamnation de toute fraude envers l'État). — Le vote (il est moralement obligatoire; il doit être libre, consciencieux, désintéressé, éclairé). — Droits qui correspondent à ces devoirs : liberté individuelle, liberté de conscience, liberté du travail, liberté d'association. Garantie de la sécurité, de la vie et des biens de tous. La souveraineté nationale. Explication de la devise républicaine : Liberté, Égalité, Fraternité.

ORDRE DES LEÇONS

I. PRINCIPES GÉNÉRAUX DE MORALE[1]

1re Leçon. Objet de la morale.
2e — La dignité humaine.
3e — La conscience.
4e — La liberté et la responsabilité.
5e — La loi morale ou le devoir.
6e — La vertu. — Les bonnes habitudes.
7e — Les sanctions de la morale.

II. DEVOIRS DE L'ENFANT

1° L'enfant dans la famille.

8e Leçon. La famille.
9e — Devoirs envers les parents : 1° L'amour.
10e — — — 2° Le respect.
11e — — — 3° L'obéissance.
12e — — — 4° La reconnaissance.
13e — Devoirs envers les grands-parents et les vieillards.
14e — Devoirs des frères et des sœurs.
15e — Devoirs envers les serviteurs.

---

1. D'après le Programme officiel, qui précède, ces principes généraux ne doivent pas faire l'objet de leçons spéciales dans le Cours moyen; mais il est recommandé toutefois de les prendre pour *point de départ* et pour base dans tout le Cours. Il a donc paru nécessaire d'en donner aux élèves une idée suffisante, de les enseigner par une série régulière de Leçons appropriées, bien entendu, à des élèves de 9 à 13 ans (voir l'Appendice).

2° L'enfant dans l'école.

16e Leçon. L'école. — Son but.
17e — Devoirs de l'écolier envers lui-même.
18e — Devoirs envers l'instituteur.
19e — Devoirs des écoliers entre eux.

3° L'enfant bien élevé.

20e Leçon. La politesse.

4° L'enfant apprenti.

21e Leçon. Devoirs envers le patron.

III. DEVOIRS ENVERS LA PATRIE

22e Leçon. La patrie.
23e — L'amour de la patrie.
24e — *Devoirs civiques :* 1° L'obéissance aux lois.
25e — — 2° L'impôt.
26e — — 3° Le service militaire.
27e — — 4° Le patriotisme des femmes.
28e — — 5° L'obligation scolaire.
29e — — 6° Le vote.

IV. DEVOIRS DE L'HOMME

1° Devoirs de l'homme envers lui-même.

30e Leçon. Le corps et l'âme.
31e — Devoirs individuels. — Le respect de soi-même.

2° Devoirs envers le corps.

32e Leçon. Conservation du corps. — La propreté.
33e — La tempérance et la sobriété.
34e — La gymnastique.

3° Devoirs relatifs aux biens extérieurs.

35e Leçon. Les biens extérieurs.
36e — Le travail.
37e — L'ordre.
38e — L'économie et la prodigalité.
39e — L'amour du gain et l'avarice.
40e — La prévoyance et l'épargne.
41e — Les dettes et le jeu.

4° Devoirs envers les animaux.

42e Leçon. Devoirs envers les animaux.

5° Devoirs envers l'âme.

43e Leçon. L'âme et ses facultés.
44e — Connais-toi toi-même : la modestie.
45e — Devoirs relatifs à la sensibilité : patience, modération.
46e — Devoirs relatifs à l'intelligence : véracité, sincérité.
47e — Devoirs relatifs à la volonté : 1° Courage dans le péril et le malheur.
48e — — — 2° Esprit d'initiative, persévérance.

6° Devoirs envers les autres hommes.

49e Leçon. La société : sa nécessité, ses bienfaits.
50e — Devoirs sociaux : justice et charité.

51e	Leçon.	*Devoirs de justice :*	1° Respect de la vie d'autrui.
52e	—	—	2° Respect de la liberté.
53e	—	—	3° Respect de la propriété.
54e	—	—	4° Respect de la parole donnée.
55e	—	—	5° Respect de l'honneur et de la réputation d'autrui.
56e	—	—	6° Respect des opinions et des croyances d'autrui.
57e	—	*Devoirs de charité :*	1° Bienveillance, solidarité, fraternité.
58e	—	—	2° La bienfaisance, l'aumône.
59e	—	—	3° La reconnaissance.
60e	—	—	4° La générosité, la clémence.
61e	—	—	5° Le dévouement.

V. DEVOIRS ENVERS DIEU

62e Leçon. Devoirs religieux.

RÉPARTITION MENSUELLE

L'enseignement de la morale devant être donné trois fois par semaine, c'est-à-dire de 10 à 12 fois dans le mois, nous pensons qu'il sera possible de voir mensuellement 7 leçons du programme, en moyenne.

En se basant sur ces chiffres, on peut établir la répartition mensuelle suivante :

OCTOBRE. . . .	*Les principes*	7 leçons.
NOVEMBRE . . .	*La famille*	8 leçons.
DÉCEMBRE . . .	*L'école et l'apprentissage* . . .	6 leçons.
JANVIER.	*La patrie*.	8 leçons[1]
FÉVRIER	*Devoirs individuels*.	2 leçons.
	Devoirs envers le corps. . . .	3 leçons.
MARS.	*Biens extérieurs*.	7 leçons.
	Devoirs envers les animaux . .	1 leçon.
AVRIL	*L'âme*	6 leçons.
MAI	*Devoirs de justice*	8 leçons.
JUIN.	*Devoirs de charité*.	5 leçons.
	Devoirs envers Dieu.	1 leçon.
JUILLET et AOUT.	*Revision*.	

1. Y compris une leçon spéciale aux filles.

LE LIVRE DE MORALE

DES ÉCOLES PRIMAIRES ET DES COURS D'ADULTES

I. — PRINCIPES GÉNÉRAUX DE MORALE

1re LEÇON. — Objet de la morale.

PLANS.

I

But de la morale : nous fait connaître nos devoirs et nous apprend à devenir des hommes honnêtes. — Conditions pour être honnête. — Importance de la morale : la première des connaissances. — But de la vraie morale : pratique des devoirs.

II

Définition de la morale : science des bonnes mœurs. — Son importance : supériorité sur les autres matières de l'enseignement. — Son influence sur le cœur, sur le caractère, sur la conduite. — But de la morale. — Noblesse de ce but. — Beauté de la morale.

RÉSUMÉS.

I

La morale nous enseigne à nous bien conduire dans le monde. Elle nous apprend quels sont nos

devoirs et comment nous devons les remplir pour devenir des hommes honnêtes et estimés de tous.

Mais *il ne suffit pas de connaître la morale, il faut aussi et surtout la pratiquer.*

II

Il n'importe pas seulement de vivre, mais de bien vivre, c'est-à-dire de se conduire honnêtement, en homme de bien. Pour cela, il faut connaître et pratiquer ses devoirs : c'est ce que nous enseigne la morale.

La morale est la première et la plus importante des connaissances; car *ce n'est pas assez de s'instruire, il faut surtout devenir meilleur.*

LECTURE.

1. — Une leçon de morale dans la rue.

Socrate, qui fut un des hommes les plus sages du temps ancien, avait coutume de dire à ses disciples qu'il ne pouvait leur enseigner qu'une science; mais c'était la première et la plus indispensable de toutes, la science qui rend les hommes bons et honnêtes en les éclairant sur leurs devoirs : la *Morale*.

Un jour, dans une rue d'Athènes, sa patrie, il fit la rencontre d'un jeune homme qui lui parut de bonne mine, et il résolut d'en faire son disciple et son ami.

Il lui barra le chemin avec son bâton et lui dit : « Sais-tu où se vendent le pain et la viande ? — Oui bien, répliqua Xénophon (c'était le nom du jeune homme); tu trouveras ces choses au marché de l'Agora. — Et sais-tu, poursuivit Socrate sans baisser son bâton, où l'on peut acheter des vêtements et des chaussures? — Oui », dit l'autre, et il enseigna à Socrate les marchands.

« C'est très bien; mais maintenant, jeune homme, puisque tu sais tant de choses utiles, pourrais-tu me dire où l'on apprend à devenir un homme de bien ? »

Cette fois Xénophon se tut et rougit. Socrate lui dit alors : « A quoi bon savoir le reste, si tu ignores la seule chose qui soit essentielle ? Et quel usage feras-tu de ta science, si tu ne sais pas t'en servir pour le bien ? Elle sera dans ta possession comme un outil aux mains d'un homme sans expérience : il le manie au hasard et se blesse plus qu'il n'avance dans son ouvrage. »

Et comme Xénophon demeurait confus devant Socrate et honteux d'avoir si longtemps négligé la véritable instruction, le sage lui dit : « Viens avec moi, et nous étudierons la science du bien. » Ainsi fut fait, et Xénophon, formé par les leçons de ce maître, devint un des citoyens les plus éclairés de la Grèce et l'un de ceux qui font le plus d'honneur à ce pays si fécond en grands hommes et en hommes vertueux.

(A. Burdeau, *l'Instruction morale à l'école* [1].)

---

* Nota. — Afin que les textes de lecture et de récitation aient tous les bons résultats que nous en attendons (élever et fortifier la leçon de morale), il est indispensable qu'ils soient lus et commentés avec soin. Le Maître devra, au moyen d'interrogations, amener les élèves à en dégager la pensée principale et à trouver par quels points celle-ci se rattache à la leçon. Nous comptons en cela sur le tact, le jugement et l'expérience des Maîtres et Maîtresses. Néanmoins, pour les guider dans cette voie, nous avons cru bon de leur donner, pour l'explication des morceaux choisis, les excellentes directions que nous devons à l'obligeance de M. Charles Causeret. (Voir l'*Appendice*.)

1. Alcide Picard et Kaan, éditeurs.

AUTRES LECTURES.

2. Objet de la morale (JULES STEEG, *Instruction morale et civique*).
3. Il faut être un honnête homme (J. GÉRARD, *Maximes morales de l'écolier français*).
4. De l'éducation, sa portée (A. VESSIOT, *de l'Éducation à l'école*, page 19).

RÉCITATIONS.

1. — L'éducation.

L'homme ne naît ni bon ni mauvais; il naît avec le pouvoir de devenir l'un ou l'autre. Il apporte, en naissant, des instincts contraires, les uns compatibles, les autres incompatibles avec l'existence de la société; il a en lui, dans son essence, les germes de tous les vices comme de toutes les vertus, de toutes les qualités et de tous les défauts. Doué de raison et de volonté, il discerne de bonne heure quels sont, parmi les instincts qui le poussent, ceux qu'il doit combattre, et, parmi ces germes, ceux qu'il doit développer. L'éducation n'est pas autre chose que le secours éclairé, affectueux, assidu, apporté à l'enfant dans la lutte qu'il engage de bonne heure contre ses mauvais penchants pour assurer le triomphe des autres.

..... On est effrayé en songeant jusqu'où l'homme peut descendre, on est ravi en voyant jusqu'où il peut monter. Aussi comprend-on sans peine avec quelle inquiétude émue un père se penche sur le bereeau de son nouveau-né, cherchant à lire dans ces traits encore incertains le redoutable mystère d'une vie qui peut être si belle ou si affreuse.

En cet enfant qu'il contemple dort en germe l'honneur ou la honte d'une famille, sa joie ou son désespoir.

(A. VESSIOT, *de l'Éducation à l'école* [1].)

1. LECÈNE, OUDIN ET Cie, éditeurs.

2. — L'honnête homme.

L'homme juste, l'honnête homme, est celui qui mesure son droit à son devoir. Il sait que l'homme, être infini par sa destinée, est jeté passagèrement sur un sol borné, et, ne pouvant agrandir la patrie commune, il agrandit son cœur pour s'y contenter de peu. Riche ou pauvre, qu'il donne ou qu'il reçoive, il se prépare un tombeau où nul n'accusera son passage d'avoir été un malheur. Je m'attendris à ce nom d' « honnête homme ». Je me représente l'image vénérable d'un homme qui n'a pas pesé sur la terre, dont le cœur n'a jamais connu l'injustice, et dont la main ne l'a point exécutée; qui non seulement a respecté les biens, la vie, l'honneur de ses semblables, mais aussi leur perfection morale; qui fut observateur de sa parole, fidèle dans ses amitiés, sincère et ferme dans ses convictions, à l'épreuve du temps qui change et qui veut entraîner tout dans ses changements. Aristide enfin, dans l'antiquité, l'Hôpital dans les temps modernes, voilà l'honnête homme. Lorsque vous le rencontrerez, je ne vous dis pas de ployer le genou; car ce n'est pas encore là le héros, mais c'est déjà une noble chose, et, peut-être, hélas! une chose rare, du moins dans sa plénitude. Saluez-le donc en passant, et, qui que vous soyez, aimez à entendre à votre oreille et surtout au fond de votre conscience cette belle parole, que vous êtes un honnête homme.

(Lacordaire, *Notices et Panégyriques* [1].)

AUTRE RÉCITATION.

3. But de l'éducation (A. Vessiot, *de l'Éducation à l'école*).

DEVOIRS DE RÉDACTION.

1. *L'honnête homme.* — Dites ce qu'il ne faut pas faire pour être un honnête homme; dites ce qu'il faut faire.

1. Charles Poussielgue, éditeur.

2. Comment un enfant se prépare-t-il à devenir un honnête homme, c'est-à-dire à s'attirer l'estime, la sympathie et la considération de ses concitoyens ?

3. Choisissez dans l'histoire deux personnages d'une conduite opposée, l'un honnête et vertueux, l'autre immoral, et, par leur exemple, montrez que la vertu ennoblit l'homme autant que le vice le dégrade.

2e LEÇON. — La dignité humaine.

PLANS.

I

Supériorité de l'homme sur les animaux. — L'homme a la parole articulée. — Il est intelligent et perfectible. — Il est doué de sensibilité morale. — Il est raisonnable et libre, et se reconnait responsable de ses actes. — Il est une personne morale.

II

En quoi l'homme se distingue de l'animal : 1° au point de vue intellectuel : parole articulée, intelligence, perfectibilité; — 2° au point de vue moral : raison, liberté, volonté, responsabilité. — Dignité humaine. — En quoi elle consiste. — Ce qu'elle commande.

RÉSUMÉS.

I

L'homme est supérieur aux animaux, d'abord parce qu'il est intelligent et sensible autrement et mieux qu'eux, ensuite — et surtout — parce que, seul, il a la raison, qui lui fait discerner le bien du mal, et la liberté, qui lui permet de choisir, de se décider pour l'un ou pour l'autre.

C'est ce qui donne à l'homme son caractère de *personne morale* et ce qui constitue la *dignité humaine*.

II

« *L'homme n'est qu'un roseau, le plus faible de la nature, mais c'est un roseau pensant.* »

(PASCAL.)

C'est la pensée qui fait de l'homme une personne morale, c'est-à-dire un être raisonnable et libre, capable de discerner le bien du mal et responsable de ses actes.

Ces qualités morales de l'homme constituent la dignité humaine, que nous devons être jaloux de conserver et d'accroître : *noblesse oblige*.

LECTURE.

1. — L'homme.

Tout marque dans l'homme, même à l'extérieur, sa supériorité sur tous les êtres vivants; il se soutient droit et élevé, son attitude est celle du commandement, sa tête regarde le ciel et présente une face auguste sur laquelle est imprimé le caractère de sa dignité; l'image de l'âme y est peinte par la physionomie, l'excellence de sa nature perce à travers les organes matériels et anime d'un feu divin les traits de son visage; son port majestueux, sa démarche ferme et hardie annoncent sa noblesse et son rang; il ne touche à la terre que par ses extrémités les plus éloignées, il ne la voit que de loin, et semble la dédaigner; les bras ne lui sont pas donnés pour servir de piliers d'appui à la masse de son corps, sa main ne doit pas fouler la terre, et perdre par des frottements réitérés la finesse du toucher, dont elle est le principal organe ; le bras et la main sont faits pour servir à des usages plus nobles, pour exécuter les ordres de la volonté, pour saisir les choses éloignées, pour écarter les obstacles, pour prévenir les rencontres et le choc de ce qui pourrait nuire, pour embrasser et retenir ce qui peut plaire, pour le mettre à la portée des autres sens.

Lorsque l'âme est tranquille, toutes les parties du visage sont dans un état de repos ; leur proportion, leur union, leur ensemble marquent encore assez la douce harmonie des pensées, et répondent au calme de l'intérieur; mais, lorsque l'âme est agitée, la face humaine devient un tableau vivant, où les passions sont rendues avec autant de délicatesse que d'énergie, où chaque mouvement de l'âme est exprimé par un trait, chaque action par un caractère, dont l'impression vive et prompte devance la volonté.

C'est surtout dans les yeux qu'elles se peignent et qu'on peut les reconnaître; l'œil appartient à l'âme plus qu'aucun autre organe, il semble y toucher et participer à tous ses mouvements, il en exprime les passions les plus vives et les émotions les plus tumultueuses, comme les mouvements les plus doux et les sentiments les plus délicats ; il les rend dans toute leur force, dans toute leur pureté, tels qu'ils viennent de naître ; il les transmet par des traits rapides qui portent dans une autre âme le feu, l'action, l'image de celle dont ils partent.

L'œil reçoit et réfléchit en même temps la lumière de la pensée et la chaleur du sentiment ; c'est le sens de l'esprit et la langue de l'intelligence.

(BUFFON, *Histoire naturelle.*)

AUTRES LECTURES.

2. Supériorité de l'homme (G. JOST et F. BRAEUNIG, *Lectures pratiques destinées aux élèves des cours moyen et supérieur*).

3. L'homme et l'animal (G. COMPAYRÉ, *Éléments d'instruction morale et civique*).

4. Le petit puissant, poésie d'AUGUSTE VACQUERIE (LOUIS MAINARD, *A travers la vie*).

RÉCITATION.

1. — La pensée.

L'homme n'est qu'un roseau, le plus faible de la nature, mais c'est un roseau pensant. Il ne faut pas que l'univers entier s'arme pour l'écraser. Une vapeur, une goutte d'eau suffit pour le tuer. Mais quand l'univers l'écraserait, l'homme serait encore plus noble que ce qui le tue, parce qu'il sait qu'il meurt ; et l'avantage que l'univers a sur lui, l'univers n'en sait rien.

Toute notre dignité consiste donc en la pensée. C'est de là qu'il faut nous relever, non de l'espace et de la durée, que nous ne saurions remplir. Travaillons donc à bien penser : voilà le principe de la morale.

(PASCAL, *Pensées.*)

AUTRE RÉCITATION.

2. La puissance de la pensée (1er alinéa), par EUGÈNE PELLETAN (JULES STEEG, *la Vie morale*).

DEVOIRS DE RÉDACTION.

1. *Différence entre la vie intellectuelle et la vie morale.* — Laquelle est la plus noble? Citez des gens qui se sont distingués dans la vie intellectuelle (savants) et dans la vie morale (hommes qui se sont dévoués pour la patrie ou leurs semblables). Lesquels préférez-vous?

2. *Supériorité de l'homme sur les animaux.* — Avantages intellectuels et moraux de l'homme : parole, écriture, intelligence, sensibilité morale. Notion du bien et du mal, liberté morale.

3e LEÇON. — La conscience.

PLANS.

I

Définition de la conscience. — Ce qu'elle commande, ce qu'elle défend. — Sentiment éprouvé selon qu'on a bien ou mal agi : satisfaction morale, remords. — Tous les hommes ont une conscience. — Nécessité de l'éclairer et de la développer par l'éducation.

II

Ce que l'on ressent quand on va commettre une mauvaise action. — La conscience. — On ne peut pas tromper sa conscience. — Sentiment qu'elle nous fait éprouver. Remords. Criminels qui se livrent. — La conscience existe chez tous les hommes, mais elle peut se développer par l'éducation. — Effets de la civilisation.

RÉSUMÉS.

I

La conscience est à la fois l'instinct qui nous fait discerner le bien du mal et le juge qui nous approuve d'avoir fait le bien et nous blâme d'avoir fait le mal.

Ce blâme de la conscience devient le remords qui poursuit le coupable et ne lui laisse aucun repos.

Obéissons donc toujours à la voix de la conscience : « *Une bonne conscience est un bon oreiller.* »

(Plutarque.)

II

La conscience est cette voix intérieure qui nous avertit au moment de mal agir et qui nous trouble et nous condamne après la faute.

Comme notre intelligence, la conscience s'élève et s'éclaire par l'éducation. Il faut donc fortifier la

conscience en cherchant à bien connaître ses devoirs.

« Une conscience pure et droite fait la paix et la tranquillité du cœur. »

LECTURES.

1. — La conscience.

Minuit sonnait au clocher du village.
La lune, rayonnant dans un ciel sans nuage,
Se mirait dans l'étang; d'un souffle langoureux
La brise par instants caressait le feuillage
Des bois silencieux.
Tout dormait, sauf un homme, amateur du mystère,
Qui s'en allait dans le champ du voisin
Dérober des pommes de terre.
Il poussait sa brouette en montant le chemin ;
La roue à chaque tour criait en son langage:
« Nous serons pris, nous serons pris, nous serons pris! »
— « Non, non», murmurait l'homme, et les chauves-souris
Disaient : « Si, si » sur son passage,
Et tournoyaient avec de petits cris.
Il arrive pourtant, et remplit sa brouette.
Du haut d'un gros noyer, voilà qu'une chouette
Lui crie : « Hu, hu! je t'ai vu, je t'ai vu! »
Notre coquin eut peur et prit la fuite;
Et la roue, en tournant plus vite,
Lui chantait : « Tu seras pendu,
Tu seras pendu, tu seras pendu! »
Il rentra fort ému, mais sans autre aventure.
Tandis qu'il cachait sa capture,
Il entendit un chat qui criait : « Miaou!
Oh! le filou, oh! le filou! »
Il dormit mal et rêva de gendarmes.
Il s'éveillait, honteux de ses alarmes,
Quand tout à coup le coq chanta : « Kirikiki!
Bien mal acquis, bien mal acquis! »
Il sort furieux : « Eh bien! oui, sale bête,
J'ai volé; mais j'aurai ta langue avec ta tête! »

2.

Un voisin l'entendit, vite en secret conta
La chose à sa voisine : elle la rapporta
A deux commères fort discrètes ;
Bref, un ami courut avertir les sergents,
Qui menèrent mon homme où vont les braves gens
Qui sans payer font leurs emplettes.
Voilà mon conte, et je crois, mes amis,
Qu'il justifie assez le titre que j'ai mis.

(STOP, *Bêtes et Gens* [1].)

2. — La conscience.

Conscience ! conscience ! instinct divin, immortelle et céleste voix, guide assuré d'un être ignorant et borné, mais intelligent et libre ; juge infaillible du bien et du mal, qui rends l'homme semblable à Dieu, c'est toi qui fais l'excellence de sa nature et la moralité de ses actions ; sans toi, je ne sens rien en moi qui m'élève au-dessus des bêtes que le triste privilège de m'égarer d'erreurs en erreurs, à l'aide d'un entendement sans règle et d'une raison sans principes.

(JEAN-JACQUES ROUSSEAU.)

AUTRES LECTURES.

3. Du juste et de l'injuste, par VOLTAIRE (JULES STEEG, *la Vie morale*).

4. Le spectre (LARIVE et FLEURY, *la Deuxième Année de grammaire*).

RÉCITATION.

1. — Ma conscience.

On sait toujours quand on fait bien ;
Jean, une voix parle en toi-même :

1. E. PLON, NOURRIT ET Cie, éditeurs.

C'est la voix de quelqu'un qui t'aime ;
Car son bon conseil, c'est le tien.

Écoute-la, la voix secrète,
Mon fils, la voix de bon conseil :
Elle veille dans ton sommeil,
Et partout elle est toujours prête.

Sais-tu, Jean, quelle est cette voix
Qui te félicite ou te gronde ?
Qui parle au cœur de tout le monde ?
Qui, dans la nuit, dit : « Je vous vois » ?

C'est conscience qu'on la nomme ;
C'est l'écho, dans nos cœurs resté,
D'un conseil, souvent répété,
De notre père, un honnête homme.

C'est un cri de mère à genoux,
Nous suppliant de rester sages !...
La conscience a les visages
De nos pères vivants en nous.

C'est le souvenir d'un bon livre,
Expérience d'un ancien,
Et qui nous dit que « faire bien »,
C'est avoir du bonheur à vivre.

(JEAN AICARD, *la Chanson de l'enfant* [1].)

AUTRE RÉCITATION.

2. La conscience, par CHATEAUBRIAND (MERLET, *Extraits des classiques français*, cours moyens, prose).

DEVOIRS DE RÉDACTION.

1. L'autre jour, en vous promenant, vous avez trouvé un porte-monnaie contenant une certaine somme. Vous étiez certain que personne ne vous avait vu le ramasser. N'avez-vous pas été tenté de vous approprier cette trouvaille? Qu'est-ce qui vous a arrêté? Si vous aviez cédé à la tentation, quelle aurait

---

1. FISCHBACHER, éditeur.

été la punition véritable de votre mauvaise action? En y résistant, quelle a été votre récompense?

2. Vous avez commis une mauvaise action : un mensonge, une injustice, une méchanceté, etc.; mais personne ne sait que vous êtes coupable, vous ne serez pas puni. Cependant votre action est mauvaise : pourquoi? Montrez qu'il est mal de mentir, d'être injuste ou méchant, même si l'on échappe au châtiment.

3. Qu'est-ce que la conscience? Imaginez des circonstances où la voix de la conscience se fait entendre. Concluez.

4e LEÇON. — La liberté et la responsabilité.

PLANS.

I

La liberté : liberté physique, liberté morale. — Conséquences de la liberté morale : la responsabilité. — Conditions pour être responsables. — Degrés dans la responsabilité (jeune enfant, ivrogne). — Cas d'irresponsabilité (idiot, fou). — Responsabilité morale (enfant qui donne le mauvais exemple).

II

L'homme est raisonnable et libre. — Ce qu'on entend par liberté morale. — La liberté entraîne la responsabilité. — Prétendues objections contre la liberté : le tempérament, les habitudes, l'hypnotisme. — L'homme a toujours la liberté de vaincre son tempérament, de combattre ses mauvaises habitudes et d'en contracter de bonnes.

RÉSUMÉS.

I

L'homme peut choisir entre le bien et le mal : il est libre et doit, par conséquent, répondre de ses actes.

Cette responsabilité est d'autant plus grande que l'on comprend mieux la portée de ses actes et que l'on agit avec plus d'intention.

On peut être, en certains cas, responsable des

fautes des autres, si, par son exemple ou ses conseils, on les a entraînés au mal.

II

L'homme est raisonnable et libre; il peut, à son gré, choisir entre le bien et le mal, et nul ne peut le contraindre à vouloir ce qu'il ne veut pas. Mais c'est parce qu'il est libre de bien ou mal agir qu'il se sent responsable de ses actes. « Le tigre déchire sa proie et dort, l'homme tue et veille. » (CHATEAUBRIAND.)

Notre tempérament ne supprime pas notre responsabilité, puisque nous pouvons le combattre et le dominer. Il en est de même des passions et des mauvaises habitudes; car nous pouvions réagir contre elles à leur début et prévenir ainsi leurs funestes conséquences.

LECTURES.

1. — Latéranus et l'affranchi.

Écoutons ce que dit Épictète, un grand philosophe de l'antiquité, à un de ses disciples :

« Souviens-toi du courage de Latéranus. Néron lui avait envoyé l'affranchi Épaphrodite pour l'interroger sur la conspiration où il était entré. Il ne fit d'autre réponse à cet affranchi sinon : « Quand j'aurai quelque chose à dire, « je le dirai à ton maître. — Mais tu seras traîné en pri- « son. — Faut-il que j'y sois traîné en fondant en larmes? « — Tu seras envoyé en exil. — Qu'est-ce qui m'empêche « d'y aller gaiement, plein d'espérance et content de mon « état? — Qu'on le mette aux fers! — Je t'en défie; ce sont « mes jambes que tu y mettras. — Je vais te faire couper « le cou. — T'ai-je dit que mon cou eût le privilège de ne « pouvoir être coupé? »

Et plus loin :

« Quelqu'un peut-il t'empêcher de te rendre à la vérité et te forcer d'approuver ce qui est faux? Tu vois donc bien que tu as un libre arbitre que rien ne peut te ravir... Un tyran me dit : « Je suis le maître, je puis tout. — Eh ! que « peux-tu ? Peux-tu te donner un bon esprit ? Peux-tu « m'ôter ma liberté ? C'est Dieu même qui m'a affranchi ; « penses-tu qu'il souffre que son fils tombe sous ta puis- « sance ? Tu es maître de ce cadavre, mais tu n'as aucun « pouvoir sur moi. »

(*L'Instruction primaire*, 1886-1887.)

---

2. — La responsabilité.

Que faut-il pour être responsable ? Être la cause consciente, volontaire, intentionnelle d'un acte ou d'une décision de la volonté qui aurait produit cet acte, si un obstacle indépendant de nous-mêmes n'en eût empêché la réalisation.

La responsabilité a des degrés ; elle n'est ni chez tous, ni toujours la même ; elle est proportionnelle à l'attention que j'ai apportée, au discernement dont je suis capable, à l'intention, au sentiment qui m'animent.

La responsabilité est faible chez l'enfant, d'autant plus faible qu'il est plus jeune, plus inexpérimenté ; elle est faible chez l'ignorant, d'autant plus faible qu'il sait moins de choses, qu'il se rend moins compte de la portée de ses actes, qu'il est moins capable de réfléchir avant de décider. Elle est grande chez l'adulte, chez l'homme instruit, chez celui qui a sciemment accepté une charge avec ses conséquences prévues.

Plus l'esprit est éclairé, plus la conscience est exercée, plus l'intention est réfléchie, plus la délibération est mûre, plus la raison est sûre et attentive, plus aussi la responsabilité grandit.

Elle diminue à mesure que ces diverses conditions se trouvent à un moindre degré ; elle cesse là où ces conditions disparaissent.

Je ne suis pas responsable des faits où ma volonté n'est pour rien, qui n'ont pas dépendu de moi, dont j'ai été l'occasion ou l'instrument inconscient et involontaire. L'homme n'est pas responsable des actes commis pendant le sommeil, pendant la fièvre, pendant la folie.

L'être qui, par accident, par maladie, d'une façon passagère ou durable, est privé d'intelligence, de réflexion, de raison, n'est pas responsable.

Il n'y a responsabilité que là où il y a liberté morale; il n'y a liberté morale que là où il y a conscience et raison.

(Jules Steeg, *l'Honnête Homme* [1].)

AUTRES LECTURES.

3. La liberté morale (J. Gérard, *Maximes morales de l'écolier français*, page 14).

4. La responsabilité (J. Gérard, *Maximes morales de l'écolier français*, page 17).

5. La liberté et la responsabilité (Jules Steeg, *Instruction morale et civique*).

6. La raison et la liberté (G. Compayré, *Éléments d'instruction morale et civique*).

7. La liberté morale (A. Vessiot, *de l'Éducation à l'école*, pages 73 et 74).

RÉCITATION.

1. — Dandolo.

Venise aux Byzantins demandait un traité.
Auprès de l'empereur part comme député
Un des plus nobles fils de Venise la belle,
Dandolo... L'empereur ordonne qu'on l'appelle.
Il entre... Le traité l'attendait tout écrit.
« Lisez, lui dit le prince, et puis signez... » Il lit.
Mais soudain, pâlissant de colère, il s'écrie :
« Ce traité flétrirait mon nom et ma patrie!
Je ne signerai pas. » L'impétueux César
Se lève ! Dandolo l'écrase d'un regard.
Le prince veut parler de présents... Il s'indigne.
De bourreaux... Il sourit. De prêtres... Il se signe.
Alors tout écumant de honte et de fureur :

1. Fernand Nathan, éditeur.

« Si tu ne consens pas, traître, dit l'empereur,
J'appelle ici soudain quatre esclaves fidèles ;
Je te fais garrotter, et là, dans tes prunelles
Un feu rouge éteindra le jour évanoui ;
Ainsi hâte-toi donc, et réponds enfin : Oui. »
Il se tait !... On apporte une lame brûlante ;
Il se tait !... On l'applique à sa paupière ardente ;
Il se tait !... De ses yeux, où le fer s'enfonçait,
Le sang coule ; il se tait !... La chair fume ; il se tait !...
Et quand de ses bourreaux l'œuvre fut achevée,
Tranquille et ferme, il dit : « La patrie est sauvée ! »
Eh bien ! ce cœur d'airain, inflexible aux douleurs,
Ces yeux qui, torturés, n'ont que du sang pour pleurs,
Cet immobile front où pas un pli ne bouge,
Qui ne sourcille pas sous le feu d'un fer rouge,
Ces yeux, ce front, ce cœur, avaient quatre-vingts ans !

(ERNEST LEGOUVÉ.)

AUTRE RÉCITATION.

2. L'habitude, poésie de SULLY-PRUDHOMME (MERLET, *Extraits des classiques français*, cours élémentaires).

DEVOIRS DE RÉDACTION.

1. Un de vos camarades a l'habitude de répondre, toutes les fois qu'on lui adresse quelques observations ou quelques reproches : « Que voulez-vous ? je ne puis pas faire autrement : c'est plus fort que moi. » Vous lui écrivez ce que vous pensez de cette manière de s'excuser ou de se justifier.

2. Un fou n'est pas responsable, pourquoi ? Un ivrogne n'est pas responsable du mal qu'il fait dans son ivresse, comment et pourquoi ?

3. L'autre jour, un enfant d'une première classe a excité deux condisciples plus jeunes à faire l'école buissonnière. Un accident est arrivé à l'un des deux jeunes élèves. Racontez le fait à un ami et appréciez la conduite respective de ces enfants.

5e LEÇON. — La loi morale ou le devoir.

PLANS.

I

La loi morale, fondement de toutes les autres lois. — Le devoir. — Le devoir nous est révélé par la conscience. — Lutte contre l'intérêt et le plaisir. — Tout devoir impose un sacrifice. — Il faut faire le bien pour le bien.

II

Ce que c'est que la loi morale. — Ce qu'elle commande. — Différence entre la loi morale et les lois écrites. — La loi morale antérieure aux lois écrites. — Le devoir et l'intérêt personnel. — Leur opposition possible. — On doit toujours obéir au devoir.

RÉSUMÉS.

I

La loi morale ou le devoir est l'obligation d'obéir aux commandements de la raison et de la conscience.

Le devoir s'explique clairement : « Ceci est bien, donc tu dois le faire; ceci est mal, donc tu ne dois pas le faire. »

Le devoir doit passer avant l'intérêt et le plaisir.

« *Fais ce que dois, advienne que pourra* », voilà la devise de l'honnête homme.

II

La loi morale est l'obligation pour tous les hommes de faire le bien et d'éviter le mal. On l'appelle aussi le devoir.

Toutes les lois écrites reposent sur cette loi intérieure que la conscience révèle à tous les hommes.

La loi morale nous commande de faire le bien pour le bien et non parce qu'il doit nous profiter.

« ***L'honnête homme est celui qui fait une action uniquement parce qu'il voit qu'il faut la faire et par cette seule raison qu'elle est juste.*** »

(Victor Cousin.)

LECTURES.

1. — Le tilbury.

L'autre jour, j'allais à mes affaires, j'entends un cri de douleur. Je regarde : un vieillard gisait au milieu de la rue ; le cheval d'un tilbury l'avait renversé ; la roue avait passé sur le corps. On s'arrête, on s'attroupe, on entoure le vieillard, on crie après le cocher, on court après la voiture ; mais la voiture était sourde, ou faisait la sourde oreille, et le cheval allait à fond de train. Pendant qu'on relevait le vieillard et qu'on le portait chez le pharmacien, le tilbury courait, courait, jusqu'à ce qu'enfin, se croyant assez loin, le conducteur modéra l'allure de son cheval. A mesure que celui-ci ralentissait le pas, et que la rue devenait moins bruyante, notre homme se mit à réfléchir, et, dans le silence qui se faisait autour de lui, il commença à entendre une voix qui d'abord parlait doucement, mais qui, peu à peu, élevait le ton. Cette voix-là ne venait pas de la rue, où il n'y avait plus personne ; elle venait de lui-même, c'était la voix de sa conscience ; car c'est une chose bien singulière, et pourtant bien certaine, que nous portons quelqu'un au dedans de nous, et ce quelqu'un-là, c'est à la fois notre conseiller, notre juge et notre maître. Donc la voix disait :

« Ce que tu fais est mal, très mal ; lancer son cheval dans une rue qui est pleine, c'est une grande imprudence ; renverser quelqu'un, c'est un malheur ; mais lui passer sur le corps et se sauver ensuite, c'est une lâcheté, c'est un crime. Qu'as-tu à répondre ? »

Le coupable cherchait une excuse et ne la trouvait pas.

« Tu vas t'arrêter », reprit la voix. Notre homme ne

s'arrêta pas tout court, mais il mit son cheval au pas. « Arrête, te dis-je! » fit la voix d'un ton impérieux et irrité. Notre homme s'arrêta.

« Maintenant tourne bride, et allons voir ce que tu as fait. »

L'homme ramena son cheval, mais lentement, si lentement que la voix reprit encore :

« Plus vite, plus vite ! Tu as fait le mal, tu dois tout faire, tout, pour le réparer; et puisse-t-il être réparable ! Qui sait si nous arriverons à temps ? Qui sait si la victime de ton imprudence n'est pas mourante à cette heure? Hâtons-nous. »

Il en coûtait à l'imprudent de se montrer après sa fuite; mais sa conscience fut la plus forte et le ramena plus encore que son cheval auprès du vieillard.

Heureusement, le mal était moins grand qu'il n'eût pu l'être; grâce à la légèreté de la voiture, la jambe du vieillard était meurtrie, mais non cassée. Le coupable se confondit en excuses, alla chercher un docteur, fit soigner le vieillard à ses frais; chaque jour il lui rendait visite et n'épargnait et ne négligeait rien pour se faire pardonner sa faute et pour la réparer. Il fut assez heureux pour y réussir.

Comme le vieillard était encore vert, il se rétablit et, comme il avait bon cœur, il pardonna.

Un jour, je l'aperçus dans le tilbury qui l'avait renversé, assis à côté de l'auteur de l'accident; le tilbury allait au pas.

(A. Vessiot, *Pour nos enfants*[1].)

2. — Le devoir et l'intérêt.

Un jour[2], un célèbre homme d'État d'Angleterre, un ministre, apprit une nouvelle politique qui devait faire subir aux fonds publics une baisse considérable. Quelques minutes après, son père entre; ce dernier lui annonce qu'il est engagé dans une grande spéculation à la hausse,

1. Lecène, Oudin et Cie, éditeurs.
2. L'auteur s'adresse à son fils.

qu'une partie notable de leur fortune y est engagée, et que, s'effrayant de quelques bruits qui circulent, il vient demander à son fils ce qu'il en est, afin de vendre, si ces bruits sont fondés : « Qu'est-ce que son fils doit lui répondre ?

— Il doit lui dire : Vends !

— Réfléchis bien ! D'abord cette nouvelle est un secret, un secret qu'il ne possède que comme ministre, un secret qu'il a certainement juré de garder. Le révéler, c'est manquer à sa foi d'homme d'État, c'est trahir la chose publique pour un intérêt privé.

— Mais, c'est pour sauver son père !

— Oui ! mais il ne peut sauver son père sans ruiner quelqu'un.

— Comment cela ?

— Si son père vend, il y a quelqu'un qui achètera ; ce quelqu'un recevra donc des valeurs que le père savait être mauvaises, puisqu'il ne les vend que sur l'avis qu'elles vont baisser : il trompe donc sciemment ; or, tromper sciemment, c'est ce que la loi appelle voler. Ce ministre, cet homme d'État, en avertissant son père, aurait donc été le complice, l'auteur de ce vol.

— Mais alors, reprit mon fils, très troublé, qu'a-t-il fait ?

— Il a répondu qu'il ne pouvait répondre.

— Et qu'a fait le père ?

— Il n'a pas vendu et il a perdu... Je me trompe, ils ont perdu (car son fils était son seul héritier) une somme considérable. »

L'enfant resta silencieux un moment, puis il dit :

« C'est beau !

— Non, ce n'est que bien ; mais c'est si rare que cela devient sublime ! »

(Ernest Legouvé, *les Pères et les Enfants au* XIXe *siècle*[1].)

AUTRES LECTURES.

3. Le devoir et l'intérêt, par Henry Maret (*l'Instruction primaire*, 13e année, page 766).

4. Le devoir (A. Rendu fils, *le Devoir et la Loi*, page 81).

1. J. Hetzel et Cie, éditeurs.

RÉCITATION.

1. — Le lieutenant Louhaut.

Je me promenais sur le pont d'Iéna; il faisait un grand vent : la Seine était houleuse.... Je suivais de l'œil un petit batelet rempli de sable jusqu'aux bords, qui voulait passer sous la dernière arche du pont... Tout à coup le batelet chavire; je vis le batelier essayer de nager, mais il s'y prenait mal : « Ce maladroit va se noyer », me dis-je. J'eus quelque idée de me jeter à l'eau ; mais j'ai quarante-sept ans et des rhumatismes; il faisait un froid piquant... « Ce serait trop fou à moi, me disais-je; quand je serai cloué dans mon lit par la souffrance, qui viendra me voir, qui songera à moi? Je serai seul à mourir d'ennui comme l'an passé. » Je m'éloignai rapidement et je me mis à penser à autre chose. Tout à coup je me dis : « Lieutenant Louhaut, tu es un... » « Et les soixante-sept jours que les rhumatismes m'ont tenu au lit l'an passé? » répliquait la prudence. « Que le diable emporte cet homme! Il faut savoir nager quand on est marinier. » Je marchai fort vite vers l'École militaire. Tout à coup une voix me dit : « Lieutenant, vous êtes un lâche. » Ce mot me fit tressaillir. Je me mis à courir vers la Seine. Je sauvai l'homme sans difficulté. Qu'est-ce qui m'a fait faire ma belle action? Ma foi, c'est la peur du mépris; c'est cette voix qui me disait : « Lieutenant Louhaut, vous êtes un lâche. » Ce qui me frappa, c'est que la voix cette fois ne me tutoyait plus. Je me serais méprisé moi-même si je ne me fusse pas jeté à l'eau.

(STENDHAL, *Mémoires d'un touriste*[1].)

AUTRE RÉCITATION.

2. Le chevalier d'Assas, par MARC BONNEFOY (A. DELAPIERRE et A.-P. DE LAMARCHE, *Exercices de mémoire*, cours moyen).

1. CALMANN LÉVY, éditeur.

DEVOIRS DE RÉDACTION.

1. Faire le récit, en l'abrégeant, du premier morceau de lecture : *Le tilbury* [1].

2. Qu'est-ce que le devoir et comment chacun peut-il connaître son devoir? Y a-t-il des devoirs communs à tous les hommes et d'autres qui diffèrent suivant l'âge et les circonstances de la vie? Est-il permis, en quelque circonstance que ce soit, de s'affranchir de son devoir? Que devrait-on faire si l'on venait à faillir à son devoir?

3. Une de vos compagnes vous a dit qu'elle est encore trop jeune pour avoir des devoirs à remplir. Expliquez-lui qu'il n'est point de petits devoirs et qu'elle se préparera à bien remplir les devoirs qui lui incomberont plus tard, en s'acquittant consciencieusement de ceux qui se présentent chaque jour.

6e LEÇON. — La vertu. — Les bonnes habitudes.

PLANS.

I

La vertu, force morale qui fait résister aux passions et aux mauvais penchants. — Comment on arrive à la vertu. — Examen de conscience. — Efforts soutenus pour combattre nos mauvais penchants et acquérir de bonnes habitudes morales. — Effets des bonnes habitudes.

II

La vertu, habitude d'obéir à la loi morale. — Il y a bien des sortes de vertus : vertus privées, vertus civiques, vertus militaires, vertus sociales, etc. — La vertu en général, réunion de toutes les vertus particulières. — Conditions pour devenir vertueux : s'éclairer sur ses devoirs, les aimer, et prendre l'habitude de les remplir le mieux possible.

---

1. Ce genre de devoir (reproduction d'une lecture ou traduction en prose d'un morceau de poésie) convient surtout aux élèves du Cours moyen. Nous n'en indiquons que quelques-uns; mais il sera possible aux Maîtres et Maîtresses d'en donner un plus grand nombre, dans le cours des diverses leçons.

RÉSUMÉS.

I

L'accomplissement d'un devoir exige presque toujours un sacrifice; mais c'est en se faisant une habitude de ces sacrifices que l'on arrive au perfectionnement moral et à la vertu.

Prenons donc, par une progression d'efforts, l'habitude de résister à nos mauvais penchants et d'obéir toujours courageusement à notre devoir : nous arriverons ainsi à accomplir d'une façon naturelle des actes qui nous avaient paru tout d'abord très pénibles.

« ***L'habitude devient une seconde nature.*** »

II

La vertu est la pratique habituelle du devoir. Elle est toujours le fruit d'un long et vigoureux effort.

Pour devenir vertueux, il faut prendre l'habitude d'étudier constamment ses défauts, afin de s'en corriger; de combattre ses mauvais penchants, de résister aux tentations et de faire son devoir, en toute circonstance, purement et simplement.

« ***La vertu,* a-t-on dit avec raison, *consiste moins dans les actes extraordinaires que dans l'accomplissement pur et simple de nos devoirs journaliers.*** »

LECTURES.

1. — La monnaie de l'héroïsme.

Vous me direz peut-être, mes jeunes amis : Que sommes-nous et que pouvons-nous faire, pauvres enfants, humbles élèves d'une école? Notre horizon est restreint, nos forces sont limitées; en quoi pouvons-nous être utiles?

Je vous répondrai : Vous avez à accomplir une des œuvres les plus importantes, à devenir des hommes et des femmes dignes de ce nom, utiles au pays et à vous-mêmes.

Ne négligez pas les petites choses, ne dédaignez pas les petites vertus : elles sont le marchepied par lequel on parvient aux grandes.

On n'a pas tous les jours l'occasion d'accomplir des devoirs éclatants et de nobles sacrifices; il n'est pas donné à tout le monde de risquer sa vie en sauvant de l'incendie une famille, ou en franchissant des lignes ennemies; heureusement, ces circonstances sont rares; mais il en est d'autres très fréquentes, des devoirs moins périlleux, quoique tout aussi difficiles à pratiquer. Chaque jour de la vie on peut se montrer bon fils, enfant docile, écolier studieux et soumis, ouvrier exact et consciencieux. Ce sont là les centimes qui forment, à la longue, les grosses sommes de la vertu : c'est la monnaie de l'héroïsme.

Tenez, je vais vous indiquer dès à présent un petit triomphe que vous pouvez obtenir tous les jours, si vous le voulez bien.

Vous avez un terrible ennemi : il est traître, parce que ses armes, en apparence inoffensives, sont néanmoins perfides et causent des blessures profondes. Je crains que vous n'ayez déjà fait un peu sa connaissance : il se nomme la Paresse.

Oh! qu'elle est câline et insinuante pour vous séduire! Elle vient dès le matin au chevet de votre lit, au moment où il faudrait vous lever, vous disant à voix basse : « Dors, dors, encore un peu! c'est si bon de dormir! » Non, résistez à ses mauvais conseils, sautez bravement au bas du lit.

Quelques heures plus tard, à l'école, elle se glisse encore près de vous et vous murmure à l'oreille : « La leçon est bien longue et la récréation bien courte; c'est si bon de ne rien faire! » Résistez encore à ces tentations; étudiez, parce que l'étude est, pour le moment, votre travail, votre devoir.

Bientôt vous serez cultivateurs, ouvriers; la paresse ne vous lâchera pas, elle s'efforcera encore de vous gagner à son parti : « La semaine est bien longue, vous dira-t-elle, et le café n'est pas loin. Là il y a des cartes, un billard; au lieu de se fatiguer à gagner de l'argent, il est si commode d'en dépenser! » Résistez, mes enfants, résistez avec courage; soyez toujours de bons et laborieux ouvriers : vous deviendrez ainsi de bons et vertueux citoyens!

(PAUL MATRAT, *Tu seras prévoyant* [1].)

1. ARMAND COLIN ET Cie, éditeurs.

2. — Importance des habitudes.

Un homme n'est pas vicieux parce qu'il a une faiblesse; il n'est pas vertueux parce qu'il a fait une bonne action : c'est l'habitude des vertus ou des vices qui imprime le caractère de sagesse ou de libertinage, de crime ou de probité. L'âme prend, par l'habitude du bien et du mal, un bon ou mauvais pli; et, lorsqu'il est une fois marqué, rien n'est si difficile que d'en faire disparaître la trace. C'est ce qu'un courtisan sincère fit sentir ingénieusement à Pierre le Grand. Ce monarque législateur voulait changer les mœurs barbares moscovites, et comme, pour atteindre ce but, l'exemple lui paraissait aussi utile que les lois, il ordonna à un certain nombre de seigneurs russes de voyager en Europe, espérant qu'ils reviendraient de ce voyage assez instruits, assez éclairés pour perdre leurs habitudes et pour contribuer au succès de son plan de réforme; il avait choisi, pour remplir son intention, des hommes graves et mûrs. Tous les courtisans louaient avec enthousiasme ce projet et se prosternaient devant la prévoyance et le génie de l'empereur. Un seul sénateur se taisait : dans les cours, lorsque la flatterie parle, le silence est du courage. Pierre lui demanda s'il n'approuvait pas son plan : « Non, dit le sénateur; ce plan n'aura pas d'effet, et vos voyageurs ont trop de barbe au menton : ils reviendront tels qu'ils seront partis. » L'empereur, plein de son idée et fort de l'approbation de tout ce qui l'entourait, railla le sénateur sur son humeur frondeuse, et le défia d'appuyer son objection d'aucune preuve solide. Celui-ci prit alors une feuille de papier, la plia, et, après avoir passé fortement l'ongle sur le pli, il le montra au czar et lui dit : « Vous êtes un grand empereur, un monarque absolu; vous pouvez tout ce que vous voulez, rien ne vous résiste; mais essayez d'effacer ce pli, et voyons si vous en viendrez à bout. »

Pierre se tut, révoqua son ordre et s'occupa de l'éducation de la jeunesse avant de la faire voyager.

(DE SÉGUR.)

AUTRES LECTURES.

3. La vertu : Histoire de Jacques B. et de Washington (JULES STEEG, *Instruction morale et civique*).

4. Examen de conscience, par SÉNÈQUE (*l'Instruction primaire*, 16e année).

RÉCITATION.

1. — Le cahier de Franklin.

Franklin avait, dans sa jeunesse, d'assez grandes dispositions à être vicieux; cependant, à force de se surveiller et de se maîtriser, il devint le plus sage et le plus vertueux des hommes. Il savait combien il importe de faire chaque jour un examen de conscience de ses actions. « Que fait le marchand qui veut s'enrichir? disait-il. Il tient un compte exact de ses dépenses et de ses recettes. Que doit faire l'homme qui veut se perfectionner? Il faut que, chaque matin et chaque soir, il étudie l'état de son âme; qu'il se demande en quoi il a péché, en quoi il est devenu meilleur. »

Pour mieux réussir dans cet examen journalier de sa conscience, Franklin imagina d'avoir un petit cahier où chaque jour il marquerait d'un trait noir chaque faute qu'il avait commise, chaque manquement relatif à la vertu qu'il voulait acquérir. Il se rendait compte ainsi des efforts qui lui restaient à faire, des tentations qu'il fallait éviter.

Peu à peu les points noirs disparurent sur le cahier de Franklin, les pages du livre restèrent toutes blanches, et son âme fut tout à fait pure.

(G. COMPAYRÉ, *Éléments d'instruction morale et civique*[1].)

AUTRE RÉCITATION.

2. Les marques, par BERTHOUD (CH. LEBAIGUE, *Pour nos fils*, cours supérieur).

1. PAUL DELAPLANE, éditeur.

DEVOIRS DE RÉDACTION.

1. Portrait de l'enfant qui néglige ses devoirs à l'école et dans la famille. Comparez-le à celui qui s'applique à être bon élève, bon camarade et bon fils. Quels sont les motifs qui vous font désirer de ressembler au second?

2. Démontrer la sagesse de ce conseil : *Prenez de bonnes habitudes; il n'y en a point qui ne deviennent douces, quelque pénibles qu'elles paraissent.*

3. Vous avez vu votre camarade Jules fumer pour la première fois, et vous lui faites observer qu'il va contracter, bien jeune, une mauvaise habitude. Jules vous répond : « Bah! une fois n'est pas coutume! » Que pensez-vous de cette réponse? Montrez-en les dangers et les fâcheuses conséquences.

7e LEÇON. — Les sanctions de la morale.

PLANS.

I

Lois écrites : leurs prescriptions; moyens de répression. — Loi morale : ses sanctions. — Sanction physique : conséquence de nos actes. — Sanction légale : châtiments édictés par les lois écrites. — Sanction de l'opinion publique : estime ou mépris. — Sanction morale : satisfaction morale ou remords. — Sanction religieuse.

II

Ce que l'on entend par sanctions. — Rôle des sanctions. — Différentes sanctions : sanctions légales, sanctions morales ou intérieures. — Sanctions de l'opinion publique. — Sanctions naturelles : conséquences des bonnes ou des mauvaises mœurs. — Insuffisance et imperfection de toutes ces sanctions. — Sanction supérieure.

RÉSUMÉS.

I

La première récompense d'une bonne action, c'est l'approbation de la conscience ou la satisfaction

morale; le premier châtiment d'une mauvaise action ou de la violation du devoir, c'est le remords de la conscience.

L'honnête homme trouve encore sa récompense dans l'estime et l'affection des autres, tandis que le mépris public atteint celui qui manque à son devoir.

« *Bonne renommée vaut mieux que ceinture dorée.* »

II

Ceux qui violent la loi morale en sont généralement les premières victimes. Ainsi, tandis que les bonnes mœurs conduisent le plus souvent au bien-être, l'inconduite amène fréquemment la ruine.

Mais la meilleure récompense pour l'homme de bien réside dans la considération publique dont il jouit et dans le sentiment du devoir accompli.

« *La satisfaction morale est le seul payement qui jamais ne nous manque.* » (MONTAIGNE.)

LECTURE.

1. — Le remords.

Lorsque, avec ses enfants vêtus de peaux de bêtes,
Échevelé, livide au milieu des tempêtes,
Caïn se fut enfui de devant Jéhovah,
Comme le soir tombait, l'homme sombre arriva
Au bas d'une montagne en une grande plaine;
Sa femme fatiguée et ses fils hors d'haleine
Lui dirent : « Couchons-nous sur la terre, et dormons. »
Caïn, ne dormant pas, songeait au pied des monts.
Ayant levé la tête, au fond des cieux funèbres
Il vit un œil tout grand ouvert dans les ténèbres,
Et qui le regardait dans l'ombre fixement.
« Je suis trop près », dit-il avec un tremblement.
Il réveilla ses fils dormant, sa femme lasse,

Et se remit à fuir, sinistre, dans l'espace.
Il marcha trente jours, il marcha trente nuits.
Il allait, muet, pâle et frémissant aux bruits,
Furtif, sans regarder derrière lui, sans trêve,
Sans repos, sans sommeil; il atteignit la grève
Des mers, dans le pays qui fut depuis Assur.
« Arrêtons-nous, dit-il, car cet asile est sûr.
Restons-y. Nous avons du monde atteint les bornes. »
Et, comme il s'asseyait, il vit dans les cieux mornes
L'œil à la même place au fond de l'horizon.
Alors il tressaillit, en proie au noir frisson.
« Cachez-moi ! » cria-t-il; et, le doigt sur la bouche,
Tous ses fils regardaient trembler l'aïeul farouche.
Caïn dit à Jabel, père de ceux qui vont
Sous des tentes de poil dans le désert profond :
« Étends de ce côté la toile de la tente. »
Et l'on développa la muraille flottante;
Et, quand on l'eut fixée avec des poids de plomb :
« Vous ne voyez plus rien ? » dit Tsilla, l'enfant blond,
La fille de ses fils, douce comme l'aurore;
Et Caïn répondit : « Je vois cet œil encore ! »
Jubal, père de ceux qui passent dans les bourgs,
Soufflant dans des clairons et frappant des tambours,
Cria : « Je saurai bien construire une barrière. »
Il fit un mur de bronze et mit Caïn derrière.
Et Caïn dit : « Cet œil me regarde toujours ! »
Hénoch dit : « Il faut faire une enceinte de tours
Si terrible, que rien ne puisse approcher d'elle.
Bâtissons une ville avec sa citadelle;
Bâtissons une ville, et nous la fermerons. »

. . . .

On mit l'aïeul au centre, en une tour de pierre;
Et lui restait lugubre et hagard. « O mon père !
L'œil a-t-il disparu ? » dit en tremblant Tsilla.
Et Caïn répondit : « Non, il est toujours là. »
Alors il dit : « Je veux habiter sous la terre
Comme dans son sépulcre un homme solitaire;
Rien ne me verra plus, je ne verrai plus rien. »
On fit donc une fosse, et Caïn dit : « C'est bien ! »
Puis il descendit seul sous cette voûte sombre.
Quand il se fut assis sur sa chaise dans l'ombre

Et qu'on eut sur son front fermé le souterrain,
L'œil était dans la tombe et regardait Caïn.

(Victor Hugo, *la Légende des siècles.*)

AUTRES LECTURES.

2. La confession de Louis XI, par Casimir Delavigne (Merlet, *Extraits des classiques français*, cours supérieurs, poésie).

3. Les sanctions de la morale : remords de Pygmalion, roi de Tyr, et de Charles IX (Jules Steeg, *Instruction morale et civique*).

4. L'agonie du maréchal (Guyau, *la Première Année de lecture courante*).

5. Bayard et le connétable de Bourbon, dialogue, par Fénelon (Louis Collas, *Mosaïque des écoles et des familles*).

6. Histoire de Mlle Julie, par Mme Coignet (*l'Instruction primaire*, 10e année, page 181).

RÉCITATION.

1. — Le parricide.

Un fils avait tué son père.
Ce crime affreux n'arrive guère
Chez les tigres, les ours ; mais l'homme le commet.
Ce parricide eut l'art de cacher son forfait ;
Nul ne le soupçonna ; farouche et solitaire,
Il fuyait les humains et vivait dans les bois,
Espérant échapper aux remords comme aux lois.
Certain jour on le vit détruire, à coups de pierre,
Un malheureux nid de moineaux.
« Eh ! que vous ont fait ces oiseaux ?
Lui demande un passant ; pourquoi tant de colère ?
— Ce qu'ils m'ont fait ? répond le criminel :
Ces oisillons menteurs, que confonde le ciel,
Me reprochent d'avoir assassiné mon père. »
Le paysan le regarde ; il se trouble et pâlit :
Sur son front son crime se lit.

Conduit devant le juge, il l'avoue et l'expie.
O des vertus dernière amie,
Toi qu'on voudrait en vain éviter ou tromper,
Conscience terrible, on ne peut t'échapper.

(FLORIAN.)

AUTRES RÉCITATIONS.

2. **La conscience**, par MASSILLON (MERLET, *Extraits des classiques français*, cours moyens, prose).

3. **Le menteur**, fable de RICHER (HORRÉARD, *Récitations choisies à l'usage de la classe enfantine et du cours élémentaire des écoles primaires*).

DEVOIRS DE RÉDACTION.

1. Raconter les remords de Pygmalion et de Charles IX (3e lecture) et comparer la mort de ces hommes à celle des hommes de bien tels que Bayard et Michel de l'Hôpital.

2. Portrait de l'honnête homme dans sa famille, dans la société, dans son sommeil. Conclusion.

3. *On est souvent puni par où l'on a péché.* Expliquer ce proverbe; trouver quelques exemples dans la vie ordinaire et parler de fables qui en renferment l'application.

4. Expliquez et développez ce proverbe : *Bonne renommée vaut mieux que ceinture dorée.*

II. — DEVOIRS DE L'ENFANT

1° L'ENFANT DANS LA FAMILLE.

8° LEÇON. — La famille.

PLANS.

I

De quoi se compose la famille. — La vie commune, le foyer, la maison paternelle. — Devoirs réciproques des membres d'une même famille. — Bienveillance, affection, assistance mutuelle. — Union et solidarité dans la famille. — L'enfant sans famille. Dure condition des orphelins.

II

La famille, première association naturelle. — Les animaux n'ont pas de famille. — La famille autrefois et aujourd'hui. — Bienfaits et douceurs de la vie de famille. — Les orphelins. — Besoin qu'on éprouve de venir s'asseoir au foyer paternel. — Il faut être attaché à sa famille.

RÉSUMÉS.

I

La réunion de tous nos parents constitue notre famille; mais, pour que la famille existe réellement, il faut que les membres soient attachés les uns aux autres par les liens de la plus vive affection. Rien

n'est beau comme une famille où tous les membres s'aiment et sont tendrement unis, où les joies et les peines sont partagées, où l'on ne forme qu'un seul cœur. La vie de famille est un bien inappréciable. Plaignons les malheureux orphelins.

II

La famille, telle qu'elle est organisée aujourd'hui, est le milieu où l'on est le plus à l'aise, où il fait le meilleur vivre. Elle est d'ailleurs la protection de l'enfant, son guide, son soutien indispensable. Sans elle, en effet, l'enfant ne pourrait vivre. Il faut donc qu'il s'y attache et s'efforce de conserver l'honneur de son nom par une conduite exemplaire.

« *Le nom d'un père honoré de tous est une fortune pour les enfants.* »

LECTURE.

1. — La famille.

LE GRAND-PÈRE. — Dis-moi, Jean, qui t'a fait cette jolie égratignure à la figure?

JEAN, *souriant.* — Grand-père, c'est le chat.

LE GRAND-PÈRE. — Oh! un chat à deux pattes? Voyons, confesse-toi.

JEAN. — C'est que je me suis battu avec Bernier.

LE GRAND-PÈRE. — Et pourquoi ça? Il t'avait donc pris tes billes?

JEAN. — Non; mais il m'avait dit du mal de papa. Je l'ai jeté par terre, et il a avoué qu'il avait menti.

LE GRAND-PÈRE. — Tu es un brave garçon. Est-ce qu'il n'y a que ton papa que tu défends ainsi?

JEAN. — Non : maman aussi, grand'mère et toi, et mon grand frère Louis.

LE GRAND-PÈRE. — Tu nous aimes donc bien?

JEAN. — Eh! oui, puisque vous êtes mes parents.

LE GRAND-PÈRE. — Alors, tu as été content quand j'ai été nommé maire ?

JEAN. — Oui, et j'étais très fier. Ce jour-là, j'ai mieux appris mes leçons et mieux fait mes devoirs.

LE GRAND-PÈRE. — Tu as cru que, toi aussi, tu étais nommé maire.

JEAN. — Un peu.

LE GRAND-PÈRE. — Et quand Louis a été nommé sergent ?

JEAN. — J'avais envie de mettre des galons.

LE GRAND-PÈRE. — Ainsi te voilà déjà maire et sergent; tu fais bien ton chemin; tu iras loin. Tu n'es pas toujours si content; je t'ai vu bien triste quand ta maman a été malade.

JEAN. — Ah! elle souffrait, et j'ai cru tout de suite qu'elle allait mourir, comme notre voisine, et que nous resterions tout seuls.

LE GRAND-PÈRE. — Tu es un bon fils, tu es un bon frère aussi. Je t'ai vu, au lieu de t'amuser avec tes camarades, promener ta petite sœur et jouer avec elle. Nous ferons quelque chose de bon de toi. Mais il me semble que si tu nous aimes, tu aimes aussi beaucoup le cerisier, au temps des cerises.

JEAN. — Ah! le cerisier est à nous, et, quand je suis monté dedans, je suis chez moi.

LE GRAND-PÈRE. — Je vois que tu es plus content de vivre avec nous dans notre maison que dans la maison des voisins avec les voisins, et que tu ne te trouves tout à fait bien qu'avec nous.

JEAN. — Certainement.

LE GRAND-PÈRE. — Eh bien, mon enfant, quand on vit ensemble, quand on s'aime les uns les autres, quand chacun aime les autres plus que soi, quand il est heureux de ce qu'il leur arrive de bien, malheureux de ce qu'il leur arrive de mal, quand il est prêt à les soigner s'ils ont besoin de lui, à les défendre si on les attaque, quand il aime mieux souffrir que de les voir souffrir et qu'on n'est tous ensemble qu'un seul cœur, cela, c'est la famille.

(BERSOT, *Conseils d'enseignement, de philosophie et de politique* [1].)

1. HACHETTE ET Cie, éditeurs.

AUTRES LECTURES.

2. **Le père et la fille,** par VICTOR HUGO (JULES STEEG, *la Vie morale*).

3. **Tableau de famille,** par M. ADAM (*l'Instruction primaire*, 10e année, page 509).

4. **La soirée en famille,** par JEAN AICARD (FRÉDÉRIC BATAILLE, *Anthologie de l'enfance*).

5. **Ce qu'était la famille autrefois, avant le christianisme, avant la Révolution** (G. COMPAYRÉ, *Éléments d'instruction morale et civique*).

6. **Un père et un fils sous l'ancien régime** (G. COMPAYRÉ, *Éléments d'instruction morale et civique*).

7. **Souvenirs d'enfance,** par MARMONTEL (G. COMPAYRÉ et A. DELPLAN, *Lectures morales et civiques*).

8. **L'enfant sans famille** (G. COMPAYRÉ, *Éléments d'instruction morale et civique*).

9. **Deux orphelins,** par ÉDOUARD SIEBECKER (*l'Instruction primaire*, 10e année, page 509).

10. **La pauvre fille,** poésie d'ALEXANDRE SOUMET (HEINRICH, *Lectures choisies*, page 48).

11. **L'enfant au jardin,** poésie d'EUGÈNE MANUEL (FRÉDÉRIC BATAILLE, *Anthologie de l'enfance*).

12. **Cosette ou l'orpheline** (VICTOR HUGO, *Œuvres*. Extraits. Édition des écoles, publiée par J. HETZEL et Cie).

RÉCITATIONS.

1. — Le nid.

De ce buisson de fleurs approchons-nous ensemble.
Vois-tu ce nid posé sur la branche qui tremble?
Pour le couvrir, vois-tu les rameaux se ployer?
Les petits sont cachés dans leur couche de mousse;
Ils sont tous endormis : oh! viens, ta voix est douce,
Ne crains pas de les effrayer.

De ses ailes encor la mère les recouvre;
Son œil appesanti se referme et s'entr'ouvre,
Et son amour longtemps lutte avec le sommeil;
Elle s'endort enfin... Vois comme elle repose!
Elle n'a rien pourtant qu'un nid sous une rose,
Et sa part de notre soleil.

Vois, il n'est point de vide en son étroit asile :
A peine s'il contient sa famille tranquille;
Mais, là, le jour est pur et le sommeil est doux,
C'est assez ! Elle n'est ici que passagère;
Chacun de ses petits peut réchauffer son frère,
Et son aile les couvre tous.

(ÉMILE SOUVESTRE, *Confessions d'un ouvrier*[1].)

---

2. — L'enfant.

Lorsque l'enfant paraît, le cercle de famille
Applaudit à grands cris : son doux regard qui brille
Fait briller tous les yeux;
Et les plus tristes fronts, les plus souillés peut-être,
Se dérident soudain à voir l'enfant paraître
Innocent et joyeux.

Il est si beau, l'enfant, avec son doux sourire,
Sa douce bonne foi, sa voix qui veut tout dire,
Ses pleurs vite apaisés,
Laissant errer sa vue étonnée et ravie,
Offrant de toutes parts sa jeune âme à la vie
Et sa bouche aux baisers !

Seigneur ! préservez-moi, préservez ceux que j'aime,
Frères, parents, amis, et mes ennemis même
Dans le mal triomphants,
De jamais voir, Seigneur, l'été sans fleurs vermeilles,
La cage sans oiseaux, la ruche sans abeilles,
La maison sans enfants.

(VICTOR HUGO, *les Feuilles d'automne*.)

AUTRES RÉCITATIONS.

3. **Le premier pas**, poésie de LOUISA SIEFERT (*l'Instruction primaire*, 12e année).

4. **Les petits orphelins**, sonnet de CHANTAVOINE (FRÉDÉRIC BATAILLE, *Anthologie de l'enfance*).

5. **Pour l'orphelin** (FRÉDÉRIC BATAILLE, *Anthologie de l'enfance*).

---

1. CALMANN LÉVY, éditeur.

DEVOIRS DE RÉDACTION.

1. *La maison paternelle.* — Décrivez la maison paternelle. Pourquoi vous y plaisez-vous ? Dites les souvenirs qui vous y attachent. Il faut rester fidèle à votre foyer. Pourquoi ?

2. *Vie de famille.* — Décrivez les avantages de la vie de famille. Plaisirs communs rendus plus vifs. Peines partagées devenues plus légères.

3. Racontez une *veillée d'hiver à la campagne ou à la ville* (lettre ou récit).

4. *L'enfant dans sa famille.* — Soins qu'il reçoit de ses parents. Que deviendrait-il sans eux ? Comparer son sort avec celui d'un enfant orphelin.

9e LEÇON. — Devoirs envers les parents : l'amour.

PLANS.

I

L'amour pour les parents : raison de ce devoir. — Obligation sacrée. — Base des autres devoirs filiaux. — Cet amour doit devenir plus éclairé à mesure que s'accroît la réflexion. — Ses manifestations par les sentiments et par les actes. — Dévouement filial.

II

Biens que les enfants ont reçus et reçoivent des parents. — Dévouement paternel et maternel. — Amour pour les parents : sentiment naturel; base des autres devoirs. — Comment l'enfant doit montrer son affection à ses parents : preuves différentes suivant l'âge. — Dévouement filial.

RÉSUMÉS.

I

Nous devons aimer nos parents de tout notre cœur et le leur prouver en étant dociles et complaisants à leur égard, en prévenant leurs désirs, en cherchant à

leur plaire par tous les moyens possibles, en nous efforçant, en un mot, par notre conduite, de leur donner une entière satisfaction.

« *Ne donner aux parents que des joies et souhaiter de leur en donner longtemps, voilà la vraie piété filiale.* » (H. MARION.)

II

Nous devons tout à nos parents. C'est pour nous qu'ils vivent, c'est à nous qu'ils pensent sans cesse. Tout ce que nous avons, c'est le fruit de leur travail et de leurs efforts; tout ce que nous serons, c'est à eux que nous le devrons. *Aimer nos parents est* donc *le premier et le plus sacré de nos devoirs.* Cet amour doit aller jusqu'au dévouement, si les circonstances l'exigent.

LECTURES.

1. — Souvenirs et regrets.

Je n'ai vu mourir ni mon père ni ma mère ; je leur étais cher, et je ne doute pas que leurs yeux ne m'aient cherché à leur dernier instant.

Il est minuit. Je suis seul, je me rappelle ces bons parents, et mon cœur se serre, quand je pense à toutes les inquiétudes qu'ils ont éprouvées sur le sort d'un jeune homme violent et passionné, abandonné sans guide à tous les fâcheux hasards d'une capitale immense, sans avoir recueilli un instant de la douceur qu'ils auraient eue à le voir, à l'entendre parler, lorsqu'il eût acquis, par sa bonté naturelle et par l'usage de ses talents, la considération dont il jouit.

Une des choses qui m'aient fait le plus de plaisir, c'est le propos bourru que me tint un provincial quelques années après la mort de mon père. Je traversais une des rues de ma ville; il m'arrête par le bras, et me dit : « Monsieur

Diderot, vous êtes bon ; mais, si vous croyez que vous vaudrez jamais votre père, vous vous trompez. » Je ne sais pas si les pères sont contents d'avoir des enfants qui valent mieux qu'eux ; mais moi, je le fus d'entendre dire que mon père valait mieux que moi. Je crois, et je croirai tant que je vivrai, que ce provincial m'a dit vrai.

Quelle tâche mon père m'a imposée, si je veux jamais mériter les hommages qu'on rend à sa mémoire ! Il n'y a ici qu'un mauvais portrait de cet homme de bien ; mais ce n'est pas ma faute. Si ses infirmités lui eussent permis de venir à Paris, mon dessein était de le faire représenter à son établi, dans ses habits d'ouvrier, la tête nue, les yeux levés vers le ciel, et la main étendue sur le front de sa petite-fille, qu'il aurait bénie.

Je ne sais ce que j'ai, je ne sais ce que j'éprouve. Je voudrais pleurer. O mes parents ! O ma mère, toi qui réchauffais mes pieds froids dans tes mains !...

(DIDEROT.)

---

2. — Sentiment de piété filiale.

Oh ! mon père et ma mère ! oh ! mes chers disparus ! qui avez si modestement vécu dans cette petite maison, c'est à vous que je dois tout. Tes enthousiasmes, ma vaillante mère, tu les as fait passer en moi. Si j'ai toujours associé la grandeur de la science à la grandeur de la patrie, c'est que j'étais imprégné des sentiments que tu m'avais inspirés. Et toi, mon cher père, dont la vie fut aussi rude que ton rude métier, tu m'as montré ce que peut faire la patience dans les longs efforts. C'est à toi que je dois la ténacité dans le travail quotidien ; non seulement tu avais les qualités persévérantes qui font les vies utiles, mais tu avais aussi l'admiration des grands hommes et des grandes choses. Regarder en haut, apprendre au delà, chercher à s'élever toujours, voilà ce que tu m'as enseigné. Je te vois encore, après ta journée de labeur, lisant le soir quelques récits de bataille d'un de ces livres d'histoire contemporaine qui te rappelait l'époque glorieuse dont tu avais été témoin. En m'apprenant à lire, tu avais le souci de m'apprendre la grandeur de la France. « Soyez bénis l'un et l'autre, mes chers parents, pour ce que vous avez été, et laissez-moi vous reporter l'hommage fait aujourd'hui à cette maison [1]. »

(Louis Pasteur.)

AUTRES LECTURES.

3. **Le fils ingrat : Socrate et Lamproclès** (G. Compayré, *Éléments d'instruction morale et civique*).

4. **Abraham Lincoln. Piété filiale** (A. Burdeau, *Devoir et Patrie*, page 12).

5. **Dévouement filial,** extrait des *Bons Exemples* (*l'Instruction primaire*, 7e année, page 148).

6. **Le père et la mère** (Guyau, *la Première Année de lecture courante*).

7. **Un père délivré par sa fille**, légende (Guyau, *la Première Année de lecture courante*).

8. **La jeune Sibérienne,** par Xavier de Maistre (G. Compayré et A. Delplan, *Lectures morales et civiques*).

9. **Dévouement d'un fils pour son père : Histoire de Volney-Bekner** (Guyau, *la Première Année de lecture courante*).

10. **Le jeune Appius** (Guyau, *la Première Année de lecture courante*).

RÉCITATION.

1. — L'enfant et la mère.

Ce siècle avait deux ans, Rome remplaçait Sparte,
Déjà Napoléon perçait sous Bonaparte,
Et du premier consul déjà, par maint endroit,
Le front de l'empereur brisait le masque étroit.
Alors dans Besançon, vieille ville espagnole,
Jeté comme la graine au gré de l'air qui vole,

---

1. Ces belles et touchantes paroles furent prononcées par l'auteur à l'occasion de l'inscription commémorative que les habitants de la ville de Dôle placèrent, il y a quelques années, sur sa maison natale, pour honorer la mémoire de l'illustre savant.

Naquit d'un sang breton et lorrain à la fois
Un enfant sans couleur, sans regard et sans voix;
Si débile qu'il fut, ainsi qu'une chimère,
Abandonné de tous, excepté de sa mère,
Et que son cou, ployé comme un frêle roseau,
Fit faire en même temps sa bière et son berceau.
Cet enfant, que la vie effaçait de son livre,
Et qui n'avait pas même un lendemain à vivre,
C'est moi. —
Je vous dirai peut-être quelque jour
Quel lait pur, que de soins, que de vœux, que d'amour,
Prodigués pour ma vie en naissant condamnée,
M'ont fait deux fois l'enfant de ma mère obstinée,
Ange qui sur trois fils attachés à ses pas
Épandait son amour et ne mesurait pas.
O l'amour d'une mère! amour que nul n'oublie!
Pain merveilleux qu'un Dieu partage et multiplie!
Table toujours servie au paternel foyer,
Chacun en a sa part, et tous l'ont tout entier!

(Victor Hugo, *les Feuilles d'automne.*)

AUTRES RÉCITATIONS.

2. Les cri-cris, par Louis Ratisbonne (Frédéric Bataille, *Anthologie de l'enfance*).

3. La chanteuse, poésie d'Eugène Manuel (A. Vessiot, *la Récitation à l'école et la Lecture expliquée*).

DEVOIRS DE RÉDACTION.

1. *Amour filial.* — Pourquoi aimez-vous vos parents? Travail et bonté du père, soins et tendresse de la mère. Conclusion.

2. *Amour maternel.* — Ce que fait la mère pour son enfant quand il est en bonne santé. — Ce qu'elle fait quand il est malade. — Autres occupations de la mère de famille. Conclusion.

3. Décrivez le rôle du père et la mission de la mère dans la famille. Pourquoi devez-vous aimer également votre père et votre mère? — Comment témoignerez-vous votre amour à l'un et à l'autre?

10e LEÇON. — Devoirs envers les parents : le respect.

PLANS.

I

Ce que c'est que le respect. — Pourquoi devons-nous le respect à nos parents? — Comment nous devons le leur témoigner : par les actions, le langage, l'attitude. — Le respect est un devoir de toute la vie. — Exemples de respect dû aux parents.

II

Le respect. — Raisons du respect dû aux parents. — Comment se traduit le respect. — Autorité paternelle dans l'antiquité, sous l'ancien régime. — Excès contraire : dangers de la familiarité des enfants avec leurs parents. — Obligation de respecter ses parents, si modeste que soit leur position.

RÉSUMÉS.

I

« L'enfant à tout âge, dit le Code, doit honneur et respect à ses père et mère. » Nous devons respecter en eux l'âge, l'expérience, le mérite et le rôle que la nature leur a assigné.

L'enfant respectueux ne discute jamais les ordres de ses parents; il emploie, en leur parlant, un langage réservé; plus tard, il vénère leurs cheveux blancs.

« *Honorer ses parents, c'est s'honorer soi-même.* »

II

L'autorité des parents, excessive autrefois, est tempérée aujourd'hui par une affection plus tendre; mais il ne faut pas que les rapports de tendresse qui règnent dans la famille nous fassent perdre de vue les égards que nous devons à nos parents.

N'oublions pas aussi que la supériorité de la position et de l'instruction ne doit jamais nous dispenser

du respect filial. — Rougir de ses parents pour un pareil motif, c'est à la fois une ingratitude et une sottise.

LECTURE.

1. — Un jugement de Salomon.

Le roi Salomon fut consulté un jour par les juges de Damas sur un procès fort embarrassant. Deux hommes se prétendaient fils d'un riche marchand qui venait de mourir, et réclamaient tous les deux son héritage. Ils avaient été élevés par le marchand, qui semblait les aimer beaucoup l'un et l'autre ; mais il disait qu'il n'y avait que l'un d'eux qui fût son fils, quoiqu'il refusât obstinément de faire connaître celui qui avait droit à ce titre.

A sa mort, un débat s'éleva pour savoir quel était le fils et l'héritier du marchand.

Les juges de Damas, quoique renommés pour leur sagesse, ne purent décider cette question si douteuse, et ils renvoyèrent le procès au roi Salomon. Celui-ci ordonna de faire venir les deux jeunes gens et d'apporter le corps du marchand dans le cercueil. Quand les deux plaideurs furent devant lui, il dit qu'il adjugerait l'héritage à celui des deux qui, prenant un marteau de fer, briserait le premier le cercueil de son père.

Les gardes donnèrent un marteau aux deux jeunes gens. Alors l'un d'eux s'empressa de frapper le cercueil, qui rendit un son sourd ; mais l'autre, au moment de lever le bras, s'évanouit en criant : « Non, jamais je ne pourrai briser le cercueil de mon père. J'aime mieux que mon frère ait tout l'héritage. — C'est toi qui es le fils du marchand, dit alors Salomon ; tu as prouvé ta filiation par ton respect. »

(SAINT-MARC GIRARDIN.)

AUTRES LECTURES.

2. Ma mère (DE AMICIS, *Grands Cœurs*, page 33).
3. Mon père (DE AMICIS, *Grands Cœurs*, page 287).

RÉCITATION.

1. — Exemple de respect chez les Romains.

Chez les Romains, les consuls étaient les premiers magistrats de la République, et, lorsqu'ils avaient vaincu une armée ennemie, le plus grand honneur qu'on pût leur faire était appelé le triomphe. Ils entraient dans la ville sur un char attelé de quatre chevaux blancs et montaient au Capitole. Un de ces généraux triomphants, recevant un jour ces honneurs, aperçut parmi le peuple son père, qui était un citoyen obscur ; aussitôt il descendit de son char et, s'approchant de son père, il le salua avec le plus grand respect. Tel était, chez les Romains, le sentiment du respect que les enfants doivent aux parents.

(A. Mézières, *Éducation morale et Instruction civique* [1].)

DEVOIRS DE RÉDACTION.

1. Quelles sont les personnes que nous devons respecter et pourquoi nos parents sont-ils au premier rang?

2. Les parents de Paul sont des paysans. Ils ont mis leur enfant au collège et viennent passer tous les dimanches avec lui. Ils ont conservé leur costume. Des camarades se moquent de lui à cause de cela. Réponse de Paul. Il est fier d'être avec ses parents et de respecter le costume de paysan. Pourquoi?

3. Que pensez-vous d'un enfant qui, se croyant plus instruit que ses parents, sourit de leur ignorance? L'instruction que l'enfant reçoit à l'école peut-elle être comparée à l'expérience des parents?

11e LEÇON. — Devoirs envers les parents : l'obéissance.

PLANS.

I

L'obéissance aux parents. — Ce qu'elle doit être. — Nécessité de l'obéissance. — Il faut obéir par bon sens : âge des parents,

1. Un volume in-12, cartonné, 1 fr. 25. Charles Delagrave, éditeur.

leur expérience, inexpérience des enfants. — Conséquences funestes de la désobéissance. — Il faut obéir par reconnaissance et par devoir. — Dans toute condition, l'obéissance est nécessaire.

II

Nécessité de l'obéissance aux parents. — Il faut obéir par *amour* (désobéir, c'est prouver qu'on n'aime pas ses parents). — Il faut obéir par *prudence* (dangers de la désobéissance). — Il faut obéir par *devoir*. — Ce que doit être la véritable obéissance : 1° volontaire, 2° prompte et empressée, 3° s'étendre aux petites choses comme aux grandes.

L'obéissance change de caractère avec l'âge des enfants. — L'enfant mineur : autorité paternelle. — L'enfant majeur.

RÉSUMÉS.

I

Nous avons besoin de l'expérience de nos parents pour nous conduire. Obéissons-leur donc, non seulement parce qu'ils nous aiment et que la désobéissance les afflige, mais parce que leurs conseils sont toujours conformes à notre intérêt.

D'ailleurs il faut toujours obéir en ce monde, dans toutes les conditions. L'obéissance aux parents est l'apprentissage de l'obéissance dans la vie.

« *Il faut apprendre à obéir avant de vouloir commander.* »

II

Nous devons obéir à nos parents, parce qu'ils ont pour nous guider leur expérience et leur affection.

L'obéissance de l'enfant doit être empressée et absolue, et s'étendre à tout, aux petites choses comme aux grandes. — Ce n'est qu'à sa majorité, alors que sa raison s'est éclairée, qu'il acquiert le droit de se diriger lui-même; mais un bon fils écoute toujours les conseils de ses parents, même quand il n'est plus soumis à leur autorité.

« *L'enfant obéissant seul deviendra un honnête homme et un bon citoyen.* »

LECTURE.

1. — L'obéissance.

Le grand-père. — Allons, mon petit Paul et ma petite Jeanne, venez ici. C'est aujourd'hui jour de repos : je serais curieux de savoir comment vous savez votre morale. Quels sont les devoirs des enfants envers leurs parents ?

Paul. — Les enfants doivent obéir à leurs parents.

Le grand-père. — C'est cela. Pourquoi les enfants doivent-ils obéir à leurs parents ?

Jeanne. — Parce que leurs parents le leur commandent.

Le grand-père. — Sans doute... Mais pourquoi leurs parents le leur commandent-ils ?

Paul. — Je le sais, grand-père ; c'est parce que les parents ont plus d'expérience que leurs enfants.

Le grand-père. — Sais-tu bien ce que cela veut dire ?

Paul. — Oui, cela veut dire que nos parents savent mieux que nous ce qui nous est utile.

Le grand-père. — A merveille ! et mademoiselle que voici l'a appris, l'année dernière, à ses dépens. Sa maman lui avait défendu d'aller jouer au bord du ruisseau qui coulait dans le jardin, parce qu'elle pouvait tomber dans l'eau. Mademoiselle y est allée quand même ; ce que sa maman craignait est arrivé : elle est tombée dans l'eau ; elle ne s'est pas noyée, parce que grand-père n'était pas loin, et qu'il est arrivé à temps pour la retirer ; mais elle a attrapé un bon rhume.

Jeanne. — Oh ! grand-père, je ne désobéirai plus jamais !

Le grand-père. — Je prends note de cette promesse, et toi, Paul, qui es plus grand que ta sœur, retiens bien ceci : le commandement d'un père ou d'une mère a toujours droit de se faire entendre, parce qu'un père et une mère sont la raison de l'enfant, qui n'en a pas encore.

Paul. — Mais, grand-père, papa, qui est un homme, doit-il encore t'obéir comme quand il était petit ?

LE GRAND-PÈRE. — Non, mon enfant, il a maintenant assez de raison pour se conduire lui-même. Cependant il me demande encore souvent conseil, d'abord par respect pour son vieux père, et aussi parce qu'à l'occasion mon conseil peut n'être pas mauvais.

(LOUIS LIARD, *Morale et Enseignement civique à l'usage des écoles primaires* [1].)

AUTRES LECTURES.

2. L'enfant turbulent, récit imité de Mme PAPE-CARPENTIER (G. COMPAYRÉ, *Éléments d'instruction morale et civique*).
3. L'enfant désobéissant, par TH. H. BARRAU (*l'Instruction primaire*, 13e année).
4. La petite Sophie, par Mme DE SÉGUR (*l'Instruction primaire*, 11e année).
5. Le fils du chef croate (*l'Instruction primaire*, 9e année).

RÉCITATION.

1. — La carpe et les carpillons.

« Prenez garde, mes fils, côtoyez moins le bord,
Suivez le fond de la rivière,
Craignez la ligne meurtrière,
Ou l'épervier plus dangereux encor. »
C'est ainsi que parlait une carpe de Seine
A de jeunes poissons qui l'écoutaient à peine.
C'était au mois d'avril; les neiges, les glaçons,
Fondus par les zéphyrs, descendaient des montagnes.
Le fleuve enflé par eux s'élève à gros bouillons
Et déborde dans les campagnes.
« Ah! ah! criaient les carpillons,
Qu'en dis-tu, carpe radoteuse ?
Crains-tu pour nous les hameçons
Nous voilà citoyens de la mer orageuse :

1. LÉOPOLD CERF, éditeur.

Regarde, on ne voit plus que les eaux et le ciel,
Les arbres sont cachés sous l'onde,
Nous sommes les maîtres du monde;
C'est le déluge universel.
— Ne croyez point cela, répond la vieille mère ;
Pour que l'eau se retire, il ne faut qu'un instant :
Ne vous éloignez point; et, de peur d'accident,
Suivez, suivez toujours le fond de la rivière.
— Bah ! disent les poissons, tu répètes toujours
Mêmes discours.
Adieu, nous allons voir notre nouveau domaine. »
Parlant ainsi, nos étourdis
Sortent tous du lit de la Seine
Et s'en vont dans les eaux qui couvrent le pays.
Qu'arriva-t-il ? les eaux se retirèrent
Et les carpillons demeurèrent.
Bientôt ils furent pris
Et frits.
Pourquoi quittaient-ils la rivière ?
Pourquoi ? je le sais trop, hélas !
C'est qu'on se croit toujours plus sage que sa mère,
C'est qu'on veut sortir de sa sphère.
C'est que... c'est que... Je n'en finirais pas.

(FLORIAN.)

AUTRES RÉCITATIONS.

2. Le prunier, par XAVIER MARMIER (LÉON MOY, *la Première Année de récitation*).

3. Le mouton indocile, par IMBERT (*l'Instruction primaire*, 10e année, page 131).

DEVOIRS DE RÉDACTION.

1. Pierre ne va jamais à la maison, à la sortie de la classe; il s'amuse en route, malgré les ordres de sa mère. Une voiture le renverse. Racontez cet accident et parlez du repentir de Pierre.

2. *Avantages de l'obéissance.* — Montrez que c'est à la fois notre intérêt et notre devoir d'obéir à nos parents. Dangers physiques et moraux que court l'enfant désobéissant. Donnez des exemples.

3. N'y a-t-il que les enfants qui doivent obéir ? Quelles habitudes devrez-vous à l'obéissance ?

12e LEÇON. — Devoirs envers les parents : la reconnaissance.

(ASSISTANCE DANS LE BESOIN.)

PLANS.

I

Ce qu'on entend par la reconnaissance. — Pourquoi les parents ont droit à la reconnaissance des enfants. — Manières de témoigner sa reconnaissance : aide dans les travaux, soins pendant les maladies, assistance et sollicitude dans les vieux jours. — Laideur de l'ingratitude.

II

Devoir de reconnaissance intimement lié à l'amour. — L'ingratitude de l'enfant est un crime. — La reconnaissance se prouve par des actes. — L'enfant se montrera reconnaissant : 1° en aidant ses parents dans leurs travaux ; 2° en mettant son salaire à leur disposition ; 3° en les secourant, s'ils sont malades, infirmes ou âgés.

RÉSUMÉS.

I

Nous devons à nos parents une reconnaissance sans bornes pour tous les bienfaits dont ils nous comblent.

Nous nous acquitterons de ce devoir en nous conduisant bien à leur égard, en les aidant dans leurs travaux, en les soignant dans leurs maladies, en subvenant à leurs besoins dans leurs vieux jours.

« ***Celui qui délaisse ses parents quand ils ont besoin de lui commet un véritable crime.*** »

(JULES STEEG.)

II

La reconnaissance envers nos parents nous fait une obligation de les aider et de les assister dans le

besoin; c'est là un devoir sacré que notre conscience et les lois civiles nous prescrivent impérieusement[1].

Pensons toujours à ces paroles de Lamennais : « Qui délaisse son père et sa mère en leurs nécessités, qui demeure sec et froid à la vue de leurs souffrances et de leur dénuement, son nom est écrit parmi ceux des parricides. »

LECTURES.

1. — Reconnaissance.

« Jeune homme ! il ne t'en souvient plus; tu l'as oublié, ce temps où, plus faible que l'animal qui vient de naître, tu ne pouvais te mouvoir sans le secours de tes parents; où tu n'aurais pas vécu deux jours s'ils ne t'avaient pas aimé. Combien de soins et de peines pour t'enseigner à prononcer un seul mot, à former un seul pas! Combien de soins et de peines pour te mettre à l'abri des accidents, des maladies ; pour exercer tes forces, développer ta raison naissante, pourvoir à tes besoins divers ! Cette mère flétrie par l'âge et les fatigues, c'est pour toi qu'elle a consumé ses beaux jours; c'est pour ne pas te perdre un instant de vue qu'elle se refusait à tous les plaisirs; c'est pour veiller à ta sûreté qu'elle interrompait son sommeil et se privait d'un repos nécessaire. Ce père, chargé d'années, qui n'offre plus à tes regards qu'un vieillard débile, il épuisa ses forces en travaillant pour te nourrir. Te voilà chargé d'une obligation infinie, oui, infinie; comment t'en acquitter ? aucun salaire ne le peut; rien n'est plus aisé, par le cœur. Tu l'acquittais déjà dans ton premier âge, cette dette immense, lorsque, te rejetant dans le sein de ta mère, tu refusais de passer en d'autres bras; elle se trouvait payée de ses veilles et de son dévouement par cette préférence. Ton père, au retour de ses travaux, était délassé par ton sourire, par ce mouvement ingénu avec lequel tu t'empressais

---

1. « Les enfants doivent les aliments à leurs père et mère et autres ascendants qui sont dans le besoin. » (Code civil, article 205.)

vers lui, tu l'appelais à toi. Cette reconnaissance, qui fut alors ton premier instinct, est aujourd'hui ton premier devoir. Le même Dieu qui, pour le salut de ton enfance, avait mis dans le cœur de tes parents l'amour paternel, veut que la reconnaissance soit dans le tien pour le bonheur de leur vieillesse.

Quel asile fortuné que la demeure d'une famille unie par la reconnaissance! Que cette disposition à tenir compte de tout, à ne pas oublier le plus léger service, à payer tout par le sentiment, que cette disposition a de prix dans les relations intimes, comme elle fortifie ces relations touchantes et sacrées! comme elle nourrit l'affection mutuelle! comme elle encourage le dévouement! et qu'il est heureux, le cœur reconnaissant, satisfait de tous ceux qu'il aime! »

(*Magasin d'éducation* [1].)

---

2. — La fille de l'aveugle.

Un ouvrier venait de perdre sa femme qu'il aimait tendrement; pour comble de malheur, et par un de ces accidents trop fréquents dans l'industrie, l'explosion d'une machine lui creva les yeux. C'était la misère ajoutée au malheur; il fallut mendier. Une fille lui restait, âgée de treize ans. Bonne et laborieuse, elle avait songé à devenir institutrice. Sa mère morte, son père aveugle, elle ne renonça pas à son dessein. On la voyait dans les rues, près de son malheureux père, la sébile d'une main, un livre de l'autre; et la nuit, quand l'aveugle dormait croyant sa fille endormie, sans bruit elle se relevait et se remettait au travail. Le jour de l'examen venu, elle mena son père à sa place habituelle; et feignant de rentrer pour laver et coudre, elle alla subir ses épreuves... Cela dura trois jours, trois grands jours. A la fin du troisième, elle vint chercher l'aveugle, et se jetant à son cou : « Père, lui dit-elle, père bien-aimé, vous ne mendierez plus; notre pain est gagné. » Et elle se mit à lui raconter ce qu'elle avait fait à son insu; comment elle avait préparé son examen, comment elle avait obtenu son brevet, et comment

---

1. J. Hetzel et Cie, éditeurs.

l'inspecteur d'académie qui assistait à l'examen, apprenant son malheur, avait promis de la placer bientôt. Le pauvre aveugle ne pouvait en croire ses oreilles; il serrait sa chère enfant sur son cœur, et de grosses larmes coulaient de ses yeux éteints.

Peu de temps après, la vaillante jeune fille entrait dans son école, tenant son père par la main. Les enfants du village, qui déjà savaient son histoire, se pressaient autour d'elle avec amour et respect.

Un soir d'automne, je passais par le village. A la porte de l'école, l'aveugle était assis, l'air calme et doux; debout près de lui, des enfants de l'école l'écoutaient raconter l'accident qui lui avait coûté la vue. Non loin, la jeune fille arrosait ses fleurs, et de temps à autre regardait son pauvre père et son petit auditoire avec un sourire mêlé de larmes.

(A. Vessiot, *Pour nos enfants*[1].)

AUTRES LECTURES.

3. *Rapports sur les prix de vertu* : **Léonie Breuil, Gabriel Dieudonné** (*l'Instruction primaire*, 11e année, page 121).

4. **Le dévouement d'un fils** (A. Rendu fils, *le Devoir et la Loi*).

5. **Le fils ingrat**, par Diderot (Jules Steeg, *la Vie morale*).

6. **Trait de piété filiale**, par Michel Renaud (G. Compayré et A. Delplan, *Lectures morales et civiques*).

7. **Comment s'acquitter envers ses parents** (Guyau, *la Première Année de lecture courante*).

8. **Le petit écrivain florentin** (De Amicis, *Grands Cœurs*).

9. **La cassette**, par Saint-Marc Girardin (Ch. Lebaigue, *Pour nos filles*, cours supérieur et cours complémentaire).

10. **Les bengalis**, par Viennet (Ch. Lebaigue, *Pour nos filles*, cours supérieur et cours complémentaire).

RÉCITATION.

1. — Tel père, tel fils.

Un jeune homme qui était sur le point de se marier résolut de chasser son père de sa maison et de le reléguer

1. Lecène, Oudin et Cie, éditeurs.

à la campagne. Il craignait que la compagnie du vieillard ne déplût à sa jeune femme. Son père avait plus de cent ans et était hors d'état de lui résister. Il le fit monter sur un chariot et le mena jusqu'à la porte d'une pauvre métairie qu'ils avaient dans la campagne. C'était dans cette métairie qu'il voulait l'enfermer.

« Mon fils, dit le vieillard, je vois ce que tu veux faire; mais je ne te demande qu'une chose, c'est de me conduire au moins jusqu'à la table de pierre qui est dans ce jardin. »

Le fils conduisit son père jusqu'à cette table. Quand ils y furent arrivés : « Maintenant tu peux partir et m'abandonner, dit le vieillard. C'est ici qu'autrefois j'ai amené mon père et que je l'ai abandonné.

— Ah! mon père, s'écria le jeune homme, si j'ai des enfants, c'est donc ici qu'ils m'amèneront à mon tour! »

Et alors, reconduisant son père à la ville, il lui donna la plus belle chambre de sa maison et la place la plus honorable à son repas de noce.

(SAINT-MARC GIRARDIN.)

AUTRES RÉCITATIONS.

2. **L'écuelle de bois de l'aïeul,** par GRIMM (Mlle CLARISSE JURANVILLE, *Manuel d'éducation morale et civique*).

3. **Aux enfants,** par LAMENNAIS (P. ESTIENNE et H. DANIEL, *le Deuxième Livre de récitation et de morale*).

DEVOIRS DE RÉDACTION.

1. Comment un petit garçon, une petite fille de votre âge peuvent-ils aider leurs parents à la maison?

2. Votre amie vous écrit pour vous informer de la maladie de sa mère. Répondez à sa lettre. Dites-lui la part que vous prenez à sa peine et rappelez-lui les devoirs qu'elle a à remplir en cette circonstance.

3. Énumérez vos devoirs envers vos parents. Que faites-vous pour vous en acquitter, maintenant qu'ils sont jeunes et vaillants? Que ferez-vous quand ils seront vieux?

4. Expliquez et développez cette pensée : *Dans la vieillesse de vos parents, souvenez-vous de votre enfance.*

13e LEÇON. — Devoirs envers les grands-parents et les vieillards.

PLANS.

I

Affection des grands-parents pour leurs petits-enfants. — Conduite des enfants envers leurs grands-pères et grand'mères. — Services qu'ils peuvent et doivent leur rendre. — Respect aux vieillards.

II

Les grands-parents. — Mêmes devoirs envers eux qu'envers les parents : amour, respect, obéissance et reconnaissance. — Soins dont on doit entourer la vieillesse des grands-parents. — Égards dus à tous les vieillards en général.

RÉSUMÉS.

I

Nous devons à nos grands-parents, comme à tous les vieillards en général, une grande vénération. Nous devons en outre les aimer, les écouter avec bienveillance, les entourer de soins, afin qu'ils soient heureux par nous pendant leurs dernières années.

Donnons-leur toujours la meilleure place au foyer domestique. « *La présence de l'aïeul est l'honneur de la maison.* » (Jules Steeg.)

II

Nous sommes tous témoins de l'amour profond que nos grands-parents ont pour nous. Aimons-les donc de tout notre cœur, et, par nos attentions et nos prévenances affectueuses, embellissons leurs derniers jours.

Respectons et honorons aussi les vieillards, qui sont l'image de nos vieux parents. Écoutons-les avec déférence, et, loin de nous moquer de leurs infir-

mités, soyons complaisants pour eux, afin d'adoucir le poids de leur vieillesse.

LECTURE.

1. — Respect aux vieillards.

Il est un sentiment délicat entre tous et que je voudrais voir fleurir dans l'âme de nos enfants ; ce sentiment, qui a suffi à lui seul pour faire l'honneur de certaines républiques anciennes, c'est le respect de la vieillesse. Nous sommes sur ce point moins Spartiates qu'Athéniens et plus enclins à rire des vieillards qu'à les plaindre. Chez nous non plus, on ne se lève pas volontiers pour faire place à la vieillesse, et plus d'une fois dans la rue j'ai eu le cœur serré à voir des enfants, des jeunes gens même pousser droit devant eux, forçant des vieillards à se détourner pour leur livrer passage. La belle et sévère leçon donnée par La Fontaine aux trois jouvencéaux moqueurs n'est que trop souvent méritée de nos jours. Quel honneur pour nos modestes écoles si nous pouvions y faire renaître ce sentiment exquis !

Aujourd'hui les enfants sont devenus l'objet de la sollicitude nationale, et il faut s'en féliciter ; mais de la part des parents ils sont souvent aussi l'objet d'une tendresse complaisante et d'une vanité déplacée et ruineuse; on ne les élève pas, on les gâte; on ne les habille pas, on les pare; c'est presque de l'idolâtrie. Par contre, la vieillesse n'est pas en faveur; notre temps a pour elle des termes durs, et où il entre moins de pitié que de dédain. Il y a sans doute des vieillesses imposantes et glorieuses, devant lesquelles tout s'incline, et notre pays en a sa bonne part; mais les vieillards en général, le commun des vieillards, ceux-là ne sont-ils pas traités avec indifférence et parfois avec mépris, comme objet de rebut ? Et cependant, sans parler de notre intérêt bien entendu, qui devrait nous faire songer à l'avenir et à ce qui nous attend, sans parler des prescriptions de la morale et des injonctions de nos codes, le vieillard n'a-t-il pas droit, comme tout ce qui est faible, triste et menacé, à une sympathie attentive et affectueuse ? Quel homme vraiment homme peut voir un vieillard sans songer à tout ce qu'il y a peut-être de misères et d'infirmités dans ce pauvre corps qui va s'affaiblissant ; à tout ce que renferme de regrets amers, de souvenirs douloureux et funèbres, ce pauvre vieux cœur qui va se refroidissant, et enfin à cette menace perpétuelle de la mort suspendue sur cette tête blanchie? Il n'y a pas là matière à plaisanterie.

(A. Vessiot, *de l'Éducation à l'école* [1].)

Autres lectures.

2. **Les grands-parents : Ivonne Moan** (Pierre Loti, *Pêcheur d'Islande*).
3. **Les bons vieux**, par Alphonse Daudet (L. Ducros, *Morceaux choisis*, cours élémentaire).
4. **La grand'mère**, par Damiron (Jules Steeg, *la Vie morale*).
5. **Le coin du grand-père**, poésie de Louis Tournier (Louis Collas, *Mosaïque des écoles et des familles*).
6. **Le rouet**, poésie de Louis Tournier (Louis Collas, *Mosaïque des écoles et des familles*).
7. **La fête du grand-père** (Louis Collas, *Mosaïque des écoles et des familles*).
8. **La mort du grand-père**, par Ch. Ségard (*l'Instruction primaire*, 1889-1890).
9. **L'aïeule**, poésie d'Alice Chambrier (Frédéric Bataille, *Anthologie de l'enfance*).
10. **Le grand-père**, poésie d'André Theuriet (Frédéric Bataille, *Anthologie de l'enfance*).
11. **Les souvenirs de la vieillesse**, par Charles Nodier (Merlet, *Extraits des classiques français*, cours élémentaires).
12. **Les aïeules**, poésie de François Coppée (Merlet, *Extraits des classiques français*, cours élémentaires).

RÉCITATIONS.

1. — Le fuseau de la grand'mère.

Ah ! le bon temps qui s'écoulait
Dans le moulin de mon grand-père !
Pour la veillée on s'assemblait
Près du fauteuil de ma grand'mère ;
Ce que grand-père racontait,

1. Lecène, Oudin et Cie, éditeurs.

Comme en silence on l'écoutait !
Et comme alors gaîment trottait
Le vieux fuseau de ma grand'mère !
Comme il trottait !
Et quel bon temps ! quel temps c'était !

Grand-père était un vieux bonhomme,
Il avait bien près de cent ans ;
Tout était vieux sous son vieux chaume,
Hors les enfants de ses enfants.
Vieux vin dans de vieilles armoires,
Vieille amitié, douce toujours,
Vieilles chansons, vieilles histoires,
Vieux souvenirs des anciens jours !

Grand'mère était la gaîté même ;
On la trouvait toujours riant :
Depuis le jour de son baptême,
Elle riait en s'éveillant.
De sa maison, riant asile,
Elle était l'âme ; aussi, depuis
Que son fuseau reste immobile,
On ne rit plus dans le pays.

Le vieux moulin de mon grand-père
Tout comme lui s'est abattu ;
Le vieux fuseau de ma grand'mère
A la muraille est suspendu.
Et vous, couchés sous l'herbe épaisse,
Comme au vieux temps encore unis,
Je crois vous voir quand le jour baisse,
Et, tout en larmes, je redis :

Ah ! le bon temps qui s'écoulait
Dans le moulin de mon grand-père !
Pour la veillée on s'assemblait
Près du fauteuil de ma grand'mère ;
Ce que grand-père racontait,
Comme en silence on l'écoutait,
Et comme alors gaîment trottait
Le vieux fuseau de ma grand'mère !
Comme il trottait !
Et quel bon temps ! quel temps c'était !

(ÉDOUARD PLOUVIER.)

2. — Le pain sec.

Jeanne était au pain sec, dans le cabinet noir,
Pour un crime quelconque ; et, manquant au devoir,
J'allai voir la coupable en pleine forfaiture,
Et lui glissai dans l'ombre un pot de confiture
Contraire aux lois. Tous ceux sur qui, dans ma cité,
Repose le salut de la société,
S'indignèrent, et Jeanne a dit d'une voix douce :
— « Je ne toucherai plus mon nez avec mon pouce ;
Je ne me ferai plus griffer par le minet. »
Mais on s'est récrié : « Cette enfant vous connait ;
Elle sait à quel point vous êtes faible et lâche.
Elle vous voit toujours rire quand on se fâche.
Pas de gouvernement possible. A chaque instant
L'ordre est troublé par vous ; le pouvoir se détend ;
Plus de règle. L'enfant n'a plus rien qui l'arrête.
Vous démolissez tout. » — Et j'ai baissé la tête,
Et j'ai dit : « Je n'ai rien à répondre à cela.
J'ai tort. Oui, c'est avec ces indulgences-là
Qu'on a toujours conduit les peuples à leur perte.
Qu'on me mette au pain sec. — Vous le méritez, certe ;
On vous y mettra. » Jeanne alors, dans son coin noir,
M'a dit tout bas, levant ses yeux si beaux à voir,
Pleins de l'autorité des douces créatures :
« Eh bien ! moi, je t'irai porter des confitures. »

(Victor Hugo, *l'Art d'être grand-père.*)

AUTRES RÉCITATIONS.

3. Les grand'mères, poésie d'Anaïs Ségalas (Horbéard, *Récitations choisies à l'usage du cours moyen et du cours supérieur des écoles primaires*).

4. Le vieux, la vieille (A. Vessiot, *la Récitation à l'école et la Lecture expliquée*, extrait de la deuxième lecture).

5. La vieillesse, poésie de Mme Amable Tastu (P. Estienne et H. Daniel, *le Deuxième Livre de récitation et de morale*).

DEVOIRS DE RÉDACTION.

1. Vous avez vu votre petit frère manquer de respect à votre grand-père ; vous lui écrivez pour lui dire le chagrin que vous

en éprouvez. — Vous lui faites comprendre la lâcheté de son acte. — Énumérez tout ce que votre grand-père a fait pour vous deux. — Terminez en disant quels sont donc vos devoirs envers vos grands-parents. — Résolution.

2. Si votre grand-père était aveugle, que feriez-vous pour lui procurer quelques instants de bonheur?

3. Dites pourquoi votre grand-père vous appelle son *bâton de vieillesse* et ce que vous faites pour mériter ce titre.

4. Comment doit-on se conduire envers les vieillards, dans la rue, en société? Que penser de ceux qui leur manquent de respect?

14e LEÇON. — Devoirs des frères et des sœurs.

PLANS.

I

L'enfant unique. — Bonheur des enfants qui ont des frères et des sœurs. — Union des enfants dans la famille. — Obligations diverses suivant l'âge. — Importance du bon exemple. — Rôle de la sœur ou du frère aîné dans la famille.

II

L'amour fraternel. — Causes de ce sentiment naturel. — Obligations diverses, suivant l'âge. — L'ancien droit d'aînesse. — Egalité des frères entre eux. — Devoirs particuliers du frère aîné et de la sœur aînée, surtout quand les parents viennent à manquer : appui, instruction et éducation. — Devoirs des jeunes frères envers leurs aînés : obéissance et soumission. — Bonne entente entre frères et sœurs après la mort des parents. — Horreur de la jalousie entre frères. — Traits d'amour fraternel.

RÉSUMÉS.

I

« Un frère est un ami donné par la nature. » Il faut donc considérer ses frères et ses sœurs comme ses meilleurs amis. Ne pas s'aimer entre frères, c'est causer de la peine aux parents.

Les plus jeunes doivent écouter les conseils des plus âgés; les plus âgés, protéger et consoler les plus jeunes.

Les uns et les autres doivent se montrer mutuellement indulgents pour leurs défauts et ne jamais se laisser aller à l'égoïsme ou à la jalousie.

II

Depuis que la Révolution a supprimé le droit d'aînesse, les enfants sont tous égaux dans la famille. Les aînés, au lieu d'avoir plus d'avantages, comme autrefois, ont aujourd'hui plus de devoirs. Ils doivent protéger leurs frères et sœurs plus jeunes, leur donner le bon exemple et remplacer auprès d'eux le père et la mère, s'ils viennent à manquer.

De leur côté, les jeunes frères doivent obéissance et soumission à l'aîné, afin de lui faciliter l'accomplissement de sa tâche.

Les frères et les sœurs doivent toujours rester unis. Aucune question d'intérêt ne doit jamais les diviser.

« *Un frère aidé par son frère est fort contre l'adversité.* »

LECTURES.

1. — Deux véritables frères.

Alors que Jérusalem n'était encore qu'un champ labouré, deux frères possédaient la partie du terrain où s'élève aujourd'hui la fontaine de l'Oranger. L'un d'eux était marié et père de plusieurs enfants; l'autre vivait seul. Ils cultivaient en commun le champ qu'ils avaient hérité de leur mère. Le temps de la moisson venu, les deux frères lièrent leurs gerbes et en firent deux tas égaux, qu'ils laissèrent en plein champ.

Pendant la nuit, celui des deux qui n'était pas marié eut une bonne pensée; il se dit à lui-même : « Mon frère a une femme et des enfants à nourrir : il n'est pas juste que ma part soit aussi considérable que la sienne ; alors, je vais prendre à mon tas quelques gerbes que j'ajouterai secrètement aux siennes ; il ne s'en apercevra pas et ne pourra ainsi les refuser. » Et il fit comme il avait pensé.

La même nuit, l'autre se réveilla et dit à sa femme : « Mon frère vit seul et sans compagne ; il n'a personne pour l'assister dans son travail et pour le consoler de ses fatigues : il n'est pas juste que nous prenions du champ commun autant de gerbes que lui. Levons-nous et portons secrètement à son tas un certain nombre de gerbes ; il ne s'en apercevra pas demain et ne pourra ainsi les refuser. » Et il fit comme il avait pensé.

Le lendemain, chacun des deux frères se rendit au champ et fut bien surpris de voir que les deux tas étaient toujours pareils. Ni l'un ni l'autre ne pouvaient s'expliquer ce prodige. Ils firent de même pendant plusieurs nuits de suite ; mais, comme chacun portait au tas de l'autre le même nombre de gerbes, les tas demeuraient toujours égaux, jusqu'à ce qu'une nuit, tous deux s'étant mis en sentinelle pour éclaircir ce mystère, ils se rencontrèrent portant chacun les gerbes qu'ils se destinaient mutuellement.

(LAMARTINE.)

---

2. — La sœur aînée.

Jeanne a treize ans ; elle a obtenu son certificat d'études et vient de quitter l'école. De ce jour, Jeanne n'est plus une enfant : c'est une jeune fille. Jusque-là, sa mère se faisait scrupule de l'employer aux travaux du ménage ; elle craignait de la détourner de ses études ou de la fatiguer dans sa croissance. Maintenant, c'est tout différent : plusieurs petits frères et petites sœurs sont venus accroître la famille ; la mère ne peut plus suffire au travail de la maison : c'est à Jeanne de l'aider, et, autant que possible, de la remplacer.

Ils sont bien fatigants, les petits frères, avec le tapage sans lequel ils ne peuvent vivre. Elles sont bien ennuyeuses, les petites sœurs, toujours prêtes à se chamailler, pleurant à tout propos. Mais tout ce petit monde élève vers Jeanne ses petites mains sales et ses yeux humides avec tant de confiance, que la grande sœur se sent le cœur touché. Elle aussi a été ennuyeuse, elle a donné bien du mal à sa mère autrefois : elle prend donc son courage à deux mains. D'ailleurs sa mère est si pâle et paraît si fatiguée, que la vue de ce cher visage suffit à rendre à la fillette toute son énergie.

Les enfants sont débarbouillés; elle leur confie quelque petite occupation qui va les éloigner ou les faire tenir tranquilles pour quelque temps. Alors, un grand balai à la main, elle nettoie la maison de fond en comble. Elle s'assied ensuite et raccommode le linge et les vêtements. Telle sera désormais sa vie. Jeanne est entrée de plain-pied dans les devoirs de la femme.

(Mme HENRY GRÉVILLE, *Instruction morale et civique des jeunes filles* [1].)

AUTRES LECTURES.

3. **Élisa Sellier, Madeleine Grobot** (J. GÉRARD, *Maximes morales de l'écolier français*, pages 61 et 62).
4. **L'amour fraternel,** parabole (G. COMPAYRÉ, *Éléments d'instruction morale et civique*).
5. **La grande sœur,** par ÉDOUARD SIEBECKER (*l'Instruction primaire*, 13e année).
6. **Hortense Fagot** (*l'Instruction primaire*, 16e année).
7. **Devoirs des frères et des sœurs,** par SILVIO PELLICO (G. COMPAYRÉ et A. DELPLAN, *Lectures morales et civiques*).

RÉCITATION.

1. — Le droit d'aînesse.

Te voilà fort et grand garçon,
Tu vas entrer dans la jeunesse;
Reçois ma dernière leçon :
Apprends quel est ton droit d'aînesse.
. . . .
Ainsi que mon père l'a fait,
Un brave aîné de notre race

1. G. DELARUE, éditeur.

Se montre fier et satisfait
En prenant la plus dure place.

A lui le travail, le danger,
La lutte avec le sort contraire;
A lui l'orgueil de protéger
La grande sœur, le petit frère.

Son épargne est le fonds commun
Où puiseront tous ceux qu'il aime;
Il accroît la part de chacun
De tout ce qu'il s'ôte à lui-même.

Du poste où le bon Dieu l'a mis
Il ne s'écarte pas une heure ;
Il y fait tête aux ennemis ;
Il y mourra, s'il faut qu'il meure.

Quand le berger manque au troupeau,
Absent, hélas ! ou mort peut-être,
Tel, pour la brebis ou l'agneau,
Le bon chien meurt après son maître.

Ainsi, quand Dieu me reprendra,
Tu sais, dans notre humble héritage,
Tu sais le lot qui t'écherra
Et qui te revient sans partage.

Nos chers petits seront heureux,
Mais il faut qu'en toi je renaisse.
Veiller, lutter, souffrir pour eux,
Voilà, mon fils, ton droit d'aînesse.

(Victor de Laprade, *le Livre d'un père* [1].)

AUTRES RÉCITATIONS.

2. La sœur aînée (Victor de Laprade, *le Livre d'un père*).
3. Les petites sœurs (Victor de Laprade, *le Livre d'un père*).
4. Amour fraternel, par Jean-Jacques Rousseau (P. Estienne et H. Daniel, *le Deuxième Livre de récitation et de morale*).
5. Les frères, par Hippolyte Violeau (P. Estienne et H. Daniel, *le Deuxième Livre de récitation et de morale*).

---

1. J. Hetzel et Cie, éditeurs.

DEVOIRS DE RÉDACTION.

1. Si vous aviez un petit frère ou une petite sœur infirme, comment feriez-vous pour lui rendre la vie plus douce? Pourquoi devriez-vous l'aimer plus que vos autres frères et sœurs?

2. Vous avez des frères et des sœurs. Comment vous conduisez-vous à leur égard? Soins dont vous entourez votre petit frère ou votre petite sœur.

3. *Le droit d'aînesse.* — Qu'appelait-on jadis le droit d'aînesse? Montrer l'injustice de cette coutume. — Depuis quand le droit d'aînesse a-t-il été supprimé? — Quels sont aujourd'hui les devoirs des aînés?

4. Écrivez à une de vos amies qui vient de perdre sa mère. Vous lui dites combien vous prenez part à sa peine. Vous parlez ensuite des devoirs qu'elle a à remplir envers son père, ses frères et ses sœurs.

15e LEÇON. — Devoirs envers les serviteurs.

PLANS.

I

Ce qu'on appelle serviteurs. — Les serviteurs autrefois et aujourd'hui. — Les serviteurs sont un peu de la famille. — Ce qu'on leur doit : politesse et bonté. — Ce qu'ils doivent à leurs maîtres : zèle et probité. — Conduite des enfants à leur égard. — Devoirs envers les vieux serviteurs.

II

Ce qu'on appelle serviteurs. — Condition des esclaves chez les anciens, des serfs au moyen âge, des nègres en Amérique. — Condition actuelle des serviteurs. — Explication du mot *domestique*. — Comment doivent être traités les serviteurs. — Devoirs de déférence de la part des enfants. — Devoirs des serviteurs envers les maîtres.

RÉSUMÉS.

I

Nous devons considérer nos serviteurs comme faisant partie de la famille. Nous devons donc les

traiter avec politesse, bienveillance et douceur; être pour eux des protecteurs et des amis, autant que des maîtres; en un mot, nous conduire avec eux comme nous voudrions qu'on se conduisît envers nous, si nous étions à leur place.

« Soyez le père de vos serviteurs, et ils seront vos enfants. »

II

Les serviteurs d'aujourd'hui ne peuvent en rien être comparés aux anciens esclaves ou serfs, sur qui les maîtres avaient droit de vie et de mort. Ce sont des hommes comme nous, mais que leur condition de fortune oblige à travailler pour autrui.

Les maîtres ont donc le devoir de respecter leurs serviteurs, de les traiter avec justice, de les commander avec douceur.

De leur côté, les serviteurs doivent s'attacher à leurs maîtres et servir leurs intérêts avec zèle et probité.

Si les bons maîtres font les bons serviteurs, les bons serviteurs font aussi les bons maîtres.

LECTURES.

1. — Une servante modèle.

En 1830, M. et Mme de Butler avaient perdu toute leur fortune; ils ne pouvaient même plus garder à leur service leur unique domestique, Suzanne Bichon. Ils cherchèrent eux-mêmes une place, n'ayant plus aucun moyen de payer ses gages.

Mais « la bonne Suzette », comme disaient les gens du voisinage, ne voulut point entendre de cette oreille. Se séparer ! quitter ses maîtres ! quitter ses chers enfants ! Et pourquoi ? qu'est-il besoin de gages ? Suzette n'en veut pas; elle ne sera pas à charge à la famille; elle travaillera au dedans, au dehors, s'il le faut; elle conjure qu'on la garde, et lorsque enfin la délicatesse de M. et Mme de Butler, vaincue par cette insistance, a cédé, la bonne Suzette remercie en versant des larmes, comme si on venait de lui accorder un bienfait.

Dès ce moment, elle redouble à la fois de respect et de dévouement. Elle devient, dans les jours de cruelles épreuves, la seule ressource de la maison, et lorsque plus tard un honnête artisan la presse de devenir sa femme, Suzette refuse : « Il vous sera facile, répond-elle, de trouver une autre femme; mes maîtres pourraient-ils se procurer une autre servante ? »

En 1843, M. de Butler mourut, laissant sa veuve et ses enfants dans la plus profonde détresse, mais avec Suzette Bichon. Alors commença entre les deux nobles femmes un combat de courage et de générosité. Mme de Butler résolut de se placer et de gagner à son tour, s'il était possible, le pain de sa famille. Suzette s'y opposa; son cœur se révoltait à l'idée de voir une personne qui lui était si chère descendre ainsi du rang qu'elle avait jusqu'alors occupé; elle avait des espérances mensongères, elle avait des ressources supposées, elle avait mille ruses ingénieuses pour retarder chaque jour le parti que sa maîtresse voulait prendre. Enfin la mère l'emporta : Mme de Butler devint dame de compagnie, et Suzette, retirée aux Batignolles, prit pour elle la charge des petits enfants.

De tels exemples prouvent suffisamment que les serviteurs sont bien nos frères et nos égaux, capables des mêmes vertus et des mêmes dévouements que les meilleurs d'entre nous.

(A. MÉZIÈRES, *Éducation morale et Instruction civique*[1].)

---

2. — La brosse.

« Morbleu ! dis-je un jour à mon domestique, c'est pour la troisième fois que je vous ordonne de m'acheter une brosse. Quelle tête ! Quel animal ! » Il ne répondit pas un mot, il n'avait pas répondu la veille à une pareille incartade. « Il est si exact ! » disais-je; je n'y concevais rien. « Allez chercher un linge pour nettoyer mes souliers », lui dis-je en colère ; pendant qu'il allait, je me repentais de l'avoir ainsi

---

1. Un volume in-12, cartonné, 1 fr. 25. CHARLES DELAGRAVE, éditeur.

brusqué. Mon courroux passa tout à fait lorsque je vis le soin avec lequel il tâchait d'ôter la poussière de mes souliers sans toucher à mes bas ; j'appuyai ma main sur lui en signe de réconciliation. « Quoi, dis-je alors en moi-même, il y a donc des hommes qui décrottent les souliers des autres pour de l'argent ! » Ce mot, argent, fut un trait de lumière qui vint m'éclairer ; je me ressouvins tout à coup qu'il y avait longtemps que je n'en avais point donné à mon domestique. « Joannetti, lui dis-je en retirant mon pied, avez-vous de l'argent ? » Un demi-sourire de justification parut sur ses lèvres, à cette demande.

« Non, Monsieur, il y a huit jours que je n'ai plus le sou ; j'ai dépensé tout ce qui m'appartenait pour vos petites emplettes. — Et la brosse ! c'est sans doute pour cela ! » Il sourit encore. Il aurait pu dire à son maître : « Non, je ne suis point une tête vide, un animal, comme vous avez eu la cruauté de le dire à votre fidèle serviteur. Payez-moi vingt-trois livres dix sous quatre deniers que vous me devez, et je vous achèterai votre brosse. » Il se laissa maltraiter injustement plutôt que d'exposer son maître à rougir de sa colère. Que le ciel le bénisse ! « Tiens, Joannetti, tiens, lui dis-je, cours acheter une brosse. — Mais, Monsieur, voulez-vous rester ainsi, avec un soulier blanc et l'autre noir ? — Va, te dis-je, acheter une brosse ; laisse, laisse cette poussière sur mes souliers. » Il sortit. Je pris le linge et je nettoyai délicatement mon soulier gauche, sur lequel je laissai tomber une larme de repentir.

(XAVIER DE MAISTRE, *Voyage autour de ma chambre.*)

AUTRES LECTURES.

3. Dévouement d'une domestique pour ses maîtres (RENAUDIN et CHARPENTIER, *Instruction morale et civique*).

4. *Rapports sur les prix de vertu :* **Annette Daumont** (*l'Instruction primaire*, 11ᵉ année, page 209).

5. Dévouement d'Anne Coupeau (*l'Instruction primaire*, 7ᵉ année, page 217).

6. Dévouement d'Anne Lepage (*l'Instruction primaire*, 12ᵉ année, page 161).

7. La coupe de l'échafaud, la femme de chambre Mlle CLARISSE JURANVILLE, *Manuel d'éducation morale et civique*).

8. Le secret de M. Craponne (A. BURDEAU, *l'Instruction morale à l'école*).

RÉCITATION.

1. – Une bonne servante.

O ma vieille servante aux épaules penchées,
Toi qui savais si bien, quand j'étais tout petit,
Calmer en souriant mes douleurs épanchées ;
Toi qui vis partir ceux que la mort engloutit ;

Toi qui partageas tout, ma douleur et ma joie ;
Toi que rien n'a lassé et dont le dévouement
Depuis trente-deux ans a marché dans ma voie,
Sans hésiter jamais, sans faiblir un moment ;

Toi qui respectas tout, injustice et caprice,
Du jour où tu m'as pris dans ton bras jeune et fort,
La lèvre humide encor du lait de ma nourrice,
Le lendemain du jour où mon père était mort ;

Toi qui, vieille à cette heure et par les ans courbée,
Restes auprès de moi, comme un témoin vivant
De toute chose, hélas ! sous le temps succombée,
De tout ce qu'ont brisé les jours en se suivant ;

Ton vieux cœur dévoué, sans tendresse importune,
Ignorant l'intérêt et les calculs méchants,
A suivi ma mauvaise et ma bonne fortune
Pas à pas, m'entourant toujours de soins touchants.

Chacun de mes chagrins, ou faux ou légitimes,
A fait couler des pleurs de tes yeux attristés ;
Tu sus prendre ta part dans mes drames intimes,
Tu fus inébranlable en mes adversités.

(Maxime du Camp, *les Chants modernes*[1].)

DEVOIRS DE RÉDACTION.

1. Quelles qualités voudriez-vous avoir si vous étiez servante et pourquoi ?

2. Pierre est domestique depuis vingt ans chez M. X... Il a reçu une médaille du gouvernement de la République. Pourquoi lui a-t-on décerné cette récompense ?

---

1. Calmann Lévy, éditeur.

3. *La vieille servante.* — Depuis trente ans, la vieille Françoise est dans la même maison. Ses qualités. Elle a aussi quelques défauts. On les oublie, en raison de son attachement pour ses maîtres.

2° L'ENFANT DANS L'ÉCOLE.

16° LEÇON. — L'école; son but.

(L'INSTRUCTION ET L'ÉDUCATION.)

PLANS.

I

L'école d'aujourd'hui et l'école d'autrefois. — L'école, image de la famille et de la société. — L'école, remède contre l'ignorance. — L'instruction gratuite et obligatoire. — Nécessité de s'instruire pour être plus à même de mieux se conduire, de gagner sa vie et pour répondre aux sacrifices de ses parents et de l'État.

II

L'école. — But de l'école. — Utilité de l'instruction et de l'éducation. — L'ignorant, incapable de se suffire. — L'homme instruit, bien élevé, plus utile à lui-même et aux autres et meilleur. — L'école autrefois et aujourd'hui. Progrès réalisés. — Commodités pour s'instruire. — Reconnaissance envers l'État.

RÉSUMÉS.

I

L'école est le lieu où l'on travaille à faire de nous des hommes instruits et honnêtes.

L'école d'aujourd'hui est mieux construite, plus saine, mieux tenue que celle d'autrefois. Les maîtres en sont plus instruits, la discipline y est plus douce et l'enseignement plus conforme à nos besoins. Il faut donc nous montrer reconnaissants envers la patrie de tous ces progrès en aimant notre école et en ayant l'ambition de lui faire honneur.

II

Nous allons à l'école pour y acquérir l'instruction et l'éducation, ces deux biens si précieux.

L'instruction augmente nos connaissances et nous rend plus facile l'exercice d'une profession. L'éducation forme le caractère et fait de nous des hommes honnêtes.

Par l'instruction et l'éducation, l'enfant laborieux, même sans fortune, peut s'élever aux plus hautes fonctions de l'État.

LECTURE.

1. — L'école.

Oui, mon cher Henri, l'étude est dure pour toi, comme te le disait ta mère ; tu ne vas pas encore à l'école avec l'allure résolue et le visage souriant que je voudrais te voir. Mais songe un peu combien ta journée serait vide, si tu n'allais pas à l'école : au bout d'une semaine, tu demanderais certainement à y retourner. Tous les enfants étudient maintenant, mon cher Henri. Pense aux ouvriers qui vont à l'école le soir. après avoir travaillé toute la journée; aux jeunes filles qui vont à l'école le dimanche, après avoir été toute la semaine occupées dans les ateliers; aux soldats qui se mettent à écrire et à étudier quand ils reviennent de l'exercice. Pense aux enfants muets et aveugles, qui étudient aussi. Songe le matin, lorsque tu sors, qu'à la même heure, dans la même ville, trente mille enfants vont, comme toi, s'enfermer trois heures dans une classe, pour étudier. Pense encore à tous les enfants qui, presque en même temps, dans tous les pays du monde, vont à l'école. Évoque-les dans ton imagination, s'en allant par les sentiers des campagnes, par les rues des cités animées, sous un ciel ardent ou à travers la neige ; en barque, dans les pays traversés de canaux ; à cheval, par les grandes plaines; en traîneau, sur la glace; par les vallées et par les collines, à travers les bois et les torrents, sur les sentiers solitaires tracés dans les montagnes; seuls, à deux ou par groupes, en longue file, tous avec leurs livres sous le bras, vêtus de mille manières, parlant des langues diverses, depuis la dernière école de Russie, perdue sous les neiges, jusqu'à la dernière école de l'Arabie, ombragée de palmiers... Millions et millions d'enfants, apprenant tous la même chose sous des formes diverses. Imagine-toi cette fourmilière d'écoliers de cent peuples différents, l'immense mouvement dont ils font partie, et dis-toi : « Si ce mouvement cessait, l'humanité retomberait dans la barbarie; ce mouvement est le progrès, l'espérance, la gloire du monde. »

Courage donc, petit soldat de l'armée immense; tes livres sont tes armes, ta classe est ton escadron, le champ de bataille est la terre entière, et la victoire, la civilisation humaine. Oh! ne sois jamais un soldat poltron, mon Henri!

Ton père.

(DE AMICIS, *Grands Cœurs*, traduction PIAZZI [1].)

AUTRES LECTURES.

2. L'école d'autrefois et l'école d'aujourd'hui (A. BURDEAU, *l'Instruction morale à l'école*, page 39).

3. L'école, poésie d'EUGÈNE MANUEL (LOUIS COLLAS, *Mosaïque des écoles et des familles*).

4. L'école, par LABOULAYE (CH. LEBAIGUE, *le Livre de l'école*, cours moyen).

5. Une école en Bretagne, par JULES SIMON (*l'Instruction primaire*, 12e année, page 247).

6. Inauguration d'une école (TARTIÈRE, *Sylvain*, page 257).

7. Poésie de l'école (DE AMICIS, *Grands Cœurs*).

8. L'école, la patrie des petits enfants (J. MICHELET, *Extraits historiques*, choisis et annotés par M. SEIGNOBOS).

RÉCITATIONS.

1. — Il sait lire.

L'école est loin, parfois à quatre kilomètres;
Pourtant l'on voit partir tous ces chers petits êtres

---

1. Un volume in-12, cartonné, 1 fr. 25. CHARLES DELAGRAVE, éditeur.

Le matin, par des temps de neige et de verglas.
Les chemins sont mauvais. On grelotte. On est las.
On souffle dans ses doigts, à cause de l'onglée ;
Mais on est des enfants à la mine éveillée,
Durs au froid, durs au mal, et qui ne pleurent pas.

. . . .

Mais le dimanche vient. Près du vaste foyer
On s'assied, regardant les bûches flamboyer.
L'aïeule vénérable a mis sa coiffe blanche.
Dans la chaude maison, tout est bonheur et paix.
On sommeille à demi. Les enfants sont muets,
Quand le père à l'aîné dit : « Petit, c'est dimanche,
Si tu prenais un livre, et si tu nous lisais? »

Et l'enfant de huit ans commence la lecture.
Sa voix parle de Dieu, du ciel, de la nature.
Il attendrit sa mère et voit dans tous les yeux
Une larme d'orgueil éclairant un sourire.
Si petit ! Comme il cause! On l'écoute. On l'admire.
Et lui, le cher enfant, se sent fier et joyeux :
Il enseigne. Il bénit. Il console. Il sait lire.

(Paul Foucher.)

---

2. — L'avantage de la science.

Entre deux bourgeois d'une ville
S'émut jadis un différend :
L'un était pauvre, mais habile,
L'autre riche, mais ignorant.
Celui-ci sur son concurrent
Voulait emporter l'avantage ;
Prétendait que tout homme sage
Était tenu de l'honorer.
C'était tout homme sot; car pourquoi révérer
Des biens dépourvus de mérite?
La raison m'en semble petite.
« Mon ami, disait-il souvent
Au savant,
Vous vous croyez considérable ;
Mais, dites-moi, tenez-vous table?

Que sert à vos pareils de lire incessamment ?
Ils sont toujours logés à la troisième chambre,
Vêtus au mois de juin comme au mois de décembre,
Ayant pour tout laquais leur ombre seulement.
La république a bien affaire
De gens qui ne dépensent rien !
Je ne sais d'homme nécessaire
Que celui dont le luxe épand beaucoup de bien.
Nous en usons, Dieu sait ! notre plaisir occupe
L'artisan, le vendeur, celui qui fait la jupe
Et celle qui la porte, et vous, qui dédiez
A messieurs les gens de finance
De méchants livres bien payés. »
Ces mots remplis d'impertinence
Eurent le sort qu'ils méritaient.
L'homme lettré se tut, il avait trop à dire.
La guerre le vengea bien mieux qu'une satire.
Mars détruisit le lieu que nos gens habitaient.
L'un et l'autre quitta sa ville.
L'ignorant resta sans asile,
Il reçut partout des mépris.
L'autre reçut partout quelque faveur nouvelle.
Cela décida leur querelle.
Laissez dire les sots : le savoir a son prix.

(LA FONTAINE.)

3e RÉCITATION.

3. L'ignorance et le savoir, par AUGUSTE VACQUERIE (*l'Instruction primaire*, 1888-1889, page 225).

DEVOIRS DE RÉDACTION.

1. Quelle différence y a-t-il entre l'école d'autrefois et celle d'aujourd'hui ? — A qui devons-nous ce progrès ?

2. *Description de la salle de classe.* — Aspect général, mobilier scolaire. Matériel d'enseignement. — Conclusion.

3. *L'école.* — Décrivez l'école où vous êtes élevés ; dites ce que vous rappelle cette maison, les impressions que vous y recevez, les sentiments que vous y éprouvez et les résolutions que vous y formez pour le présent et pour l'avenir.

4. Lorsqu'on dit à Arthur d'étudier, il répond : « Moi, je n'ai pas besoin de cela... mon père est riche. » Montrez-lui dans une lettre que l'instruction est nécessaire à tous, aux riches comme aux pauvres.

17e LEÇON. — Devoirs de l'écolier envers lui-même.

(TRAVAIL, EXACTITUDE, ASSIDUITÉ.)

PLANS.

I

Devoirs de l'écolier envers lui-même : assiduité et application. — Inconvénients, pour le travail, des absences répétées. — Pertes de temps occasionnées par les retards. — Pas de progrès possibles sans l'assiduité. — Nécessité de l'application. — Devoirs, leçons, tenue. — Conduite coupable du paresseux.

II

Sacrifices de la commune et de l'État. — Gratuité de l'instruction. — Obligations que ces sacrifices imposent. — Aimer l'école, la fréquenter assidûment, être docile et travailleur. — Perfectionner son instruction après la sortie de l'école. — Moyens à employer : lectures, conversations sérieuses et instructives.

RÉSUMÉS.

I

Nos parents s'imposent des sacrifices pour nous envoyer à l'école. C'est donc un devoir pour nous de la fréquenter régulièrement et assidûment, d'écouter le maître, d'y suivre attentivement ses explications et d'accomplir soigneusement toutes les tâches qu'il nous donne.

Travaillons pour être aimés de nos parents et de nos maîtres; travaillons pour acquérir une position honorable dans le monde.

« *Tant vaut l'écolier, tant vaut l'homme.* »

II

Soyons assidus et appliqués à l'école, soyons de bons écoliers. L'application à l'école est l'apprentissage du travail dans la vie.

N'oublions pas qu'au sortir de l'école, notre éducation n'est pas terminée. L'école nous donne les premières connaissances; il nous appartiendra de les compléter par de bonnes lectures et de sérieuses conversations avec les personnes de bon conseil.

LECTURES.

1. — Le devoir de s'instruire.

— C'est dur tout de même d'étudier, dit Jean-Pierre qui partait pour l'école.

— Hé ! tout est dur dans ce monde...

Si les pommes et les poires roulaient sur la grande route, on ne planterait pas d'arbres.

Si le pain venait dans votre poche, on ne retournerait pas la terre, on ne sèmerait pas le grain, on ne demanderait pas la pluie et le soleil, on ne faucillerait pas, on ne mettrait pas en gerbes, on ne battrait pas en grange, on ne vannerait pas, on ne porterait pas les sacs au moulin, on ne moudrait pas, on ne traînerait pas la farine chez le boulanger, on ne pétrirait pas, on ne ferait pas cuire.

Ce serait bien commode, mais ça ne peut pas venir tout seul. Il faut que les gens s'en mêlent.

Tout ce qui pousse seul ne vaut rien, comme les chardons, les orties, les épines et les herbes tranchantes au fond des marais. Et plus on prend de peine, mieux ça vaut.

Comme pour la vigne au milieu des pierrailles, sur les hauteurs où l'on porte du fumier dans les hottes, c'est aussi bien dur, Jean-Pierre ; mais le vin est aussi bien bon. Si tu voyais en Espagne, dans le midi de la France et le long du Rhin, comme on travaille au soleil pour avoir du vin, tu dirais : « C'est encore bien heureux de rester assis à l'ombre et d'apprendre quelque chose qui nous profitera toujours ! » Maintenant je te fais retourner et ensemencer à l'école, et plus tard qui est-ce qui coupera le grain? Qui est-ce qui aura du pain sur la planche? c'est toi, Jean-Pierre.

(Erckmann-Chatrian, *Histoire d'un homme du peuple*[1].)

2. — La jeunesse du général Drouot.

Le jeune Drouot s'était senti poussé à l'étude des lettres par un très précoce instinct. Agé de trois ans, il allait frapper à la porte des frères des écoles chrétiennes, et, comme on lui en refusait l'entrée, parce qu'il était trop jeune, il pleurait beaucoup. On le reçut enfin. Ses parents, témoins de son application toute volontaire, lui permirent, avec l'âge, de fréquenter des leçons plus élevées, mais sans lui rien épargner des devoirs et des gênes de leur maison. Rentré de l'école ou du collège, il lui fallait porter le pain chez les clients, se tenir dans la chambre publique avec tous les siens, et subir dans ses oreilles et son esprit les inconvénients d'une perpétuelle distraction. Le soir, on éteignait les lumières de bonne heure, par économie, et le pauvre écolier devenait ce qu'il pouvait, heureux lorsque la lune favorisait par un éclat plus vif la prolongation de la veillée. On le voyait profiter ardemment de ces rares occasions. Dès les deux heures du matin, quelquefois plus tôt; il était debout; c'était le temps où le travail domestique recommençait à la lueur d'une seule et mauvaise lampe. Il reprenait aussi le sien; mais la lampe infidèle, éteinte avant le jour, ne tardait pas à lui manquer de nouveau; alors il s'approchait du four ouvert et enflammé, et continuait à ce rude soleil la lecture de Tite-Live ou de César.

Telle était cette enfance dont la mémoire poursuivait le général Drouot jusque dans les splendeurs des Tuileries. Il y trouvait le charme de l'obscurité, de l'innocence et de la pauvreté.

(Lacordaire, *Notices et Panégyriques*[2].)

AUTRES LECTURES.

3. Un paresseux est un sot (Pierre Laloi, *la Première Année d'instruction morale et civique*).

1. J. Hetzel et Cie, éditeurs.
2. Charles Poussielgue, éditeur.

4. Le certificat d'études (PIERRE LALOI, *la Première Année d'instruction morale et civique*).

5. L'écolier, poésie de Mme DESBORDES-VALMORE (LOUIS COLLAS, *Mosaïque des écoles et des familles*).

6. Charlemagne visitant les écoles, par GUIZOT (LABBÉ, *Morceaux choisis des classiques français*, cours moyen).

7. Bonnes résolutions (DE AMICIS, *Grands Cœurs*, page 116).

8. Les écoles d'adultes, par CORMENIN (CH. LEBAIGUE, *le Livre de l'école*, cours supérieur).

RÉCITATION.

1. — Aux enfants de France.

O chers petits amis, vous qui croissez si vite,
Rappelez-vous du moins le rêve des aînés !
Humanité touchante, encor blanche et petite,
Monte ! Deviens très grand, peuple des nouveaux-nés !

Enfants, nous faiblissons ! Venez à la rescousse !
Vos aînés, les vaincus, vous disent en pleurant,
Votre mère, en pleurant, vous dit de sa voix douce :
« Petit peuple français, vite au secours du grand ! »

« Et comment ? Nous n'avons que nos livres d'école,
Nos cahiers griffonnés, la plume et l'encrier.
— Que faut-il à l'oiseau? des ailes, pour qu'il vole.
Et que faut-il de plus qu'un livre à l'écolier ?

Peuple des écoliers qu'ennuie un peu son livre,
Rien au monde n'est beau que notre rêve écrit,
Sache-le ! Sache encor que l'alphabet délivre,
Et que la force tombe où veut passer l'esprit.

Sache tenir, s'il faut, un sabre de bataille ;
Mais, studieux le soir, actif dès le matin,
Sache bien qu'un enfant qui veille et qui travaille
Prépare au monde entier sa gloire et son destin. »

(JEAN AICARD, *la Chanson de l'enfant* [1].)

AUTRES RÉCITATIONS.

2. L'écolier, l'abeille et l'absinthe, poésie de NAUDET (MERLET, *Extraits des classiques français*, cours élémentaires).

---

1. FISCHBACHER, éditeur.

3. Le bon élève, par MARMONTEL (P. ESTIENNE et H. DANIEL, *le Deuxième Livre de récitation et de morale*).

4. Les bons livres, par Mme PENQUER (P. ESTIENNE et H. DANIEL, *le Deuxième Livre de récitation et de morale*).

DEVOIRS DE RÉDACTION.

1. Vous accompagnez votre jeune frère en classe, et, avant de le quitter, vous lui donnez des conseils concernant ses devoirs à l'école.

2. Dites à quels devoirs manquent ceux qui ne travaillent pas à l'école et pourquoi un paresseux est un sot.

3. Vous écrivez à un de vos amis qui habite un village voisin et qui répète volontiers qu'il faut s'amuser quand on est jeune. Vous refusez une invitation qu'il vous a adressée et vous vous livrez à quelques considérations au sujet de sa maxime.

4. *La fréquentation scolaire.* — Avez-vous manqué la classe ? Pour quelles raisons ? Que pensez-vous de ces congés forcés ou volontaires ?

5. *On recueille ce qu'on a semé.* — Explication de ce proverbe : 1° au sens propre ; 2° au sens figuré, en l'appliquant à votre situation d'écolier.

18e LEÇON. — Devoirs envers l'Instituteur.

PLANS.

I

Le maître, représentant des parents et de l'État. — Soucis qu'il se donne. — Peine qu'il prend. — Devoirs semblables à ceux envers les parents : docilité, respect, affection et reconnaissance durable. — Rapports des anciens élèves et de leurs maîtres.

II

Devoirs envers le maître : les mêmes qu'envers les parents, qu'il remplace. — Affection, respect, obéissance, reconnaissance. — Raisons de ces devoirs. — Ce que doit être l'obéissance au maître. — Devoir de respect. — Respect dans l'école, dans la rue et toute la vie. — La reconnaissance. — Manières de remplir ce devoir maintenant et plus tard. — Relations avec l'instituteur, après avoir quitté l'école.

RÉSUMÉS.

I

Le maître remplace nos parents, qui n'ont ni le temps ni, le plus souvent, les moyens de nous instruire. Il a droit, par conséquent, à notre amour, à notre respect et à notre reconnaissance.

N'oublions pas les paroles que prononçait Carnot, le conventionnel, en montrant son vieux maître : « Voilà, après mes parents, l'homme à qui je dois le plus, voilà mon second père. C'est de lui que j'ai appris à connaître et à aimer la France. »

II

Nous devons à notre maître, comme à nos parents, qu'il remplace, l'amour, le respect et l'obéissance. Nous lui devons également une reconnaissance durable pour l'instruction et l'éducation qu'il nous donne au prix de tant de peines.

« ***La reconnaissance pour ceux qui ont travaillé à notre éducation fait le caractère d'un honnête homme et est la marque d'un bon cœur.*** » (ROLLIN.)

LECTURES.

1. — Gratitude.

A Henri.

L'instituteur était dans un de ses moments d'impatience, as-tu dit sur un ton de rancune. Pense un peu combien de fois tu t'impatientes, toi. Et contre qui ? contre ton père et ta mère, envers qui ces vivacités sont très coupables. Ton maître a bien sujet de s'impatienter quelquefois. Depuis de longues années, il se fatigue pour les enfants, et, s'il en a rencontré quelques-uns qui aient été affectueux, gentils avec lui, la plupart n'ont été que des ingrats, qui ont abusé de sa bonté et méconnu sa peine ; malheureusement, vous lui donnez, vous tous, plus de déboires que de satisfactions. L'homme le plus doux de la terre, s'il était à sa place, se laisserait emporter par la colère. Si tu savais combien de fois l'instituteur fait sa classe quand il est malade, parce que son mal n'est pas tout à fait assez grave pour qu'il se fasse excuser! Il est impatient parce qu'il souffre, et c'est une grande douleur pour lui de voir que vous vous en apercevez, et que vous en abusez.

Respecte et aime ton instituteur, mon fils. Aime-le, parce que ton père l'aime et le respecte; aime-le, parce qu'il consacre sa vie au bonheur de tant d'enfants qui l'oublieront. Aime-le, parce qu'il ouvre et éclaire ton intelligence et élève ton âme. Plus tard, quand tu seras un homme, et que nous ne serons plus de ce monde, ni lui ni moi, son souvenir se présentera à toi souvent auprès du mien; et alors, vois-tu, certaines expressions de douleur et de fatigue de son bon visage te feront de la peine, même après trente ans. Et tu auras honte, tu regretteras de ne pas l'avoir aimé, de t'être mal comporté envers lui. Aime ton instituteur, parce qu'il appartient à cette grande famille enseignante éparse dans le monde entier, qui élève des milliers d'enfants, grandissant avec toi. Je ne serai pas fier de l'affection que tu me portes, si tu ne l'éprouves pas aussi pour tous ceux qui te font du bien; et, entre eux, ton maître est le premier après tes parents. Aime-le comme tu aimerais un père; aime-le quand il te caresse et aussi quand il te gronde, quand il est juste et quand il te semble ne l'être pas; aime-le quand il est gai, mais aime-le plus encore quand il est triste, et prononce toujours avec respect ce titre: « maître »; après celui de père, c'est le plus noble, le plus doux qu'un homme puisse donner à un autre homme.

Ton père.

(De Amicis, *Grands Cœurs*, traduction Piazzi [1].)

---

2. — Considération.

Quand il eut accompli jusqu'au bout, sans une défaillance, sa tâche admirable d'organisateur de la victoire,

1. Un volume in-12, cartonné, 1 fr. 25. Charles Delagrave, éditeur.

quand il vit les ennemis de la France déshonorés par des fuites honteuses, et la France elle-même grandie à l'intérieur, respectée au dehors, le grand Carnot fut pris de la nostalgie du coin de terre natal et prit le chemin de la bonne ville de Nolay, berceau de sa famille.

Et, tandis qu'il s'avançait à travers cette luxuriante campagne bourguignonne, une jeunesse lui revenait avec tous ses souvenirs d'enfance.

Arrivé à la ville, grave, il s'avança par les rues désertes à cette heure chaude, entra à l'école communale, et, en voyant son vieux maître blanchi par les années, qui enseignait toujours les petits enfants, une émotion l'envahit, et des larmes se montrèrent au coin de ses paupières.

Sans souci de la dignité, il se jeta dans les bras du vieillard; puis, le montrant fièrement au jeune auditoire en extase devant son uniforme chamarré de dorures :

« Voilà, dit-il, après mes parents, l'homme à qui je dois le plus; voilà mon second père. C'est ici, dans cette petite école, que j'ai appris à connaître, à aimer la patrie. »

J'ai cité ces belles paroles du grand Carnot pour montrer en quelle estime nos anciens tenaient les éducateurs du peuple.

Nous autres Français des nouvelles couches, savons-nous aussi bien leur rendre la justice qui leur est due?

Et pourtant l'instituteur d'aujourd'hui, ce n'est plus le maître d'école dévoué, mais borné, d'il y a quatre-vingts ans. Aujourd'hui, c'est un homme sérieusement instruit, un citoyen qui allie à la vertu primordiale d'aimer les enfants confiés à sa garde un savoir solide, éprouvé. Si parfois il est sévère aux défauts, s'il punit et corrige, il sait toujours concilier la tendresse avec l'autorité, rendre familière et bonne la discipline. Étant, le plus souvent, père de famille, il répand une large part de son affection paternelle sur le troupeau de petits êtres que d'autres pères ont confiés à son éducation. Sa profession lui commande la gravité, mais une gravité douce, qui lui attire la sympathie, l'amitié de tous.

Il donne, par son travail, par son assiduité, par sa mansuétude, le noble exemple des plus hautes vertus civiques. Son école est restée l'école du cœur et du caractère, plus encore que l'école de l'intelligence...

Et sa mission ne s'arrête pas à la porte de la classe;

il la remplit encore en dehors de sa chaire, dans toutes les occasions où son expérience et son savoir peuvent être de quelque utilité à ses concitoyens.

Que de fois, à la besogne du jour, déjà si pénible, il ajoute le labeur de la soirée, faisant des cours ou des conférences, se reposant du travail diurne par le travail nocturne.

Eh bien, franchement, dans notre société démocratique, y a-t-il beaucoup de citoyens aussi dignes de l'estime et de la considération générales ?

(*Correspondance générale de l'instruction primaire*, 3e année, 14e livraison [1].)

AUTRES LECTURES.

3. **L'instituteur modèle**, par PESTALOZZI (G. COMPAYRÉ, *Éléments d'instruction morale et civique*).

4. **La dernière leçon de français**, récit d'un petit Alsacien, par ALPHONSE DAUDET (A. BURDEAU, *Morale et Patrie*).

5. **Le maître et l'élève. — Saint Arsène** (GUYAU, *la Première Année de lecture courante*).

6. **Carnot et son ancien maître** (*l'Instruction primaire*, 1888-1889).

7. **Le professeur de mon grand-père** (DE AMICIS, *Grands Cœurs*).

8. **Le maître d'école**, par M. ANTOINE MATHIVES (*l'Instruction primaire*, 11e année, page 261).

9. **Les élèves de M. Bonnier** (PIERRE LALOI, *la Première Année d'instruction morale et civique*).

RÉCITATIONS.

1. — Un précepteur à son élève [2].

Je ne sais, Monsieur, si vous vous rappelez ce que vous m'avez dit hier, que *vous savez ce que vous êtes et ce que*

1. HACHETTE ET Cie, éditeurs.

2. Le duc de Bourgogne était né avec un naturel indocile et hautain. Ayant un jour manqué de respect à son précepteur, Fénelon ne répondit rien et laissa le coupable à ses réflexions;

je suis. Il est de mon devoir de vous apprendre que vous ignorez l'un et l'autre. Vous vous imaginez donc, Monsieur, être plus que moi ; quelques valets, sans doute, vous l'auront dit, et moi, je ne crains pas de vous dire, puisque vous m'y forcez, *que je suis plus que vous*. Vous comprenez assez qu'il n'est pas ici question de la naissance. Vous regarderiez comme un insensé celui qui prétendrait se faire un mérite de ce que la pluie du ciel a fertilisé sa moisson, sans arroser celle de son voisin. Vous ne seriez pas plus sage si vous vouliez tirer vanité de votre naissance, qui n'ajoute rien à votre mérite personnel. Vous ne sauriez douter que je suis au-dessus de vous par les lumières et les connaissances. Vous ne savez que ce que je vous ai appris ; et ce que je vous ai appris n'est rien, comparé à ce qui me resterait à vous apprendre. Quant à l'autorité, vous n'en avez aucune sur moi, et je l'ai moi-même, au contraire, pleine et entière sur vous. Le Roi et Monseigneur votre père vous l'ont dit assez souvent. Vous croyez peut-être que je m'estime fort heureux d'être pourvu de l'emploi que j'exerce auprès de vous : désabusez-vous encore, Monsieur; je ne m'en suis chargé que pour obéir au Roi et faire plaisir à Monseigneur, et nullement pour le pénible avantage d'être votre précepteur ; et, afin que vous n'en doutiez pas, je vais vous conduire chez Sa Majesté, pour la supplier de vous en nommer un autre, dont je souhaite que les soins soient plus heureux que les miens.

(FÉNELON.)

2. — L'Instituteur.

« A-t-on jamais réfléchi à ce qu'est un instituteur, à cette magistrature où se réfugiaient les tyrans d'autrefois, comme des criminels dans un temple, lieu d'asile ? A-t-on jamais songé à ce que c'est que l'homme qui enseigne les

mais, le lendemain matin, il lui adressa les justes et sévères réprimandes contenues dans cette lettre. Le jeune prince reconnut ses torts, fit des excuses, et Fénelon, touché du repentir de son élève, continua à s'occuper de son éducation. C'est ainsi qu'il parvint, grâce à l'ascendant moral qu'il avait sur le duc, à transformer celui-ci en un prince appliqué à ses devoirs, affable, doux et humain.

enfants ? Vous entrez chez un homme ; il fabrique des roues et des timons ; vous dites : C'est un homme utile. Vous entrez chez un tisserand ; il fabrique de la toile ; vous dites : C'est un homme précieux. Vous entrez chez un forgeron ; il fabrique des pioches, des marteaux, des socs de charrue ; vous dites : C'est un homme nécessaire. Ces hommes, ces bons travailleurs, vous les saluez. Vous entrez chez un instituteur : saluez plus bas ; savez-vous ce qu'il fait ? il fabrique des esprits. »

(VICTOR HUGO.)

AUTRES RÉCITATIONS.

3. **Le maître et l'écolier**, par LOUIS TOURNIER (P. ESTIENNE et H. DANIEL, *le Deuxième Livre de récitation et de morale*).

4. **Pauvre petit**, par VICTOR DE LAPRADE (CH. LEBAIGUE, *Pour nos fils*, cours supérieur, page 53).

5. **Adieu d'une petite fille à l'école**, poésie de Mme DESBORDES-VALMORE (HEINRICH, *Lectures choisies*).

DEVOIRS DE RÉDACTION.

1. Une de vos amies a mal répondu à sa maîtresse. Vous lui écrivez pour lui démontrer combien sa conduite est blâmable. Vous lui rappelez tout ce qu'elle doit à sa maîtresse et terminez votre lettre en lui conseillant d'aller demander son pardon.

2. Julien fait ce que son maître commande, mais non sans hésiter ou sans discuter les ordres qu'il reçoit. Est-ce là la vraie obéissance ? Justifiez votre réponse.

3. Pourquoi, sous la Convention nationale, proposa-t-on que l'instituteur portât dans les cérémonies publiques une médaille avec cette inscription : *Celui qui instruit est un second père?*

4. Vous écrivez à un de vos camarades qui a quitté l'école et qui, depuis, ne salue plus l'instituteur. Vous lui rappelez ce que ce maître a fait pour lui et la reconnaissance qu'il lui doit. Vous l'engagez à changer de conduite et à donner le bon exemple aux élèves plus jeunes, en mettant en pratique les leçons qu'il a reçues.

19e LEÇON. — Devoirs des écoliers entre eux.

PLANS.

I

L'école, prolongement de la famille. — Devoirs des écoliers entre eux. — Affection. — Honnêteté. — Assistance. — L'émulation. — Ses bienfaits. — La camaraderie, commencement de l'amitié.

II

L'école, seconde famille et image de la société. — Nécessité de l'union entre les élèves. — Le bon camarade : franc et loyal. — Caractères de la vraie émulation. — La jalousie. — Bienfaits, douceur et solidité des liens d'amitié contractés à l'école.

RÉSUMÉS.

I

Élèves de la même école, nous devons nous considérer comme des frères. Montrons-nous bons et bienveillants à l'égard de tous nos camarades. Aidons-les dans la mesure des choses permises, et protégeons les plus faibles et les moins heureux.

La camaraderie est le commencement de l'amitié. Toutefois montrons-nous prudents dans le choix de nos amis et n'oublions pas le proverbe : « *Dis-moi qui tu hantes, je te dirai qui tu es.* »

II

L'école est une grande famille et une petite société. Les élèves doivent y faire l'apprentissage de la vie sociale. Ils doivent ne se causer aucun tort, se montrer entre eux polis, serviables, s'aimer et s'entr'aider.

Le bon camarade n'est ni querelleur, ni rapporteur, et ne se montre point jaloux des succès de ses condisciples.

Il deviendra plus tard l'ami sincère, l'honnête homme et le bon citoyen.

LECTURE.

1. — Allocution à des élèves.

Quand un camarade, par son intelligence et par son application, se distingue; quand il prend la tête de sa division; quand il fait honneur à son école, à sa famille, vous ne lui en voulez pas, n'est-il pas vrai? Vous ne le prenez pas en grippe. Au contraire, à moins qu'il ne gâte ses succès par un mauvais caractère, à moins qu'il ne soit orgueilleux et méprisant, vous l'estimez, vous l'admirez, vous êtes fiers de lui. Vous ne vous figurez pas que Pierre, Jacques ou Paul, parce qu'ils ont bien travaillé, vous ont empêchés de travailler de votre côté, et qu'en s'instruisant, ils vous ont condamnés à l'ignorance. Au contraire, vous sentez très bien qu'en vous donnant le bon exemple, ils vous ont été utiles; qu'ils vous ont stimulés, soutenus, aidés même; et que, s'il n'y avait à côté de vous que des paresseux et des incapables, vous vous laisseriez aller plus volontiers à la paresse et à la négligence. Il faut des chefs de file, des entraîneurs, et l'on gagne toujours à avoir affaire à meilleur ou à plus savant que soi. « Je ne suis pas la rose, » dit je ne sais quelle fleur par elle-même sans parfum, dans une poésie de l'Orient, « mais j'ai été à côté de la rose, et il m'en est resté quelque chose. »

(FRÉDÉRIC PASSY, *fragment de discours.*)

AUTRES LECTURES.

2. L'écolier consciencieux, par DAGUESSEAU (CH. LEBAIGUE, *le Livre de l'école*, cours supérieur).

3. La camaraderie. (A. MÉZIÈRES, *Éducation morale et Instruction civique*, page 31).

4. Ma jeunesse, par MICHELET (*l'Instruction primaire*, 10e année, page 612).

5. La récréation, par J. GIRARDIN (*l'Instruction primaire*, 12e année).

6. Une dispute (DE AMICIS, *Grands Cœurs*, page 181).

7. Deux camarades d'école ou **Jeannot et Colin** (A. Rendu fils, *le Devoir et la Loi*).

8. L'émulation, par Guizot (Merlet, *Extraits des classiques français*, cours supérieurs, prose).

RÉCITATIONS.

1. — Les deux amis.

Deux vrais amis vivaient au Monomotapa ;
L'un ne possédait rien qui n'appartînt à l'autre :
Les amis de ce pays-là
Valent bien, dit-on, ceux du nôtre.

Une nuit que chacun s'occupait au sommeil,
Et mettait à profit l'absence du soleil,
Un de nos deux amis sort du lit en alarme ;
Il court chez son intime, éveille les valets :
Morphée avait touché le seuil de ce palais.
L'ami couché s'étonne ; il prend sa bourse, il s'arme,
Vient trouver l'autre, et dit : « Il vous arrive peu
De courir quand on dort ; vous me paraissiez homme
A mieux user du temps destiné pour le somme :
N'auriez-vous point perdu tout votre argent au jeu ?
En voici. S'il vous est venu quelque querelle,
J'ai mon épée ; allons. Vous ennuyez-vous point
De vivre toujours seul ? Une esclave fidèle
Était auprès de moi ; voulez-vous qu'on l'appelle ?
— Non, dit l'ami, ce n'est ni l'un ni l'autre point ;
Je vous rends grâces de ce zèle.
Vous m'êtes, en dormant, un peu triste apparu ;
J'ai craint qu'il ne fût vrai : je suis vite accouru.
Ce maudit songe en est la cause. »

Qui d'eux aimait le mieux ? Que t'en semble, lecteur ?
Cette difficulté vaut bien qu'on la propose.
Qu'un ami véritable est une douce chose !
Il cherche vos besoins au fond de votre cœur ;
Il vous épargne la pudeur
De les lui découvrir vous-même.
Un songe, un rien, tout lui fait peur
Quand il s'agit de ce qu'il aime.

(La Fontaine.)

2. — L'amitié.

Sur terre, toute chose
A sa part de soleil,
Toute épine a sa rose,
Toute nuit son réveil.

Pour le pré Dieu fit l'herbe,
Pour le champ la moisson,
Pour l'air l'aigle superbe,
Pour le nid le buisson.

Tout arbre a sa verdure,
Toute abeille son miel,
Toute onde son murmure,
Toute tombe son ciel.

Dans ce monde où tout penche
Vers un monde meilleur,
La fleur est pour la branche,
L'amitié pour le cœur.

(LONLAY.)

AUTRES RÉCITATIONS.

3. L'honneur à l'école, poésie d'AMÉLIE DEWAILLY (LÉON MOY, *la Première Année de récitation*).

4. L'amitié, par DUCIS (MERLET, *Extraits des classiques français*, cours moyens, poésie).

5. Le convoi d'un enfant, poésie de DOVALLE (MERLET, *Extraits des classiques français*, cours élémentaires).

DEVOIRS DE RÉDACTION.

1. Un élève de votre classe a commis une faute grave, et un de ses voisins a été puni par le maître, qui l'a cru coupable. Comme le vrai coupable, que vous connaissez, n'a pas avoué sa faute, vous lui écrivez pour lui dire ce que vous trouvez de blâmable dans sa conduite et pour l'exhorter à réparer ses torts.

2. Un jour de composition, votre meilleur camarade, qui vous a déjà rendu bien des services, vous demande de l'aider à faire son devoir. Que ferez-vous immédiatement? Que ferez-vous après la composition?

3. *Les écoliers infirmes.* — Il y a dans votre école un enfant infirme qui est en butte aux taquineries, aux vexations, quelquefois même aux mauvais traitements de ses camarades. Faites connaître à ce sujet vos réflexions et vos résolutions.

4. *Les mauvaises fréquentations.* — Expliquez le proverbe : *Dis-moi qui tu hantes, je te dirai qui tu es*, et imaginez un récit dans lequel vous montrerez le danger des mauvaises fréquentations.

3° L'ENFANT BIEN ÉLEVÉ.

20ᵉ LEÇON. — La politesse.

PLANS.

I

La politesse. — Son importance pour les enfants. — Comment ils peuvent se montrer polis : 1° manières, 2° langage, 3° conduite générale. — L'indiscrétion. — Indiscrétions grossières communes aux enfants. — L'enfant bien élevé, dans sa famille, dans l'école, dans la rue, chez les étrangers. — La vraie politesse.

II

Ce qu'on entend par politesse : distinguer la politesse de la civilité et de la courtoisie. — Bonnes manières, politesse vraie ; politesse hypocrite. — La grossièreté. — La familiarité n'exclut pas la politesse. — La politesse, qualité éminemment française.

RÉSUMÉS.

I

Une des premières qualités de l'enfant, c'est d'être poli, d'avoir de bonnes manières. On est d'avance prévenu en faveur de l'enfant bien élevé, tandis qu'un enfant impoli et grossier n'est aimé de personne.

Je serai donc poli à l'égard de tout le monde, avec mes supérieurs, mes égaux, mes inférieurs. Je le

serai par mes paroles, par mes actes et par toute ma manière d'être.

« La politesse est un fonds qui ne coûte rien et rapporte beaucoup. »

II

Nous devons être polis avec tout le monde. Les bonnes manières sont la première marque de la politesse et de la bonne éducation; mais nos sentiments doivent répondre aux apparences; car la vraie politesse part du cœur; elle est toujours un signe de bienveillance, de bonté et de modestie.

« La politesse est à l'esprit
Ce que la grâce est au visage;
De la bonté du cœur elle est la douce image,
Et c'est la bonté qu'on chérit. »

(VOLTAIRE.)

LECTURE.

1. — La politesse au village.

Il fait bon au village, tout le monde s'y connaît; quand on se rencontre, on se dit bonjour, bonsoir, et l'on s'appelle par son nom; souvent on s'arrête et on fait un bout de causerie. Aussi, quand je quitte la ville et que je rentre au village, j'éprouve une sorte de bien-être; il me semble que je suis en famille. Les gens me saluent, les enfants me saluent, et j'en suis tout aise.

Cependant, dans certains villages, trop voisins des villes, cela commence à changer. Les jeunes gars, les coqs, comme on dit dans mon pays, vont passer le dimanche à la ville; ils n'en rapportent rien de bon et presque toujours ils y laissent leur politesse. Comme ils voient qu'on ne s'y salue pas ou guère, de retour au pays, ils veulent faire les citadins et ne saluent plus. S'ils réfléchissaient un peu, ils comprendraient bien vite que dans ces grandes fourmilières qu'on appelle des villes, si l'on ne salue pas tout le monde, c'est qu'on aurait trop à faire, et que les chapeaux n'y résisteraient pas, et qu'on doit garder ses saluts pour ses connaissances. Mais, au village, quelle différence ! Il n'y a pas d'inconnus ; ne pas saluer, ce n'est pas imiter les gens des villes, c'est tout simplement être impoli.

Voilà pourtant ce que c'est que la manie d'imiter sans réfléchir ; de son vrai nom, c'est de la singerie.

Il y en a d'autres, parmi nos gars de village, qui se montrent impolis, non par irréflexion, mais, ce qui est plus grave, avec intention. Si quelque citadin, si quelque *monsieur* vient au village pour ses affaires ou son repos, ah ! celui-là, on se fait un plaisir et un point d'honneur de passer crânement près de lui, le chapeau sur la tête et un peu sur l'oreille. C'est une manière de lui faire sentir qu'on est son égal et qu'on ne lui doit rien, pas même un salut ; fierté de citoyen qui connaît ses droits, mais qui connaît moins bien ses devoirs ; car, n'en déplaise à la fierté civique, la politesse est un devoir, et, bien loin de s'abaisser, l'on se relève, bien loin de s'humilier, on s'honore, en se montrant civil envers ses égaux. Il m'est arrivé plus d'une fois d'avancer un coup de chapeau qui ne m'a pas été rendu ; je ne m'en suis nullement mortifié, et je me suis consolé en pensant que l'égalité civile et politique me laissait encore un genre de supériorité, celui de la politesse.

(A. VESSIOT, *Pour nos enfants* [1].)

AUTRES LECTURES.

2. La politesse, par Mme DE MAINTENON (*l'Instruction primaire*, 13e année, page 805).

3. Nécessité de l'éducation, conférence par A. VESSIOT (*l'Instruction primaire*, 10e année, page 275).

RÉCITATION.

1. — La prunelline.

Filleul exact et diligent,
Le jeune Fanche à la vieille Fanchette

1. LECÈNE, OUDIN ET Cie, éditeurs.

Avait apporté pour sa fête
Bouquet, baisers et compliment.
Or, en marraine bien apprise,
Fanchette voulut à son tour
Le régaler d'une surprise
Qui lui rappelât ce beau jour.
Elle prend donc en grand mystère
Dans son armoire un vieux flacon,
Puis jusqu'au bord elle en remplit un verre,
Disant : « Bois-moi ça, mon garçon.
C'est une exquise prunelline,
Boisson tout à fait superfine,
Divin nectar, pur hypocras,
Que tous les ans je fais moi-même
Et ne donne qu'à ceux que j'aime.
Goûte, fillot, et tu verras. »
Docilement, Fanche y trempe ses lèvres,
En hume une gorgée, et s'arrête soudain...
Horreur ! ce breuvage divin
Était un affreux chicotin
Bon à faire danser les chèvres.
La bonne dame, soit hasard,
Soit avarice, ou soit toute autre cause,
N'avait oublié qu'une chose,
C'était de sucrer son nectar.
Cependant Fanche, assez mal à son aise,
Sans souffler mot, s'agitait sur sa chaise.
« Ouais ! dit Fanchette, est-ce que tu fais fi
De ma liqueur ? — Oh ! que nenni !
Répond l'enfant. Bien au contraire. »
Et, ce disant, le petit écolier,
Avec l'aplomb d'un vieux troupier,
En un seul trait vide son verre.

(CH. LEBAIGUE, *Pour nos fils*, cours moyen [1].)

AUTRE RÉCITATION.

2. La politesse, par LA BRUYÈRE (MERLET, *Extraits des classiques français*, cours moyens, prose).

---

1. BELIN FRÈRES, éditeurs.

DEVOIRS DE RÉDACTION.

1. Dans une lettre à l'un de ses camarades, un élève d'une école primaire rend compte d'une leçon de l'instituteur concernant la conduite qu'un enfant bien élevé doit tenir dans sa famille, à l'égard de ses parents : dans les récréations, à l'égard de ses camarades ; dans la rue, à l'égard des personnes plus âgées que lui.

2. Comparez entre eux un enfant bien élevé et un enfant mal élevé.

3. En quoi consiste la politesse? Comment parle, se conduit dans la maison avec ses parents, au milieu d'étrangers, une jeune fille bien élevée?

4. Quel caractère doit avoir et comment doit se manifester la politesse à l'égard des inférieurs, des égaux et des supérieurs?

4° L'ENFANT APPRENTI.

21e LEÇON. — Devoirs envers le patron.

PLANS.

I

L'apprentissage : son but. — Le patron. — Confiance qui lui est accordée. — Son habileté dans le métier. — Peines qu'il prend pour son apprenti. — Devoirs de celui-ci envers son patron : docilité, respect, bonne tenue, application au travail. — Conduite de l'apprenti au dehors de l'atelier. — Emploi des loisirs : cours d'adultes, sociétés musicales, etc.

II

Choix d'une profession, à la sortie de l'école. — Importance de ce choix. — L'apprentissage, école de la vie pratique. — Conduite de l'apprenti : 1° dans l'atelier : docilité, politesse, application, discrétion : 2° au dehors : divertissements utiles, cours d'adultes, cours de dessin, etc. — Devoirs du patron envers l'apprenti. — Loi sur le travail des enfants dans les manufactures.

RÉSUMÉS.

I

Quand j'aurai quitté l'école, j'apprendrai un métier qui me permette de gagner honorablement ma vie.

Pendant mon apprentissage, je serai travailleur, docile et honnête.

J'emploierai mes loisirs à des divertissements utiles; je fuirai les mauvaises compagnies et garderai soigneusement les bonnes habitudes prises à l'école.

« ***Il n'est si petit état qui ne nourrisse son maître.*** »

II

A la sortie de l'école, nous passerons à la vie sérieuse, où il faudra débuter par le choix d'une profession. Il conviendra de choisir le métier le mieux en rapport avec nos aptitudes et la condition de nos parents. Mais, quel que soit ce métier, il faudra s'y appliquer de toutes ses forces, être d'abord un apprenti docile, laborieux, digne des égards et de la sollicitude que les patrons doivent aux bons apprentis, aux bons ouvriers, et devenir patron à son tour en sachant se créer une situation honorable.

« ***Tout métier est noble quand on le fait bien, et heureux quand on a la sagesse de s'en contenter!*** »

(MARION.)

LECTURES.

1. — Derniers conseils aux enfants qui vont quitter l'école.

Enfants, vous allez entrer dans la vie : des mille routes qu'elle ouvre à l'activité humaine, chacun de vous en prendra une.

La carrière des uns sera brillante, celle des autres obscure et cachée : la condition et la fortune de vos parents en décideront en grande partie.

Que ceux qui auront la plus modeste part n'en murmurent point. Ce qui ne dépend point de nous ne saurait être un véritable bien, et, du reste, la patrie vit du concours et du travail de tous ses enfants. Dans la mécanique de la société, il n'y a point de rouage inutile.

Entre le ministre qui gouverne l'État et l'artisan qui contribue à sa prospérité par le travail de ses mains, il n'y a qu'une différence, c'est que la fonction de l'un est plus importante que celle de l'autre; mais, à les bien remplir, le mérite moral est le même.

Que chacun de vous, enfants, se contente donc de la part qui lui sera échue. Quelle que soit sa carrière, elle lui donnera des devoirs à remplir, du bien à faire. Ce sera sa tâche; qu'il la remplisse avec courage et énergie, honnêtement et fidèlement, et il aura fait dans sa position tout ce qu'il est donné à l'homme de faire...

N'en veuillez pas à vos émules, s'ils vous surpassent par le talent, ou s'ils doivent à la fortune un succès qui vous échappera. Ne leur en veuillez pas, et, si vous avez fait de votre mieux, ne vous en veuillez pas à vous-mêmes. Le succès n'est pas ce qui importe; ce qui importe, c'est l'effort. C'est là ce qui élève l'homme, ce qui le rend content de lui-même. L'accomplissement du devoir, voilà, enfants, et le véritable but de la vie et le véritable bien. Il est à la portée de tous, du pauvre comme du riche, de l'ignorant comme du savant, du pâtre comme du roi... Abordez la vie avec cette conviction, et vous n'y trouverez point de mécomptes.

(JOUFFROY, *fragment d'un discours.*)

---

2. — Aux jeunes filles de la campagne.

Fille de village, ne rêve point la vie des villes, ne déserte point la ferme, ne te laisse pas tromper par les apparences, ne va pas où l'on étouffe, reste où l'on respire. Dieu t'a donné des joies pures, de douces espérances et des besoins modestes; ne les change pas contre les joies factices, les espérances folles et les besoins immodérés. La ville, sache-le bien, est une sorte de serre où l'air chaud remplace le soleil, où l'existence est trop rapide pour être bonne, où les parfums s'affaiblissent et les meilleurs fruits perdent leur saveur. On s'y étiole, on y vit de la fièvre, non de santé. Sois donc, jeune fille, la fleur de pleine terre, éclatante et robuste, poussant dans sa maison, à ciel découvert et à l'air libre. Vis doucement, modestement et heureusement. Les rudes travaux n'ont pas été créés pour toi. Tu te borneras à soigner l'intérieur de la ferme, la basse-cour et le potager; ton domaine est là, non ailleurs, à moins cependant que le temps ne presse, et qu'il ne faille, coûte que coûte, râteler aux prés et javeler aux champs.

(PAUL JOIGNEAUX.)

AUTRES LECTURES.

3. **Travail et progrès**, par EUGÈNE PELLETAN (JULES STEEG, *la Vie morale*).

4. **La maison du patron** (PIERRE LALOI, *la Première Année d'instruction morale et civique*).

5. **Histoire d'un atelier : l'apprentissage de Louis** (A. BURDEAU, *l'Instruction morale à l'école*).

6. **Un homme utile** (A. RENDU FILS, *le Devoir et la Loi*).

RÉCITATIONS.

1. — Le bon ouvrier des villes.

L'absinthe? ce poison couleur de vert-de-gris,
Qui vous rend idiot, sans qu'on soit jamais gris?
Merci! — Le cabaret? L'on sait ce qu'on y gagne!
Singulier goût d'aimer à battre la campagne!
Je n'ai jamais compris, sobre dès le matin,
Les éblouissements de ce comptoir d'étain.
Voyez-vous, ma raison, qu'un pareil soupçon blesse,
Fait de la tempérance un titre de noblesse.
La misère et le vice ont besoin de l'oubli :
J'aime trop mon bon sens pour le voir affaibli;
Et nous n'avons pas trop de notre intelligence,
Nous autres, pour combattre et vaincre l'ignorance.

. . . .

Je suis de ces rêveurs, charmés de leur trouvaille,
Dont l'esprit va son train lorsque la main travaille.
Et quand je ne vais pas, — c'est là tout mon roman, —
Bras dessus, bras dessous, promener la maman,
— Car les mères aussi veulent être amusées, —
Je dessine chez moi, je vais dans les musées,

Je suis les cours publics : il s'en fait à foison.
J'apprends tant bien que mal à forger ma raison.
A quoi sert d'habiter une pareille ville,
Si c'est pour y moisir comme une âme servile ?
Ma mère, en nos longs soirs d'entretiens sérieux,
Des choses de l'esprit m'a rendu curieux.
Puis on veut être utile, étant célibataire :
J'ai des sociétés, dont je suis secrétaire ;
Car le ciel m'a donné, sans nulle ambition,
Des instincts au-dessus de ma condition.
On doit joindre au métier tout ce qui le relève ;
Aider au bien qu'on voit par le mieux que l'on rêve ;
Travailler sans relâche, afin d'être plus fort,
Et contre la misère user un moindre effort.
Et d'ailleurs il le faut : Monsieur, le flot nous pousse.
Il doit encor plus haut nous porter sans secousse.
Arbre ou peuple, toujours la force vient d'en bas :
La sève humaine monte, et ne redescend pas.
Aux livres je dois tout : j'en ai là sur la planche
Qui me font sans ennui passer tout mon dimanche.
Avec eux j'ai senti mon âme s'assainir ;
Ils m'ont donné la foi que j'ai dans l'avenir.
Ma mère me l'a dit : l'ignorance est brutale ;
Elle imprime au visage une marque fatale ;
Au mal, comme au carcan, l'ignorant est rivé ;
Mais quiconque sait lire est un homme sauvé.

(EUGÈNE MANUEL, *les Ouvriers* [1].)

---

2. — Le bonheur des champs.

Heureux qui, loin du bruit, sans projets, sans affaires,
Cultive, de ses mains, ses champs héréditaires !
La guerre et ses dangers, la mer et ses fureurs,
Les promesses des grands, leurs dédains, leurs faveurs,
Ne le troublent jamais, et jamais ne l'abusent ;
Mais d'aimables travaux l'occupent et l'amusent.
Il soigne fleurs et fruits, vendanges et moissons,
S'enrichit des présents de toutes les saisons.

1. CALMANN LÉVY, éditeur.

Oh ! qu'un simple foyer, des pénates tranquilles
Valent mieux que le luxe et le fracas des villes !
Que servent nos festins avec art apprêtés,
Ces mets si délicats, et ces vins si vantés ?
L'orgueil en fit les frais, l'ennui les empoisonne.
J'aime un dîner frugal que la joie assaisonne :
Tout repas est festin quand l'amitié le sert.
La treille et le verger fournissent le dessert.
Pour régal, aux bons jours, la fermière voisine
Apporte en un gâteau la fleur de sa farine.
Quel plaisir lorsque, à table, entre tous ses enfants,
Le père, chaque soir, voit revenir des champs
Ses troupeaux bien repus, la vache nourricière,
Et l'agneau qui bondit à côté de sa mère ;
Ses bœufs, à pas pesants, las et le cou baissé,
Ramenant la charrue et le soc renversé !
De jeunes serviteurs, que son toit a vus naître,
Animent la maison et bénissent leur maître.
Tous ses jours sont pareils, tous ses jours sont sereins,
Et sa porte rustique est fermée aux chagrins.

(Andrieux.)

DEVOIRS DE RÉDACTION.

1. *Adieux à l'école.* — Au moment de quitter définitivement l'école, dites les sentiments que vous éprouvez.

2. Un jeune garçon venant d'entrer en apprentissage écrit à son instituteur pour le remercier du soin qu'il a pris de son éducation et de son instruction ; il termine en lui indiquant les raisons qui l'ont guidé dans le choix de son métier.

3. Un de vos camarades est en apprentissage. Il se plaint que son patron lui fait beaucoup d'observations sur son travail. Comme vous connaissez le caractère de ce camarade, dites-lui ce que vous pensez de ces observations.

4. Un de vos anciens condisciples est en apprentissage dans une ville ; vous lui écrivez pour lui indiquer comment il peut employer utilement ses soirées en assistant aux cours d'adultes.

5. Expliquez le sens de ce proverbe : *Pierre qui roule n'amasse pas mousse*, et faites-en l'application.

III. — DEVOIRS ENVERS LA PATRIE

22e LEÇON. — La patrie.

(LA FRANCE, SES GRANDEURS ET SES MALHEURS.)

PLANS.

I

Ce que c'est que la patrie. — La maison, le village, la ville, la France. — Réunion des citoyens ayant langue commune, histoire commune, etc., mêmes lois. — La France, patrie favorisée de la nature, patrie glorieuse, patrie généreuse. — Les malheurs de la France. — Son relèvement.

II

La patrie, extension de la famille. — Ce qui nous fait membres d'une même patrie : mêmes joies, mêmes espérances, mêmes souvenirs, etc. — La patrie française n'a pas toujours existé. — La France glorieuse, la France au premier rang dans les arts et dans les lettres. — La France, protectrice des faibles. — La France malheureuse, mais jamais abattue.

RÉSUMÉS.

I

Le mot *patrie* veut dire la terre de nos pères. C'est le pays où nous sommes nés, où sont nés nos aïeux et où ils sont morts; ce sont les concitoyens qui parlent la même langue, dont le cœur bat des mêmes tristesses et des mêmes joies.

Nous avons le droit, nous Français, d'être fiers de notre patrie; car elle est la terre du dévouement, du génie et de l'honneur. Aussi a-t-elle mérité qu'on dise d'elle : « *Tout homme a deux pays, le sien et puis la France.* »

II

La patrie est l'ensemble des hommes vivant sur le même sol, ayant la même histoire et régis par les mêmes lois. C'est comme une personne morale qui a eu ses joies et ses tristesses, ses triomphes et ses revers.

La patrie française est non seulement un pays privilégié par son sol et son climat, mais elle est surtout une patrie vaillante et généreuse qui s'est toujours montrée le champion du bon droit et l'initiatrice du progrès moral et social.

« ***Dieu veuille*, a dit l'écrivain anglais Stuart Mill, *que jamais la France ne vienne à manquer au monde! Le monde retomberait dans les ténèbres.*** »

LECTURES.

1. — La patrie.

La patrie, mes amis, ce n'est pas seulement votre plaine ou votre coteau, la flèche de votre clocher, ou la cime de vos arbres, ou les chansons monotones de vos pâtres. La patrie, c'est la Picardie pour les habitants de la Provence ; c'est la Bretagne pour les montagnards du Jura; c'est tout ce que notre vieille France contient de pays et de citoyens dans les vastes limites du Rhin, des Pyrénées et de l'Océan. La patrie, c'est ce qui parle notre langue ; c'est ce qui fait battre nos cœurs, c'est l'unité de notre territoire et de notre indépendance, c'est la gloire de nos pères, c'est la communauté du nom français, c'est la grandeur de la liberté. La patrie, c'est l'azur de notre ciel, c'est le doux soleil qui nous éclaire, les beaux fleuves qui nous arrosent, les forêts qui nous ombragent et les terres fertiles qui s'étendent sous nos pas. La patrie, c'est tous nos concitoyens, grands ou petits, riches ou pauvres. La patrie, c'est la nation que vous devez aimer, honorer, servir et défendre de toutes les facultés de votre intelligence, de toutes les forces de votre bras, de toute l'énergie et de tout l'amour de votre âme.

(CORMENIN.)

2. — Rôle de la France dans le monde.

Peuple léger, disent du peuple français les esprits superficiels, en le voyant tour à tour sublime et tombé, aujourd'hui plein d'un glorieux délire, demain abattu, tantôt emporté jusqu'à la licence, tantôt endormi aux pieds d'un maître.

Les détracteurs de la France ne se doutent pas qu'il n'y a en ceci de léger qu'eux-mêmes, et qu'à la frivolité de leur appréciation se mêle le crime de l'ingratitude. Si la France est livrée au tourment d'une fluctuation perpétuelle; si sa vie se compose d'une alternative de succès et de revers; s'il lui est donné d'étonner la terre par tant d'aspects divers et imprévus, c'est parce que l'initiative du progrès moral est en elle, parce que son sol est le champ de toutes les expérimentations de la pensée; c'est parce qu'elle cherche, parce qu'elle explore, parce qu'elle court les aventures, pour le compte du genre humain tout entier. Lorsque, au prix de fatigues mortelles, elle se trouve avoir fait quelque découverte précieuse, lorsque, le sein déchiré, elle se trouve avoir remporté quelque magnanime victoire, si, baignée dans son sang, épuisée, elle se couche un moment sur le bord du chemin pour reprendre ses forces, les autres nations la montrent du doigt d'un air railleur, et elles avancent avec calme, elles qui profitent du résultat sans s'être affaiblies par l'effort, en faisant honneur à leur propre sagesse de ce qu'elles doivent au dévouement du peuple précurseur et martyr.

« Dieu veuille, nous disait un jour le plus profond penseur de l'Angleterre moderne, John Stuart Mill, Dieu veuille que jamais la France ne vienne à manquer au monde ! Le monde retomberait dans les ténèbres. »

Le philosophe anglais disait vrai. Il est un flambeau à la lueur duquel tous les peuples marchent, quoique à pas inégaux, du côté de la justice, et, comme il est porté à travers les tempêtes, il ne faut pas s'étonner si quelquefois, sous le souffle de l'aquilon, il vacille et semble près de s'éteindre. Or, c'est la France qui le tient, ce flambeau.

(Louis Blanc.)

3. — La France civilisatrice.

Il ne faut flatter personne, pas même son pays; cependant je crois qu'on peut dire, sans flatterie, que la France a été le centre, le foyer de la civilisation de l'Europe. Il serait excessif de prétendre qu'elle ait marché toujours, dans toutes les directions, à la tête des nations. Elle a été devancée à diverses époques, dans les arts, par l'Italie; sous le point de vue des institutions politiques, par l'Angleterre. Peut-être sous d'autres points de vue, à certains moments, trouverait-on d'autres pays de l'Europe qui lui ont été supérieurs; mais il est impossible de méconnaître que, toutes les fois que la France s'est vue devancée dans la carrière de la civilisation, elle a repris une nouvelle vigueur, s'est élancée et s'est retrouvée bientôt au niveau ou en avant de tous. Et non seulement telle a été la destinée particulière de la France, mais les idées, les institutions civilisantes, si je puis ainsi parler, qui ont pris naissance dans d'autres territoires, quand elles ont voulu se transplanter, devenir fécondes et générales, agir au profit commun de la civilisation européenne, on les a vues, en quelque sorte, obligées de subir en France une nouvelle préparation; et c'est de la France, comme d'une seconde patrie, qu'elles se sont élancées à la conquête de l'Europe. Il n'est presque aucune grande idée, aucun grand principe de civilisation, qui, pour se répandre partout, n'ait passé d'abord par la France.

C'est qu'il y a dans le génie français quelque chose de sociable, de sympathique, quelque chose qui se propage avec plus de facilité et d'énergie que le génie de tout autre peuple; soit notre langue, soit le tour de notre esprit, de nos mœurs, nos idées sont plus populaires, se présentent plus clairement aux masses, y pénètrent plus facilement; en un mot, la clarté, la sociabilité sont le caractère particulier de la France, de sa civilisation, et ces qualités la rendent éminemment propre à marcher à la tête de la civilisation européenne.

(GUIZOT, *Histoire de la civilisation en Europe* [1].)

1. PERRIN ET Cie, éditeurs.

4. — Le retour dans la patrie [1].

Qu'il va lentement le navire
A qui j'ai confié mon sort!
Au rivage où mon cœur aspire,
Qu'il est lent à trouver un port!
France adorée!
Douce contrée!
Mes yeux, cent fois, ont cru te découvrir.
Qu'un vent rapide
Soudain nous guide
Aux bords sacrés où je reviens mourir!
Mais, enfin, le matelot crie :
« Terre! terre! là-bas, voyez! »
Ah! tous mes maux sont oubliés.
Salut à ma patrie!

Oui, voilà les rives de France;
Oui, voilà le port vaste et sûr,
Voisin des champs où mon enfance
S'écoula sous un chaume obscur.
France adorée!
Douce contrée!
Après vingt ans enfin je te revois.
De mon village
Je vois la plage;
Je vois fumer la cime de nos toits.
Combien mon âme est attendrie!
Là furent mes premiers amours;
Là, ma mère m'attend toujours.
Salut à ma patrie!

Au bruit des transports d'allégresse,
Enfin, le navire entre au port.
Dans cette barque où l'on se presse,
Hâtons-nous d'atteindre le bord.
France adorée!
Douce contrée!
Puissent tes fils te revoir ainsi tous!

---

1. Ce morceau sera porté comme récitation, si ce n'est déjà fait, dans la prochaine édition du LIVRE DE MORALE, *Partie de l'élève.*

Enfin j'arrive,
Et sur la rive
Je rends au ciel, je rends grâce à genoux.
Je t'embrasse, ô terre chérie!
Dieu! qu'un exilé doit souffrir!
Moi, désormais, je puis mourir.
Salut à ma patrie!

(BÉRANGER, *Chansons* [1].)

AUTRES LECTURES.

5. La patrie française (J. MICHELET, *Extraits historiques*, choisis et annotés par M. SEIGNOBOS).

6. Ce qu'est la France comparée aux autres nations (J. MICHELET, *Extraits historiques*, choisis et annotés par M. SEIGNOBOS).

7. La carte de France, par H. DURAND (CH. LEBAIGUE, *Pour nos fils*, cours moyen, page 115).

8. La France, par ANDRÉ CHÉNIER (MERLET, *Extraits des classiques français*, cours moyens, poésie).

9. Le retour au pays natal, par BERNARDIN DE SAINT-PIERRE (MERLET, *Extraits des classiques français*, cours moyens, prose).

10. Retour dans la patrie (VICTOR HUGO, *Depuis l'exil*).

11. Les derniers coups de canon (PIERRE LALOI, *la Première Année d'instruction morale et civique*, page 147).

12. La France intellectuelle, par VICTOR HUGO (LOUIS MAINARD, *A travers la vie*).

RÉCITATION.

1. — Patrie!

Le petit Frantz me dit, l'œil plein de rêverie,
Comme je le faisais sauter sur mes genoux :
« Père, explique-moi donc ce qu'est cette patrie
Dont on entend parler à chaque instant chez nous.
— Oh! la patrie, enfant, c'est d'abord, à ton âge,
Peu de chose vraiment : c'est moi, c'est mon amour,
C'est ta mère, tes sœurs, ton aïeul, le village,
La maison et la chambre où tu reçus le jour...

1. GARNIER FRÈRES, éditeurs.

. . . .

Mais, lorsqu'un peu plus tard, cette tête si folle
Saura, mon bon chéri, quelque peu se tenir,
Alors on t'apprendra, sur les bancs de l'école,
Ce qu'ont mis nos aïeux de temps pour réunir
Tous ces morceaux divers qui forment notre France,
Et qu'il fallut gagner pied à pied, brin à brin,
Des rivages bretons aux vieux ports de Provence,
Et des monts du Béarn jusques aux bords du Rhin.
Tu comprendras, devant ce trésor, d'âge en âge
Grossi par nos aïeux sans cesse triomphants,
Que, pour tous, la patrie est le saint héritage
Que les pères mourants doivent à leurs enfants. »

(ÉDOUARD SIEBECKER, *Poésies d'un vaincu* [1].)

AUTRES RÉCITATIONS.

2. La patrie, poésie d'HIPPOLYTE VIOLEAU (P. ESTIENNE et H. DANIEL, *le Deuxième Livre de récitation et de morale*).

3. Le drapeau, par LEFRANÇAIS (P. ESTIENNE et H. DANIEL, *le Deuxième Livre de récitation et de morale*).

4. La chanson du proscrit, par VICTOR HUGO (CH. LEBAIGUE, *Pour nos fils*, cours supérieur).

DEVOIRS DE RÉDACTION.

1. Qu'est-ce que le pays natal? Souvenirs qu'il vous rappelle. D'où vient que chaque homme a tant d'amour pour son pays natal?

2. Pourquoi autrefois n'y avait-il pas de patrie française? Comment s'est formée la patrie française?

3. D'après la poésie de Béranger, *Salut à ma patrie!* décrire les sensations que l'on éprouve en revoyant son pays et les lieux auxquels on est attaché par des souvenirs.

4. Vous avez étudié l'histoire de France. Cette histoire vous a-t-elle donné une haute idée de votre pays? Êtes-vous fier d'être Français? Pourquoi?

---

1. BERGER-LEVRAULT ET Cie, éditeurs.

23e LEÇON. — L'amour de la patrie.

PLANS.

I

Nous devons aimer notre patrie : bienfaits dont elle nous comble.— Raisons particulières d'aimer la France. — Comment nous devons l'aimer et la servir. — Ce que les enfants peuvent faire pour la patrie. — Le dévouement à la patrie. — Exemples de patriotisme.

II

Ce que nous devons à la patrie. — Bonheur de vivre dans une patrie comme la nôtre. — Devoirs que nous imposent les bienfaits de la patrie. — Le patriotisme. — L'histoire, école du patriotisme. — Patriotisme dans les temps anciens. — Patriotisme en France. — Exemples de dévouement à la patrie.

RÉSUMÉS.

I

La patrie est notre mère. C'est d'elle que nous avons reçu tous les biens dont nous jouissons. Nous devons donc l'aimer de tout notre cœur, l'honorer, la défendre même au prix de notre vie.

Pour lui prouver maintenant notre amour, soyons de bons écoliers, de bons fils, de bons frères : c'est le meilleur moyen de devenir plus tard de bons citoyens et de braves soldats.

II

« Nous devons aimer notre patrie, l'honorer, la servir de toute la force de nos bras, de toute l'énergie et de tout l'amour de nos âmes. » (Lamennais.)

L'amour de la patrie a été de tout temps le mobile des plus belles actions. Honorons tous les martyrs de la patrie et inspirons-nous de leur exemple.

« *Ceux qui pieusement sont morts pour la patrie*
Ont droit qu'à leur cercueil la foule vienne et prie.

La voix d'un peuple entier les berce en leurs tombeaux;
Entre les plus grands noms, leurs noms sont les plus beaux. »

(Victor Hugo.)

LECTURES.

1. — Hier et demain[1].

La France, depuis la réforme, a été tour à tour, pour tous les peuples de l'Europe, le guide, l'initiateur et le martyr. C'est de son sang, de son dévouement, de ses sacrifices et de ses servitudes qu'ont été faites la gloire, l'émancipation et la liberté des autres peuples.

Eh bien, il faut réfléchir quand on parle du patriotisme de la France. La France, vous avez eu raison de le dire, sera d'autant plus attrayante qu'elle ne sera régie que par la loi, qu'elle sera aux mains de tous les citoyens, et non plus aux mains et soumise aux caprices d'un seul.

Ah! oui, la France glorieuse et replacée, sous l'égide de la République, à la tête du monde, groupant sous ses ailes tous ses enfants désormais unis pour la défendre au nom d'un seul principe, et présentant au monde ses légions d'artistes, d'ouvriers, de bourgeois et de paysans; ah! oui, il est bon de faire partie d'une France pareille, et il n'est pas un homme qui alors ne se glorifiât de dire à son tour : « Je suis citoyen français. » Mais il n'y a pas que cette France, que cette France glorieuse; que cette France révolutionnaire; que cette France émancipatrice et initiatrice du genre humain; que cette France d'une activité merveilleuse et, comme on l'a dit, cette France nourrice générale des idées du monde; il y a une autre France que je n'aime pas moins, une autre France qui m'est encore plus chère, c'est la France misérable, c'est la France vaincue et humiliée, c'est la France qui est accablée, c'est la France qui traîne son boulet depuis quatorze siècles, la France qui crie, suppliante, vers la justice et vers la liberté; la France que les despotes poussent constamment sur les champs de bataille, sous prétexte

---

1. Extrait d'un discours prononcé dans un banquet à Thonon en 1872.

de liberté, pour lui faire verser son sang par toutes les artères et par toutes les veines; la France que, dans sa défaite, on calomnie, que l'on outrage; oh ! cette France-là, je l'aime comme on aime une mère; c'est à celle-là qu'il faut faire le sacrifice de sa vie, de son amour-propre et de toutes les jouissances égoïstes; c'est de celle-là qu'il faut dire : « Là où est la France, là est la patrie. »

(GAMBETTA.)

2. — Le vrai patriote.

Il n'y a de bon patriote que l'homme vertueux, que l'homme qui comprend et qui aime tous ses devoirs, et qui se fait une étude de les accomplir.

Il ne se confond jamais avec l'adulateur des puissants, ni avec celui qui hait malignement toute autorité : être servile et irrévérencieux sont deux excès semblables.

S'il est dans les emplois du gouvernement, civils ou militaires, son but n'est pas sa propre richesse, mais bien l'honneur et la prospérité du pays et du peuple.

S'il est simple citoyen, c'est là encore son vœu le plus ardent, et il ne fait rien qui s'y oppose : il fait au contraire tout ce qu'il peut, afin d'y contribuer.

Il sait qu'il y a des abus dans toutes les sociétés, et il désire qu'on les réforme; mais il a horreur de la fureur de celui qui voudrait les réformer par des rapines et des vengeances sanguinaires ; car, de tous les abus, ceux-là sont les plus terribles et les plus funestes.

Il ne désire pas, il n'excite pas les discordes civiles; au contraire, il est, autant qu'il le peut, par son exemple et par ses discours, le modérateur des esprits exagérés et le conseiller de l'indulgence et de la paix. Il ne cesse d'être un agneau qu'au moment où la patrie en danger a besoin d'être défendue ; alors il devient un lion ; il combat, il triomphe ou il meurt.

(SILVIO PELLICO.)

AUTRES LECTURES.

3. La discrétion pendant la guerre (GUYAU, *la Première Année de lecture courante*).

4. Les instituteurs de l'Aisne (ÉMILE LAVISSE, *Tu seras soldat*).

5. Le jardinier François Debergue, Mlle Dodu, etc. (ÉMILE LAVISSE, *Tu seras soldat*).

6. L'amour de la patrie, par CHATEAUBRIAND (LABBÉ, *Morceaux choisis des classiques français*, cours moyen).

7. Le paysan patriote, par ERNEST LEGOUVÉ (*l'Instruction primaire*, 11e année, page 383).

8. L'exilé, par LAMENNAIS (HORRÉARD, *Récitations choisies à l'usage du cours moyen et du cours supérieur des écoles primaires*).

RÉCITATIONS.

1. — Aimez, servez la France.

Si vous voulez dans votre cœur,
Quand mes os seront sous la terre,
Sauver ce que j'eus de meilleur,
Garder mon âme tout entière,
Aimez, sans vous lasser jamais,
Sans perdre un seul jour l'espérance,
Aimez-la comme je l'aimais,
Aimez la France !

Qu'importent les labeurs ingrats
Et l'injustice populaire !
Travaillez de l'âme et des bras,
Et je vous réponds du salaire.
Conservez ma robuste foi ;
Vous aurez, de plus, la vaillance.
Enfants ! servez-la mieux que moi,
Servez la France !

Servez-la dans l'obscurité
Avec la même idolâtrie.
Arrière toute vanité,
Et gloire à toi, sainte Patrie !
Votre honneur, amis, c'est le sien ;
Humbles soldats de sa querelle,
Souffrez, sans lui demander rien,
Souffrez pour elle !

Vous tenez d'elle et des aïeux,
De ce grand passé qu'on envie,
Vos mœurs, votre esprit et vos dieux ;
Vous lui devez plus que la vie.

Ne marchandez pas votre sang,
Afin de la rendre immortelle...
Au premier rang, au dernier rang,
Mourez pour elle !

(VICTOR DE LAPRADE, *le Livre d'un père* [1].)

2. — Morts pour la patrie.

Ceux qui pieusement sont morts pour la patrie
Ont droit qu'à leur cercueil la foule vienne et prie.
Entre les plus beaux noms, leur nom est le plus beau :
Toute gloire près d'eux passe et tombe éphémère ;
Et, comme ferait une mère,
La voix d'un peuple entier les berce en leur tombeau.

Gloire à notre France éternelle,
Gloire à ceux qui sont morts pour elle,
Aux martyrs, aux vaillants, aux forts !
A ceux qu'enflamme leur exemple,
Qui veulent place dans le temple,
Et qui mourront comme ils sont morts !

C'est pour ces morts dont l'ombre est ici bienvenue
Que le haut Panthéon élève dans la nue,
Au-dessus de Paris, la ville aux mille tours,
La reine de nos Tyrs et de nos Babylones,
Cette couronne de colonnes
Que le soleil levant redore tous les jours.

Gloire à notre France éternelle,
Gloire à ceux qui sont morts pour elle,
Aux martyrs, aux vaillants, aux forts !
A ceux qu'enflamme leur exemple,
Qui veulent place dans le temple,
Et qui mourront comme ils sont morts !

Ainsi, quand de tels morts sont couchés dans la tombe,
En vain l'oubli, nuit sombre où va tout ce qui tombe
Passe sur leur sépulcre où nous nous inclinons :
Chaque jour, pour eux seuls se levant plus fidèle,
La gloire, aube toujours nouvelle,
Fait luire leur mémoire et redire leurs noms.

1. J. HETZEL ET Cie, éditeurs.

Gloire à notre France éternelle,
Gloire à ceux qui sont morts pour elle,
Aux martyrs, aux vaillants, aux forts!
A ceux qu'enflamme leur exemple,
Qui veulent place dans le temple,
Et qui mourront comme ils sont morts!

(Victor Hugo.)

AUTRE RÉCITATION.

3. Ringois, poésie d'E. Bizet (P. Estienne et H. Daniel, *le Deuxième Livre de récitation et de morale*).

DEVOIRS DE RÉDACTION.

1. Avez-vous déjà, enfants, des devoirs envers la patrie? Comment les remplirez-vous à l'école, dans votre famille?

2. Le connétable de Bourbon croyait avoir à se plaindre de son roi, qu'il disait injuste à son égard. Avait-il pour cela le droit de combattre contre ses armées et contre la France?

3. N'y a-t-il que les soldats qui servent leur pays? Expliquez comment l'agriculteur, l'artisan, l'instituteur, le savant font acte de patriotisme. Chacun d'eux a droit à notre estime et à notre reconnaissance.

4. Que signifie cette phrase de Danton : *On n'emporte pas sa patrie à la semelle de ses souliers?*

DEVOIRS CIVIQUES.

24e LEÇON. — L'obéissance aux lois.

PLANS.

I

La loi, volonté du plus grand nombre. — Ce qu'ordonne la loi : respect de la vie, des biens, des croyances et de la liberté de nos semblables. — Respect à la loi. — Nul n'est censé ignorer la loi. — Souveraineté de la loi dans un pays libre.

II

Les lois ont pour objet le respect du droit : elles protègent les intérêts communs ; elles assurent l'ordre et la sécurité publique. — Nul n'ignore la loi : point d'excuse basée sur l'ignorance. — Dans un pays démocratique, les lois sont faites par le peuple, et violer la loi serait manquer de parole et d'honneur. — L'exécution de la loi est la sauvegarde de la liberté.

RÉSUMÉS.

I

Le premier et le plus important de nos devoirs comme citoyens est de respecter les lois de notre pays, d'obéir à ceux qui sont chargés de les faire exécuter.

Se révolter contre les lois est toujours un crime; mais, dans un pays de suffrage universel, où ces lois sont l'expression de la volonté générale, c'est un crime impardonnable.

« *Il n'y a pas en France d'autorité supérieure à celle de la loi.* » (CONSTITUTION DE 1795.)

II

La loi est une règle établie pour assurer notre sécurité et le libre exercice de nos droits. Nous sommes donc tous intéressés au maintien et au respect des lois.

On peut exprimer le désir qu'une loi soit modifiée, si on la trouve défectueuse; mais, tant qu'elle existe, il faut lui obéir : la volonté de chacun doit s'incliner devant la volonté générale.

Nul n'est censé ignorer la loi. C'est le devoir de chacun de la connaître. Si l'on pouvait alléguer son ignorance des lois, la société serait sans défense contre les malfaiteurs, et nous retomberions dans la barbarie.

LECTURE.

1. — Socrate.

Socrate, le plus sage des Grecs, injustement condamné à mort, attendait dans la prison qu'on fixât l'époque où serait exécuté son arrêt. Un jour, son ami Criton alla le voir de très grand matin, et, le trouvant paisiblement endormi, s'assit doucement sur le pied de son lit, pour ne pas troubler son sommeil. A son réveil, Socrate lui demanda : « Pourquoi de si bonne heure, mon ami? » Criton lui apprit que la sentence devait s'exécuter le lendemain : « Soit, répondit Socrate avec son calme habituel, si telle est la volonté de Dieu. »

Alors Criton dit qu'il avait gagné le geôlier ; que le soir les portes seraient ouvertes, et qu'une retraite sûre attendait Socrate en Thessalie.

Socrate lui demanda, en plaisantant, s'il connaissait un lieu où l'on ne mourût pas. Criton chercha à le convaincre, par les représentations les plus énergiques, qu'il devait se soustraire à un supplice injuste; au nom de son amour pour la patrie, il le supplia d'épargner aux Athéniens la honte d'avoir répandu le sang innocent ; au nom de ses amis, il le conjura de sauver ses jours, pour leur épargner et la douleur de sa perte et le reproche d'avoir négligé le soin de sa délivrance. Enfin il fit parler l'intérêt de ses enfants, qui avaient besoin des leçons et de la protection d'un père. Socrate le remercia de ces preuves d'une amitié généreuse, mais il refusa de profiter de ses offres. Il lui prouva qu'un citoyen n'a jamais le droit de se révolter contre la patrie, et que se soustraire à la justice de son pays, c'est être rebelle : « Si ma patrie me condamne injustement, je n'ai pas le droit de l'outrager. Elle a sur moi tous les droits, je n'en ai aucun sur elle. J'ai fait le serment d'obéir aux lois; était-ce donc avec la pensée que, lorsqu'il me plairait, je pourrais m'en dégager? non, ce serment me lie toujours. »

Socrate s'animait de plus en plus en soutenant cette belle thèse. Il demanda ce qu'il aurait à répondre, si, au moment où il serait sur le point de s'évader, les lois elles-mêmes, qu'il personnifie par une allégorie familière aux Grecs, se présentaient sur le seuil de sa prison et lui rappelaient ses devoirs. Le langage qu'il prête à ces divinités allégoriques est sublime et d'une force invincible. « Quant à mes enfants, dit-il en finissant, des amis tels que vous sauront bien me remplacer auprès d'eux, et la divine providence ne les abandonnera pas. »

Vaincu et subjugué, Criton ne trouva pas un mot à répondre : il se retira les larmes aux yeux.

(TH. H. BARRAU, *Livre de morale pratique* [1].)

AUTRES LECTURES.

2. André et Julien reviennent à Phalsbourg pour suivre les prescriptions de la loi. — Paroles de l'oncle Frantz (G. BRUNO, *le Tour de la France par deux enfants*).

3. Léonidas aux Thermopyles (TH. H. BARRAU, *Livre de morale pratique*, page 337).

4. L'amour de la patrie : le respect des lois (A. RENDU FILS, *le Devoir et la Loi*).

5. Défense des lois : Schœlcher et Baudin (VICTOR HUGO, *Histoire d'un crime*).

6. Le respect des lois, des magistrats, par BARNI (JULES STEEG, *la Vie morale*).

7. Généreuse désobéissance : d'Orte et Montmorin (BARRAU, *Livre de morale pratique*, page 326).

RÉCITATION.

1. — Le danseur de corde et le balancier.

Sur la corde tendue un jeune voltigeur
Apprenait à danser ; et déjà son adresse,
Ses tours de force, de souplesse,
Faisaient venir maint spectateur.
Sur son étroit chemin on le voit qui s'avance,
Le balancier en main, l'air libre, le corps droit,
Hardi, léger autant qu'adroit.
Il s'élève, descend, va, vient, plus haut s'élance,
Retombe, remonte en cadence,
Et, semblable à certains oiseaux
Qui rasent en volant la surface des eaux,
Son pied touche, sans qu'on le voie,
A la corde qui plie et dans l'air le renvoie.
Notre jeune danseur, tout fier de son talent,
Dit un jour : « A quoi bon ce balancier pesant

1. HACHETTE ET Cie, éditeurs.

Qui me fatigue et m'embarrasse?
Si je dansais sans lui, j'aurais bien plus de grâce,
De force et de légèreté. »
Aussitôt fait que dit. Le balancier jeté,
Notre étourdi chancelle, étend les bras et tombe :
Il se casse le nez et tout le monde en rit.
Jeunes gens, jeunes gens, ne vous a-t-on pas dit
Que sans règle et sans frein tôt ou tard on succombe?
La vertu, la raison, les lois, l'autorité
Dans vos désirs fougueux vous causent quelque peine :
C'est le balancier qui vous gêne,
Mais qui fait votre sûreté.

(FLORIAN.)

AUTRE RÉCITATION.

2. La loi et la patrie, par CH. LEVÊQUE (CH. LEBAIGUE, *le Livre de l'école*, cours supérieur).

DEVOIRS DE RÉDACTION.

1. Montrer pourquoi nous devons obéissance aux lois de notre pays.

2. La loi défend de chasser sans permis. Pierre a été pris en flagrant délit par les gendarmes. Il a fait rébellion et a blessé un gendarme d'un coup de fusil. Il est devenu criminel. Expliquez comment il va être puni de sa désobéissance à la loi.

3. Que pensez-vous de l'insurrection dans un pays de suffrage universel? Ce qu'était la loi avant la Révolution. Qu'est-ce que les privilèges? — Quel est le gouvernement où les lois sont les plus justes? Quelle est la devise républicaine? Conclusion.

25e LEÇON. — L'impôt.

PLANS.

I

Dépenses de l'État dans l'intérêt commun : armée, police, magistrature, écoles, routes, canaux, etc. — Obligation de payer l'impôt. — La fraude en matière d'impôt. — Pourquoi la fraude est-elle coupable?

II

Définition. — Nécessité de l'impôt. — Légitimité de l'impôt. — Qualités de l'impôt. — Immoralité et dangers de la contrebande.

RÉSUMÉS.

I

L'État entretient une armée et une police pour nous défendre, des maîtres pour nous instruire, des magistrats pour nous rendre justice : l'argent nécessaire à toutes ces dépenses s'obtient au moyen de l'impôt. C'est donc un devoir pour tous les citoyens de le payer fidèlement et de contribuer ainsi, chacun pour sa part, aux services publics dont ils profitent.

« ***Frauder, c'est faire payer à d'autres ce que l'on doit payer soi-même.*** »

II

L'impôt est l'argent nécessaire au fonctionnement des services publics établis pour l'utilité commune. Chaque citoyen, profitant de ces services, doit payer une part d'impôt proportionnellement à ses moyens. Se soustraire à ce devoir par la fraude ou le mensonge, c'est commettre un vol au préjudice de l'État et, par conséquent, des autres contribuables. C'est donc agir en mauvais citoyen et en malhonnête homme.

LECTURE.

1. — La fraude.

La fraude et la contrebande sont des vols véritables, qui ne diffèrent des vols ordinaires et qualifiés crimes qu'en ce que ceux-ci sont commis au préjudice des particuliers, tandis que ceux-là se commettent au préjudice des communes et de l'État. Or, voler quelqu'un ou voler tout le monde, c'est toujours voler, et, au point de vue moral, la faute est la même ; ce sont des espèces différentes de vols, mais ce sont l'une et l'autre des vols.

En outre, ces fautes, qui autrefois pouvaient paraître légères ou moins répréhensibles, ont pris, sous le régime républicain, un caractère de gravité nouveau et sont aujourd'hui sans excuse. En effet, dans un temps où les droits de douane et d'octroi étaient fixés arbitrairement, on pouvait, jusqu'à un certain point, se croire autorisé à garder pour soi un argent dépensé sans contrôle et parfois sans profit pour la nation. Mais aujourd'hui ces impôts sont, comme tous les autres, votés ou approuvés par les chambres, c'est-à-dire par le peuple lui-même ; ils sont affectés à l'entretien des services de l'État ou à des travaux d'utilité publique ; leur emploi est soumis au contrôle le plus minutieux et le plus actif ; retenir ou détourner un argent légalement voté, légalement perçu, légalement employé, ce n'est pas seulement porter préjudice à ses concitoyens et se voler soi-même, c'est se mettre en révolte ouverte avec la volonté nationale ; c'est violer à la fois la loi morale et la loi civile.

(A. Vessiot, *de l'Éducation à l'école* [1].)

AUTRES LECTURES.

2. Comment nous devons nous acquitter de nos contributions (Charles Bigot, *le Petit Français*).

3. Les droits et devoirs du citoyen (Pierre Laloi, *la Première Année d'instruction morale et civique*, page 111).

4. Mésaventure d'un fraudeur (Pierre Laloi, *la Première Année d'instruction morale et civique*, page 12).

5. Le payement des milliards (G. Bruno, *les Enfants de Marcel*, page 77).

6. La fraude et la contrebande (G. Bruno, *les Enfants de Marcel*, page 84).

7. Les octrois (G. Bruno, *le Tour de France par deux enfants*).

8. Des fraudes, de la contrebande (A. Vessiot, *de l'Éducation à l'école*, pages 101 à 103).

9. Les impôts, par Laboulaye (Labbé, *Morceaux choisis des classiques français*, cours moyen).

---

1. Lecène, Oudin et Cie, éditeurs.

RÉCITATION.

1. — Devoir de payer l'impôt.

Il n'existe pas dans la société qu'un seul genre de travail, celui qui consiste à cultiver la terre, à tisser des fils, à faire de ces fils des étoffes propres au vêtement, à construire des habitations, en un mot, à nourrir, à vêtir, à loger l'homme.

Il y a un second genre de travail, non moins indispensable : c'est celui qui consiste à protéger le premier, à protéger le laboureur, le manufacturier, le constructeur.

Le soldat qui porte les armes, le magistrat qui juge, l'administrateur qui organise tous ces services, travaillent aussi utilement que celui qui a fait naître le blé, qui confectionne des tissus, qui construit des maisons. De même que le laboureur produit du grain pour celui qui tisse, et réciproquement, l'un et l'autre doivent labourer et tisser pour celui qui monte la garde, applique les lois ou administre le pays. Ils lui doivent une partie de leur travail, en échange de la protection qu'il leur donne.

Il faut donc que le laboureur, le tisserand, le maçon payent l'impôt, dont le produit est destiné à récompenser le travail et la peine de ceux qui portent les armes, jugent, administrent et gouvernent pour eux.

(THIERS, *de la Propriété* [1].)

DEVOIRS DE RÉDACTION.

1. Une personne riche dit devant vous qu'il ne faudrait pas payer l'impôt. Répondez-lui, et faites-lui comprendre que, si on les supprimait, elle serait une des premières à demander qu'on les rétablît.

2. *Un refus.* — Un habitant de la ville, ayant acheté une barrique de vin chez un villageois, écrit à ce dernier pour l'engager à conduire son vin pendant la nuit et par un chemin détourné, pour ne pas payer les droits de douanes et d'octroi. Réponse du villageois.

3. *Une fraude.* — Vous écrivez à un de vos amis qui s'est

1. JOUVET ET Cie, éditeurs.

vanté d'avoir fait passer en fraude un objet soumis aux droits d'octroi.

4. A quoi sert l'impôt? Pourquoi devons-nous le payer sans murmurer? Montrez que la fraude est une action coupable.

26ᵉ LEÇON. — Le service militaire.

PLANS.

I

Le service militaire obligatoire pour tous : justice de cette obligation. — Parallèle entre le service d'autrefois et celui d'aujourd'hui. — Pourquoi l'appelle-t-on *impôt du sang?* — Le soldat, sa mission. — Qualités du soldat. — Respect de l'uniforme. — Le drapeau.

II

Obligation du service militaire. — Nécessité d'une armée permanente. — Obligation pour la France de suivre l'exemple des nations voisines. — Pourquoi le service militaire est appelé aussi l'*impôt du sang*. — C'est un honneur d'être soldat. — Qualités nécessaires au soldat : discipline, endurance, courage, amour du drapeau, dévouement à la patrie.

RÉSUMÉS.

I

C'est un devoir de stricte nécessité pour tout citoyen de servir son pays par les armes, afin d'assurer sa sécurité à l'intérieur et de défendre son indépendance contre l'étranger. Aussi doit-on flétrir de toutes ses forces les lâches qui se mutilent ou qui se rendent malades pour échapper au devoir militaire.

Quand on aime ardemment son pays, on est heureux et fier de passer quelques années à l'ombre du drapeau national, et l'on n'hésite pas à verser son sang, si c'est nécessaire, pour la défense de ce drapeau.

« ***Mourir pour la patrie,***
C'est le sort le plus beau, le plus digne d'envie. »

II

Le service militaire constitue, comme l'impôt, une dette envers l'État, et s'appelle, pour cette raison, *impôt du sang*.

Nous devons servir notre patrie avec désintéressement. Son honneur est le nôtre. Tout bon Français doit prendre parti pour elle contre ceux qui l'ont offensée, et être prêt à sacrifier sa vie pour venger son honneur.

« ***Mourir pour son pays est un si digne sort***
Qu'on briguerait en foule une si belle mort. »

(Corneille.)

LECTURE.

1. — Le drapeau.

Le régiment était en bataille sur un talus de chemin de fer et servait de cible à toute l'armée prussienne, massée en face sous les bois. On se fusillait à 80 mètres. Les officiers criaient : « Couchez-vous !... » mais personne ne voulait obéir, et le fier régiment restait debout, groupé autour de son drapeau. Dans ce grand horizon de soleil couchant, de blés en épis, de pâturages, cette masse d'hommes, tourmentée, enveloppée d'une fumée confuse, avait l'air d'un troupeau surpris en rase campagne dans le premier tourbillon d'un orage formidable...

C'est qu'il en pleuvait du fer sur ce talus ! On n'entendait que le crépitement de la fusillade, le bruit sourd des gamelles roulant dans le fossé, et les balles qui vibraient longuement d'un bout à l'autre du champ de bataille, comme les cordes tendues d'un instrument sinistre et retentissant. De temps en temps, le drapeau qui se dressait au-dessus des têtes, agité au vent de la mitraille, sombrait dans la fumée ; alors une voix s'élevait, grave et fière, dominant la fusillade, les râles, les jurons des blessés : « Au drapeau, mes enfants, au drapeau ! » Aussitôt un officier s'élançait, vague comme une ombre, dans ce brouillard rouge, et l'héroïque enseigne, redevenue vivante, planait encore au-dessus de la bataille.

Vingt-deux fois, elle tomba !... Vingt-deux fois, sa hampe, encore tiède, échappée à une main mourante, fut saisie, redressée; lorsque, au soleil couché, ce qui restait du régiment — à peine une poignée d'hommes — battit lentement en retraite, le drapeau n'était plus qu'une guenille aux mains du sergent Hornus, le vingt-troisième porte-drapeau de la journée.

Ce sergent Hornus était une vieille bête à trois brisques, qui savait à peine signer son nom, et avait mis vingt ans à gagner ses galons de sous-officier. Toutes les misères de l'enfant trouvé, tout l'abrutissement de la caserne se voyaient dans ce front bas et buté, ce dos voûté par le sac, cette allure inconsciente du troupier dans le rang. Avec cela, il était un peu bègue ; mais, pour être porte-drapeau, on n'a pas besoin d'éloquence. Le soir même de la bataille, son colonel lui dit : « Tu as le drapeau, mon brave ! eh bien ! garde-le. » Et, sur sa pauvre capote de campagne, déjà toute passée à la pluie et au feu, la cantinière surfila tout de suite un liséré d'or de sous-lieutenant. Ce fut le seul orgueil de cette vie d'humilité. Du coup, la taille du vieux troupier se redressa. Ce pauvre être habitué à marcher courbé, les yeux à terre, eut désormais une figure fière, le regard toujours levé pour voir flotter ce lambeau d'étoffe, et le maintenir bien droit, bien haut, au-dessus de la mort, de la trahison, de la déroute. Vous n'avez jamais vu d'homme si heureux que Hornus, les jours de bataille, lorsqu'il tenait sa hampe à deux mains, bien affermie dans son étui de cuir. Il ne parlait pas, il ne bougeait pas ; sérieux comme un prêtre, on aurait dit qu'il tenait quelque chose de sacré. Toute sa vie, toute sa force étaient dans ses doigts crispés autour de ce beau haillon doré, sur lequel se ruaient les balles, et dans ses yeux pleins de défi qui regardaient les Prussiens bien en face, d'un air de dire : « Essayez donc de venir me le prendre !... »

Personne ne l'essaya, pas même la mort. Après Borny, après Gravelotte, les batailles les plus meurtrières, le drapeau s'en allait de partout, haché, troué, transparent de blessures, mais c'était toujours le vieil Hornus qui le portait.

(Alphonse Daudet, *Contes du lundi* [1].)

1. G. Charpentier et E. Fasquelle, éditeurs.

AUTRES LECTURES.

2. Magnanimité d'un soldat (A. RENDU FILS, *Récits moraux et instructifs*).

3. Un vrai chien de soldat, par ERCKMANN-CHATRIAN (G. COMPAYRÉ et A. DELPLAN, *Lectures morales et civiques*).

4. La Tour-d'Auvergne ou le premier grenadier de France (A. RENDU FILS, *le Devoir et la Loi*).

5. Le drapeau, par le général POURCET (*l'Instruction primaire*, 12e année, page 825).

6. Le drapeau, par JULES CLARETIE (LOUIS MAINARD, *A travers la vie*).

7. Les soldats de l'an II, poésie de VICTOR HUGO (HORRÉARD, *Récitations choisies à l'usage du cours moyen et du cours supérieur des écoles primaires*).

8. Plus de cartouches, poésie de P. BRUYÈRE (*l'Instruction primaire*, 18e année).

9. Le dévouement est le devoir du soldat (G. BRUNO, *les Enfants de Marcel*, page 5).

10. Réponse héroïque du général Robert (G. BRUNO, *les Enfants de Marcel*).

11. Le devoir du soldat et le drapeau de Metz (G. BRUNO, *les Enfants de Marcel*, page 117).

12. Le défilé, poésie de FRANÇOIS COPPÉE (MERLET, *Extraits des classiques français*, cours moyens, poésie).

13. Journal d'un soldat (PIERRE LALOI, *la Première Année d'instruction morale et civique*).

RÉCITATIONS.

1. — Le bon gîte.

Bonne vieille, que fais-tu là ?
Il fait assez chaud sans cela ;
Tu peux laisser tomber la flamme
Ménage ton bois, pauvre femme;
Je suis séché, je n'ai plus froid.
Mais elle, qui ne veut m'entendre,
Met un fagot, range la cendre :
« Chauffe-toi, soldat, chauffe-toi. »

Bonne vieille, je n'ai pas faim ;
Garde ton jambon et ton vin :
J'ai mangé la soupe à l'étape.
Veux-tu bien m'ôter cette nappe !

C'est trop bon et trop beau pour moi.
Mais elle, qui n'en veut rien faire,
Taille mon pain, remplit mon verre :
« Refais-toi, soldat, refais-toi. »

Bonne vieille, pour qui ces draps ?
Par ma foi, tu n'y penses pas !
Et ton étable, et cette paille
Où l'on fait son lit à sa taille ?
Je dormirai là comme un roi.
Mais elle, qui n'en veut démordre,
Place les draps, met tout en ordre :
« Couche-toi, soldat, couche-toi ! »

Le jour vient, le départ aussi.
Allons ! adieu... Mais qu'est ceci ?
Mon sac est plus lourd que la veille...
Ah ! bonne hôtesse ! Ah ! chère vieille !
Pourquoi tant me gâter, pourquoi ?
Et la bonne vieille de dire,
Moitié larmes, moitié sourire :
« J'ai mon gars soldat comme toi ! »

(PAUL DÉROULÈDE, *Nouveaux Chants du soldat* [1].)

---

2. — Le drapeau du régiment.

Le ministre de la guerre vient d'envoyer au régiment un nouveau drapeau. Vous connaissez tous ce symbole. Il représente la patrie avec son passé et son avenir, ses joies et ses douleurs, ses grands souvenirs et ses plus nobles espérances. Tous les Français qui ont au cœur le culte de la patrie s'inclinent à son passage; vous, plus que tout autre, vous lui devez le salut et le respect. Lorsque la voix sublime de la France fera appel à votre dévouement, vous vous rallierez autour de lui et, sentinelles vigilantes, vous veillerez sur son honneur et vous saurez mourir, au besoin, pour sa défense. En lui s'incarne l'esprit d'ordre, de discipline et d'abnégation; c'est à l'ombre de ses plis glorieux que se sont accomplis les actes d'héroïsme que

1 CALMANN LÉVY, éditeur.

vous prenez chaque jour pour modèles. La France en confie la garde à votre bravoure. Portez-le fièrement dans les combats et de vos mains vaillantes; à côté des noms qui sont inscrits en lettres d'or, vous apporterez des noms de victoires.

(*Ordre du jour du colonel du 61e de ligne à l'occasion de la remise d'un nouveau drapeau.*)

AUTRES RÉCITATIONS.

3. Le fusilier et les gabions, par RACINE (A. VESSIOT, *la Récitation à l'école et la Lecture expliquée*).

4. Patriotisme, par LAMARTINE (LÉON MOY, *la Première Année de récitation*).

5. Le petit turco, poésie de DÉROULÈDE (LABBÉ, *Morceaux choisis des classiques français*, cours moyen).

DEVOIRS DE RÉDACTION.

1. A la veille du tirage au sort, Jacques s'est mutilé volontairement, afin de ne pas être soldat. Indirectement informée du fait, l'autorité militaire a incorporé Jacques comme ses camarades. Il a été puni comme le veut la loi. Appréciez la conduite de ce mauvais citoyen.

2. En quoi consiste le drapeau national? De quoi est-il l'emblème? Qui le garde? Qui le défend?

3. *Lettre d'un soldat.* — Il écrit à sa famille pour la rassurer sur sa santé et lui dire combien il est heureux de servir sa patrie. Il dit ce qu'il fait et termine en assurant sa famille qu'elle le verra revenir avec des qualités qu'on n'acquiert qu'au régiment.

4. Dans quelques années, vous serez soldat. Quels sont les devoirs d'un soldat?

27e LEÇON. — Le patriotisme des femmes.

PLANS.

I

Il y a plusieurs manières de servir son pays. — Les hommes le servent avec leurs bras, les femmes avec leur cœur. — Les femmes doivent apprendre à leurs enfants à chérir leur patrie et faire d'eux de vaillants soldats. — Les femmes ont su parfois acquérir la gloire des champs de bataille. — Patriotisme dans les temps anciens et de nos jours.

II

Rôle de la femme dans la patrie. — Comment elle peut exercer son patriotisme. — Sa tâche au foyer au milieu de ses enfants; elle doit inspirer à ces derniers l'amour de la patrie. — Son devoir pendant la guerre. Encouragement à ceux qui partent. — Soins aux blessés. — Exemples de patriotisme. — Les femmes spartiates. — Les femmes romaines. — Traits de patriotisme français : Jeanne d'Arc, Jeanne Hachette, Mlle Juliette Dodu, etc.

RÉSUMÉS.

I

Quoique les femmes soient dispensées du service militaire, elles peuvent en tout temps témoigner de leur dévouement pour la patrie. Elles doivent inspirer à leurs enfants l'amour du pays, et, quand la patrie les réclame, loin de chercher à les retenir, elles doivent les encourager à faire vaillamment leur devoir, comme les mères spartiates, qui, en remettant leurs boucliers à leurs fils, leur disaient : « Reviens avec ou dessus », ce qui voulait dire : Reviens vainqueur ou mort.

II

Si les femmes ne sont pas appelées à défendre leur patrie avec leurs bras, elles doivent du moins la servir avec leur cœur. Une mère vraiment patriote sait inspirer à ses enfants l'amour du pays et faire de son fils un ardent défenseur de la patrie. Aux jours du combat, elle donne l'exemple du courage en engageant les siens à faire leur devoir sans faiblesse et sans peur.

« ***O femmes, c'est à tort qu'on vous nomme timides;***
A la voix de vos cœurs, vous êtes intrépides. »

(Ernest Legouvé.)

LECTURE.

1. — Les femmes et la patrie.

Gervaise Martel est vieille à présent. La première fois que l'ennemi a franchi notre frontière, elle était encore solide et forte. Elle a perdu son mari à la guerre; ses deux fils ont grandi; faut-il qu'elle les livre aux balles étrangères? « Les enfants doivent venger leur père », lui a-t-on dit. Non, la guerre n'est pas une vengeance : si Gervaise donne ses fils, c'est pour défendre la patrie en danger. Elle hésite, elle pleure : c'est un sacrifice cruel; mais, si ce n'était pas un sacrifice, où serait le mérite? Elle les donne donc; et, au moment du départ, elle leur communique toute l'énergie, tout le courage dont elle est animée et qui doivent les aider à supporter les dures épreuves de la guerre.

Restée seule au logis, que fera-t-elle? L'oisiveté pèse, surtout quand on est dans la peine et dans l'incertitude. Aidée de sa fille, elle fera une ample provision de charpie avec la toile de ses vieux draps; avec de la toile moins usée, elle découpera de longues bandes qu'elle roulera avec soin : bandes et charpie serviront au pansement des blessés, et les soldats couchés à l'ambulance se demanderont si ce n'est pas leur mère ou leur sœur qui a préparé ce pansement.

Tout en travaillant, elle dira aux jeunes garçons du village ce que doit faire un homme qui aime sa patrie; elle racontera l'histoire des soldats qui sont morts au champ d'honneur et de ceux qui, ayant survécu, sont revenus au pays avec de glorieuses blessures, avec la croix d'honneur ou la médaille militaire. Elle préparera ainsi de nouveaux défenseurs à la France.

(Mme Henry Gréville, *Instruction morale et civique des jeunes filles* [1].)

AUTRES LECTURES.

2. Sœur, c'est pour rire, par J. Legoux (Ch. Lebaigue, *Pour nos filles,* cours supérieur).

1. G. Delarue, éditeur.

3. Les femmes de Paris, par JULES CLARETIE (CH. LEBAIGUE, *Pour nos filles*).

4. La femme d'Annibal, par CHATEAUBRIAND (CH. LEBAIGUE, *Pour nos filles*, cours supérieur).

5. Constance de Cezelli, par Mme AMABLE TASTU (CH. LEBAIGUE, *Pour nos filles*, cours supérieur).

6. Deux héroïnes, par LAMARTINE (CH. LEBAIGUE, *Pour nos filles*, cours supérieur).

7. Une vengeance patriotique, par ERNEST LEGOUVÉ (LOUIS COLLAS, *Mosaïque des écoles et des familles*).

RÉCITATION.

1. — La sortie (janvier 1871).

L'aube froide blêmit, vaguement apparue;
Une troupe défile en ordre dans la rue;
Je la suis, entraîné par ce grand bruit vivant
Que font les pas humains quand ils vont en avant.
Ce sont des citoyens partant pour la bataille.
Purs soldats ! Dans les rangs, plus petit par la taille,
Mais égal par le cœur, l'enfant avec fierté
Tient par la main son père, et la femme à côté
Marche avec le fusil du mari sur l'épaule.
C'est la tradition des femmes de la Gaule
D'aider l'homme à porter l'armure et d'être là,
Soit qu'on nargue César, soit qu'on brave Attila.
Que va-t-il se passer ? L'enfant rit, et la femme
Ne pleure pas. Paris subit la guerre infâme.
Et les Parisiens sont d'accord sur ceci,
Que par la honte seule un peuple est obscurci,
Que les aïeux seront contents, quoi qu'il arrive,
Et que Paris mourra pour que la France vive.
Nous garderons l'honneur; le reste, nous l'offrons.
Et l'on marche. Les yeux sont indignés, les fronts
Sont pâles; on y lit : « Foi, Courage, Famine »,
Et la troupe à travers les carrefours chemine,
Tête haute, élevant son drapeau, saint haillon.
La famille est toujours mêlée au bataillon;
On ne se quittera que là-bas aux barrières.
Ces hommes attendris et ces femmes guerrières
Chantent; du genre humain Paris défend les droits.
Une ambulance passe, et l'on songe à ces rois

Dont le caprice fait ruisseler des rivières
De sang sur le pavé, derrière les civières.
L'heure de la sortie approche; les tambours
Battent la marche en foule au fond des vieux faubourgs;
Tous se hâtent; malheur à toi qui nous assièges !
Ils ne redoutent pas les pièges, car les pièges
Que trouvent les vaillants en allant devant eux
Font le vaincu superbe et le vainqueur honteux.
Ils arrivent aux murs, ils rejoignent l'armée.
Tout à coup le vent chasse un flocon de fumée;
Halte ! c'est le premier coup de canon. Allons !
Un long frémissement court dans les bataillons;
Le moment est venu; les portes sont ouvertes;
Sonnez, clairons ! Voici là-bas les plaines vertes,
Les bois où rampe au loin l'invisible ennemi,
Et le traître horizon, immobile, endormi,
Tranquille, et plein pourtant de foudres et de flammes.
On entend des voix dire : « Adieu ! — Nos fusils, femmes ! »
Et les femmes, le front serein, le cœur brisé,
Leur rendent leur fusil après l'avoir baisé.

(VICTOR HUGO, *l'Année terrible* [1].)

AUTRES RÉCITATIONS.

2. A ma mère (PAUL DÉROULÈDE, *Chants du soldat*).
3. Aux femmes de France, par MARC BONNEFOY (*l'Instruction primaire*, 12e année).

DEVOIRS DE RÉDACTION.

1. Comment les femmes peuvent servir leur patrie : 1° en temps de paix, 2° en temps de guerre.

2. Les femmes peuvent-elles être patriotes? Comment et dans quelles conditions? Résumez, à l'appui de votre opinion, l'histoire de quelques femmes patriotes.

3. Les filles ne sont pas soumises au service militaire. S'ensuit-il que les femmes ne doivent pas avoir de patriotisme ? Quel est le rôle de la femme vraiment française ?

1. CALMANN LÉVY, éditeur.

28e LEÇON. — L'obligation scolaire.

PLANS.

I

Dangers de l'ignorance : 1° dans la vie (mauvaises affaires, etc.); 2° en république (mauvais vote). — L'instruction relève le niveau moral d'une nation. — Préoccupation du gouvernement pour assurer l'instruction de ses enfants. — Gratuité de l'enseignement. — Obligation.

II

L'enseignement primaire obligatoire. — Loi du 28 mars 1882. — Raison de cette obligation. — Inconvénients de l'ignorance au point de vue individuel comme au point de vue social. — Obligation des parents envers leurs enfants sous le rapport de l'instruction. — Liberté des parents limitée par l'intérêt particulier de l'enfant et l'intérêt général de la société. — Sanctions de la loi. — Commission scolaire, pénalités pouvant être appliquées aux contrevenants.

RÉSUMÉS.

I

La loi oblige nos parents à nous envoyer à l'école, car l'instruction et l'éducation que nous y acquérons contribuent à faire de nous des citoyens éclairés. Nous devons donc travailler en classe de toutes nos forces.

Celui qui refuse de s'instruire sera plus tard un mauvais soldat et un mauvais citoyen.

II

L'instruction est un bien précieux. Dans un pays libre comme la France, où tous les citoyens prennent part aux affaires publiques, il importe qu'ils soient assez instruits pour comprendre les véritables intérêts du pays.

En outre, l'instruction rend l'homme plus habile et

augmente le niveau moral de la nation. Voilà pourquoi l'État a rendu l'instruction obligatoire.

Les parents ne peuvent avoir le droit de laisser leurs enfants dans l'ignorance. Leur liberté a pour limite l'intérêt des enfants et l'intérêt général de la société.

LECTURE.

1. — L'obligation scolaire.

S'il est un devoir dont l'évidence ne puisse être contestée, c'est celui qu'ont les parents de donner à leurs enfants tout au moins l'instruction élémentaire.

L'instruction est un bienfait; des parents qui aiment leurs enfants ne peuvent la leur refuser. Mais il y a plus : l'instruction est une nécessité. Celui qui ne la possède pas est un être faible et désarmé dans les luttes de la vie; il sera dépassé, dominé, vaincu à toute heure par ceux qui sont munis d'armes qu'il ne possède pas. Ignorant, il sera la proie du premier venu, il pourra être enrôlé, presque malgré lui, dans la bande des êtres malfaisants qui constituent un danger permanent pour la société. Sous un régime de suffrage universel, où les citoyens décident du sort de la patrie par leurs suffrages, l'ignorance peut mettre en péril les institutions nationales.

C'est pourquoi la société a le droit et le devoir d'imposer aux parents assez dénaturés pour priver leurs enfants d'instruction l'obligation de les envoyer à l'école.

(JULES STEEG, *l'Honnête Homme*[1].)

AUTRES LECTURES.

2. Il faut s'instruire pour devenir un bon citoyen (J. GÉRARD, *Maximes morales de l'écolier français*).

3. Les parents doivent à leurs enfants l'instruction et l'éducation (Mlle CLARISSE JURANVILLE, *Manuel d'éducation morale et civique*).

4. L'obligation scolaire (G. COMPAYRÉ, *l'Instruction civique*, cours complet, pages 180 et 181).

---

1. FERNAND NATHAN, éditeur.

RÉCITATION.

1. — Obligation de l'instruction primaire.

Il y a un certain nombre de gens qui sont persuadés qu'on attente à la liberté du père de famille quand on le contraint à faire apprendre à lire à ses enfants. Les mêmes gens le contraignent sans remords à les loger, à les nourrir, à les vêtir. Aucune de ces prescriptions n'est, suivant eux, attentatoire à la liberté; mais, pour l'instruction, c'est différent. Le père de famille doit être absolument libre : si cela lui convient, il instruira son fils, et si cela ne lui convient pas, il le laissera croupir dans l'ignorance. Un père qui maltraite son fils, qui compromet sa santé, est un criminel et un scélérat; on le traîne devant les tribunaux. S'il se borne à l'empêcher d'étudier, s'il ne maltraite que son esprit, il est dans son droit, il use de la liberté de père de famille. Nous pensons que ce père ferait moins de mal à son fils s'il lui cassait un bras ou une jambe, et c'est aussi la pensée de toute l'Europe.

(JULES SIMON, *le Livre du petit citoyen* [1].)

DEVOIRS DE RÉDACTION.

1. Montrez les bienfaits de l'instruction pour l'individu en particulier et pour le pays en général, et faites voir ainsi pourquoi l'État a eu raison de la rendre obligatoire.

2. Pourquoi la loi oblige-t-elle les parents à faire instruire leurs enfants ? Tort que se fait l'élève qui n'est ni exact ni assidu. Conséquences pour l'avenir.

29e LEÇON. — Le vote.

PLANS.

I

Dans un pays libre, les citoyens ont le droit et le devoir de voter. — C'est du vote des citoyens que dépend la prospérité

1. HACHETTE ET Cie, éditeurs.

de la patrie. — Faute commise par celui qui s'abstient de voter. — Il faut que le vote soit éclairé, libre et désintéressé.

II

Importance de l'exercice du vote. — Funestes résultats d'un vote irréfléchi. — L'abstention : ne jamais s'abstenir, sauf dans des cas très rares. — Comment il faut voter. — Éviter de se laisser corrompre ou intimider. — Obligation d'accepter un mandat quand nos concitoyens ont besoin de nous.

RÉSUMÉS.

I

Tout citoyen a le devoir de s'intéresser aux affaires de son pays et de voter pour indiquer dans quel sens elles doivent être dirigées. L'abstention est toujours une faute : le sort d'une élection peut ne dépendre que d'une voix.

Le vote doit être libre, éclairé et désintéressé. Un bon citoyen ne doit s'inspirer dans une élection que du patriotisme.

« ***Vendre son vote, c'est vendre sa conscience.*** »

II

C'est par le vote que le citoyen exerce sa souveraineté et prend part à l'administration de son pays. Le vote est un droit précieux que nos pères ont mis longtemps à acquérir. Aussi le premier devoir d'un électeur est de ne jamais s'abstenir de voter chaque fois qu'il est appelé à le faire. Il doit en outre voter selon sa conscience, en s'éclairant sur les idées et le mérite de chaque candidat et en choisissant le plus honnête et le plus capable de faire le bien du pays.

L'électeur qui se laisse guider par son intérêt personnel est un mauvais patriote.

LECTURES.

1. — Devoirs de l'électeur.

Du jour où tu seras électeur, ton premier devoir sera de voter chaque fois que tu seras invité d'aller porter ton bulletin dans l'urne. Les premières fois, je ne crains pas que tu y manques : tu seras tout fier de montrer que tu es un homme, toi aussi. Mais, après quelques années, il en est plusieurs qui trouvent que voter est une corvée. Il faut se déranger, il faut renoncer à quelque partie que l'on avait préparée pour le dimanche. Et l'on ne va pas réclamer à la mairie sa carte d'électeur, ou bien, si on l'a reçue à la maison, on n'en fait pas usage. Celui qui agit ainsi agit fort mal. Ce n'est pas pour flatter ta vanité que la constitution te fait électeur, mon enfant, c'est dans l'intérêt général et pour que tous s'occupent des affaires de tous.

Ne dis pas : « Qu'importe un suffrage de plus ou de moins ? » Hé ! mon ami, une voix est une voix. Il arrive assez souvent que, dans les élections, la majorité est d'une voix seulement. Depuis 1875, nous avons une constitution républicaine. Or sais-tu à combien de voix de majorité cette constitution a été votée dans l'Assemblée nationale, qui était à la fois la Chambre des députés et le Sénat d'alors ? A une seule. Si un seul des républicains s'était abstenu, peut-être aurions-nous attendu longtemps encore cette constitution que le pays réclamait à chaque élection nouvelle.

Ne dis pas : « Qu'importe que celui-ci soit nommé ou celui-là ? » Hé ! mon ami, il t'importe beaucoup. Si tu laisses passer, en ne votant pas, de mauvais conseillers municipaux, les affaires de ta commune seront mal administrées, et c'est toi le premier qui en souffriras. Si tu laisses passer de mauvais conseillers d'arrondissement, de mauvais conseillers généraux, c'est ton arrondissement, ton département qui en pâtiront, et tu en souffriras encore. Si enfin tu laisses passer de mauvais députés, ils administreront mal ton pays, ils voteront de mauvais impôts, ils feront de mauvaises lois, ils pourront précipiter ta patrie dans les plus épouvantables désastres : dis-moi donc que tu n'en souffriras pas ? tu gémiras alors, tu protesteras : il sera trop tard; tu n'auras que ce que tu as mérité. Tu n'avais qu'à donner ton avis le jour où on te le demandait : tous ces malheurs ne seraient peut-être pas arrivés.

Ne dis pas enfin : « Je ne vote pas parce qu'aucun des candidats ne me plaît tout à fait. » Hé! mon ami, s'il fallait trouver le candidat qui plaise tout à fait, on ne voterait guère que pour soi-même. Quel est l'homme qui partage toutes nos opinions, ou qui soit absolument sans défaut? Il faut pourtant qu'entre les candidats divers qui se présentent, il y en ait un qui l'emporte. Si aucun n'a toute notre confiance, il en est un au moins qui est moins éloigné de nos idées que l'autre. Celui-là, s'il ne nous plaît entièrement, au moins ne nous déplaît pas tout à fait. Nous ne l'aurions pas choisi peut-être, mais nous le préférons. Quand on n'a le choix qu'entre deux maux, il est encore sage de préférer le moindre.

(CHARLES BIGOT, *le Petit Français* [1].)

2. — Les femmes et la politique [2].

Le vote ne regarde que les hommes, puisque les femmes, — heureusement pour leur tranquillité, — n'ont pas de droits politiques ; mais, comme les femmes se trouvent mêlées à toutes les graves questions qui agitent la société et que souvent leurs avis sont justes et sages, elles doivent être tenues au courant des devoirs des hommes, afin qu'au besoin elles puissent leur donner de bons conseils.

Les femmes ne doivent donc pas se désintéresser complètement des affaires de leur pays; elles peuvent même avoir une opinion politique, mais il ne faut pas qu'elles en fassent parade. Une femme qui parle sans cesse politique provoque la raillerie autour d'elle ; il est préférable qu'elle se taise sur ce point et se contente de penser. La femme, dans la famille, a une mission essentiellement conciliatrice ; elle doit éviter les conversations qui pourraient amener des discussions vives et pénibles; son rôle est de conseiller, d'apaiser et d'inspirer. Comme l'a écrit finement

1. G. DELARUE, éditeur.

2. Cette lecture, commentée par la Maîtresse, pourra tenir lieu de *Leçon* dans les écoles de filles, auxquelles elle est spécialement destinée.

Mme de Rémusat : « Le spectacle de l'exercice des libertés publiques passionne les femmes et parfois les attire, mais sans les entraîner. Elles aiment à se placer à côté du jeu, mais elles ne tiennent pas les cartes; elles veulent avoir part à l'intérêt, non à l'action. »

Mais, objectera-t-on, la femme n'est pas l'égale de l'homme; car celui-ci a tous les emplois publics, tous les privilèges....

Ne nous plaignons pas de notre lot, ce serait injuste. Dieu, en nous plaçant sur la terre, ne nous a donné ni les mêmes aptitudes qu'à l'homme, ni les mêmes devoirs, ni les mêmes besoins, ni la même mission à remplir; on peut dire qu'entre l'homme et la femme il n'y a ni supériorité, ni infériorité, mais différence d'attributions. Ceux qui ont vraiment le souci de la dignité de la femme repoussent également une assimilation chimérique et une injuste et disgracieuse subordination....

« Le but de toutes les institutions, dit Talleyrand, doit être le bonheur du plus grand nombre. Tout ce qui s'en écarte est une erreur; tout ce qui y conduit, une vérité. Si l'exclusion des emplois publics prononcée contre les femmes est pour les deux sexes un moyen d'augmenter la somme de leur bonheur mutuel, c'est dès lors une loi que toutes les sociétés ont dû reconnaître et consacrer. Toute autre ambition serait un renversement des destinations premières, et les femmes n'auraient jamais intérêt à changer la délégation qu'elles ont reçue. Il me semble incontestable que le bonheur sérieux, surtout celui des femmes, demande qu'elles n'aspirent point à l'exercice des droits. Loin du tumulte des affaires, ah ! sans doute, il reste aux femmes un beau partage dans la vie.... »

Mme de Staël a dit bien justement: « On a raison d'exclure les femmes des affaires publiques; rien n'est plus opposé à leur vocation naturelle que tout ce qui leur donnerait des rapports de rivalité avec les hommes. Les vertus d'éclat ne sont point le partage des femmes, mais bien les vertus simples et paisibles. »

(Mlle Clarisse Juranville, *Manuel d'éducation morale et civique* [1].)

1. Édité par la librairie Larousse.

AUTRES LECTURES.

3. Les devoirs du citoyen (PIERRE LALOI, *la Première Année d'instruction morale et civique*, page 145).

4. Le vote et son importance (GUYAU, *la Première Année de lecture courante*).

5. Le vote doit être désintéressé et libre (G. BRUNO, *les Enfants de Marcel*).

6. Le docteur Perrin à la forge de Neuville (ÉMILE GANNERON, *Tu seras citoyen*).

7. Madame Pierre n'aime pas la politique (ÉMILE GANNERON, *Tu seras citoyen*).

8. Le citoyen a des devoirs à remplir (ÉMILE GANNERON, *Tu seras citoyen*).

9. Le citoyen a intérêt à exercer ses droits (ÉMILE GANNERON, *Tu seras citoyen*).

10. Une élection municipale (ÉMILE GANNERON, *Tu seras citoyen*).

11. Chez le député (ÉMILE GANNERON, *Tu seras citoyen*).

RÉCITATION.

1. — Le suffrage universel.

Le suffrage universel, en donnant à ceux qui souffrent un bulletin, leur ôte le fusil. En leur donnant la puissance, il leur donne le calme.

Le suffrage universel dit à tous, et je ne connais pas de plus admirable formule de la paix publique : Soyez tranquilles, vous êtes souverains....

Il y a un jour dans l'année où le gagne-pain, le journalier, le manœuvre, l'homme qui traîne des fardeaux, l'homme qui casse des pierres au bord des routes, juge les représentants, le sénat, les ministres, le président de la République. Il y a un jour dans l'année où le plus modeste citoyen prend part à la vie immense du pays tout entier, où la plus étroite poitrine se dilate à l'air vaste des affaires publiques ; un jour où le plus faible sent en lui la grandeur de la souveraineté nationale, où le plus humble sent en lui l'âme de la patrie.

Quel accroissement de dignité pour l'homme et, par conséquent, de moralité ! Quelle satisfaction et, par conséquent, quel apaisement !

(VICTOR HUGO.)

AUTRE RÉCITATION.

2. Chant de l'électeur pauvre (G. Bruno, *les Enfants de Marcel*).

DEVOIRS DE RÉDACTION.

1. Expliquez comment, par le vote, chacun peut contribuer aux affaires publiques de son pays.

2. Que pensez-vous de celui qui vend son vote? Montrer en quoi il porte tort à son pays.

3. Que faut-il penser du candidat qui achète les voix des électeurs et de ceux qui les lui vendent?

IV. — DEVOIRS DE L'HOMME

1° DEVOIRS DE L'HOMME ENVERS LUI-MÊME.

30e LEÇON. — Le corps et l'âme.

PLANS.

I

L'homme, sa nature. — Le corps et l'âme. — Vie du corps ou vie animale : commune aux autres animaux. — Vie de l'âme ou vie intellectuelle ou morale. — Fonctions de la vie animale. — Manifestations de la vie de l'esprit. — La vie de l'esprit fait la grandeur de l'homme.

II

Qualité de la nature humaine. — Distinction entre le corps et l'âme. — Actes propres au corps. — Actes communs à l'âme et au corps. — Actes propres à l'âme. — Le corps : ses organes, les cinq sens, sensations et sentiments. — Sensations extérieures. — Sensations intérieures. — Besoins et appétits.

RÉSUMÉS.

I

L'homme est un tout naturel formé d'un corps et d'une âme : d'un corps qui digère, qui respire, qui vit, mais sans avoir l'idée de ce qu'il fait; qui, en un mot, n'a pas plus de sentiment que la pierre et la plante; — d'une âme invisible, qui commande au corps.

C'est la vie de l'âme ou la vie intellectuelle et morale qui fait la grandeur de l'homme.

II

L'homme est composé d'un corps et d'une âme. Le corps est la partie matérielle de l'homme, qui est pourvue de membres et d'organes destinés à accomplir les diverses actions qui constituent la vie. — L'âme est la partie immatérielle de l'homme, qui sent, pense et veut. C'est la personne humaine, l'homme proprement dit, tandis que le corps n'est que le serviteur de l'âme.

Mais l'union de ces deux parties de nous-mêmes est si intime qu'on ne peut négliger l'une sans porter atteinte à l'autre.

LECTURE.

1. — Le corps et l'âme.

La mère. — Depuis quelque temps, Rose, tu laisses ta poupée dans l'oubli. Pourquoi cela ?

Rose. — J'en ai perdu le goût.

La mère. — Tu lui parlais comme à moi. Comprenait-elle le sens de tes paroles ? Entendait-elle le son de ta voix ?

Rose. — Les poupées, maman, ne comprennent pas plus nos paroles que les bûches que voici.

La mère. — Que leur manque-t-il pour être vivantes ?

Rose. — Une âme, maman. Elles n'en ont point. Elles ne sont que des mannequins habillés de chiffons.

La mère. — D'où sais-tu que les poupées n'ont point d'âme ?

Rose. — Elles ne font rien comme nous, rien du tout.

La mère. — Peux-tu voir mon âme ?

Rose. — Non, votre âme, je ne la vois pas.

La mère. — Comment en as-tu donc des nouvelles ? Par quoi se fait-elle connaître ?

Rose. — Par ses actions. Elle regarde par vos yeux, maman. Elle parle par votre bouche. Votre corps ne fait que ses volontés.

La mère. — Ainsi, tu la vois dans ses actions comme à travers un voile léger.

ROSE. — C'est cela même. Je n'aurais pas su le dire.

LA MÈRE. — A ce compte, les organes visibles du corps ne sont que les serviteurs des volontés de l'âme invisible.

ROSE. — Pas autre chose.

LA MÈRE. — Sais-tu cela par ta propre expérience ?

ROSE. — Je le sens à tout instant. Mon corps fait son service comme un valet.

LA MÈRE. — Entreprend-il quelque chose sans ta volonté ?

ROSE. — Non. Quelquefois j'ai besoin de le pousser. Toujours je suis obligée de le diriger. De lui-même, il ne sait rien faire.

LA MÈRE. — Ne peux-tu rien faire sans lui ?

ROSE. — Sans lui, maman, je voyage bien loin en pensée. Pendant ces courses de mon esprit, il ne bouge pas de place. Moi seule je suis la voyageuse.

LA MÈRE. — Pourrait-il te suivre dans tes courses ?

ROSE. — Pas du tout. Je voyage quelquefois plus vite que le vent. D'un saut, je suis de Paris à Rome.

LA MÈRE. — Bon voyage, ma fille. Prends garde de ne pas te casser bras et jambes dans ces tours de force.

ROSE. — La pensée, maman, n'a ni bras ni jambes.

(Père GRÉGOIRE GIRARD, *Cours éducatif de langue maternelle* [1].)

AUTRES LECTURES.

2. **Ce que c'est que l'âme**, par FÉNELON (G. COMPAYRÉ et A. DELPLAS, *Lectures morales et civiques*).

3. **Les portes et les fenêtres de notre maison** (G. COMPAYRÉ, *Éléments d'instruction morale et civique*).

4. **Les outils naturels de l'homme** (G. COMPAYRÉ, *Éléments d'instruction morale et civique*).

5. **L'âme et le corps** (G. COMPAYRÉ, *Éléments d'instruction morale et civique*).

6. **L'esprit et le corps** (JULES STEEG, *Instruction morale et civique*).

---

1. Six volumes brochés, 13 fr. 50. CHARLES DELAGRAVE, éditeur.

7. La sensibilité physique (JULES STEEG, *Instruction morale et civique*).

8. Les sensations et les sentiments (A. VESSIOT, *Pour nos enfants*).

RÉCITATION.

1. — Merveilles du corps humain.

Tout est ménagé, dans le corps humain, avec un artifice merveilleux. Le corps reçoit de tous les côtés les impressions des objets, sans être blessé. On lui a donné des organes pour éviter ce qui l'offense ou le détruit; et les corps environnants qui font sur lui ce mauvais effet font encore celui de lui causer de l'éloignement. La délicatesse des parties, quoiqu'elle aille à une finesse inconcevable, s'accorde avec la force et avec la solidité.

Le jeu des ressorts n'est pas moins aisé que ferme ; à peine sentons-nous battre notre cœur, nous qui sentons les moindres mouvements du dehors, si peu qu'ils viennent à nous : les artères vont, le sang circule, les esprits coulent, toutes les parties s'incorporent leur nourriture, sans troubler notre sommeil, sans distraire nos pensées, sans exciter tant soit peu notre sentiment : tant Dieu a mis de règle et de proportion, de délicatesse et de douceur, dans de si grands mouvements.

(BOSSUET, *Traité de la connaissance de Dieu et de soi-même*.)

DEVOIRS DE RÉDACTION.

1. *Le corps et l'âme.* — Montrer la distinction qui existe entre le corps et l'âme. Pourquoi appelle-t-on la vie du corps vie animale ? Citez quelques fonctions de la vie animale et quelques manifestations de la vie de l'esprit.

2. *Les sens de l'homme.* — Nommez les cinq sens. Exposez l'utilité de chacun d'eux et dites quels sont ceux qui vous paraissent les plus nécessaires et pourquoi.

3. Tirer parti de la Lecture *Le corps et l'âme* pour prouver, de votre mieux, l'existence de l'âme.

31e LEÇON. — Devoirs individuels. — Le respect de soi-même.

(DEVOIRS ENVERS LE CORPS ET DEVOIRS ENVERS L'AME.)

PLANS.

I

L'homme a des devoirs envers lui-même. — [illegible]ison d'être de ces devoirs. — Ce qu'ils comprennent. — Devoirs envers le corps : le conserver en bonne santé. — Devoirs envers l'âme : conserver et développer sa dignité.

II

Origine des devoirs individuels. — Ce que c'est que le respect. — Ce que nous devons respecter en nous-mêmes. — La dignité humaine. — Fierté que nous devons éprouver de notre qualité d'homme. — Ce que nous devons faire pour nous respecter et pour qu'on nous respecte. — Déchéance de celui qui ne se respecte pas lui-même.

RÉSUMÉS.

I

L'homme a des devoirs envers lui-même, parce qu'il a une valeur morale qu'il doit respecter et tâcher d'accroître.

Les devoirs de l'homme envers lui-même concernent à la fois le corps et l'âme. Nous devons soigner notre corps, pour assurer sa conservation et son développement ; cultiver notre esprit et notre cœur, afin de devenir plus instruits et meilleurs ; en un mot, nous conduire de manière à réaliser le précepte ancien : « *Une âme saine dans un corps sain* », que nous devons prendre pour règle de conduite.

II

L'homme a des devoirs envers son corps et envers son âme. La base de ces devoirs est le respect de

soi-même. Ils se résument en un seul : respecter et développer en nous la dignité humaine.

Nous remplirons ces devoirs en veillant attentivement sur nos sentiments et nos actions, en nous attachant à tout ce qui peut nous élever, à tout ce qui est noble, et en fuyant soigneusement tout ce qui pourrait nous abaisser à nos propres yeux.

« Tu es homme ; conduis-toi en homme. »

LECTURES.

1. — Les devoirs individuels.

L'homme aurait encore des devoirs, alors même qu'il cesserait d'être en rapport avec les autres hommes. Tant qu'il conserve quelque intelligence et quelque liberté, l'idée du bien domine en lui et avec elle celle du devoir. Quand nous serions jetés dans une île déserte, le devoir nous y suivrait. Dans la solitude la plus profonde, l'homme est toujours et il se sait sous l'empire d'une loi attachée à sa personne même.

Si la personne morale m'est sacrée, ce n'est pas parce qu'elle est en moi, c'est parce qu'elle est la personne morale : elle est respectable par elle-même; elle le sera donc partout où nous la rencontrerons.

Elle l'est en vous comme en moi, et au même titre. Relativement à moi, elle m'imposait des devoirs; en vous, elle devient le fondement de vos droits, et m'impose par là des devoirs nouveaux relativement à vous.

(VICTOR COUSIN, *du Vrai, du Beau et du Bien* [1].)

---

2. — L'homme, la vigne et le marais.

Il faisait une chaleur pesante : un homme aperçut, au bas d'un coteau, une vigne chargée de grappes, et cet homme avait soif, et le désir lui vint de se désaltérer avec le fruit de la vigne.

Mais entre elle et lui s'étendait un marais fangeux qu'il

1. PERRIN ET Cie, éditeurs.

fallait traverser pour atteindre le coteau, et il ne pouvait s'y résoudre.

Cependant, la soif le pressant, il se dit : « Peut-être que le marais n'est pas profond ; qui empêche que je n'essaye, comme tant d'autres ? je ne salirai que ma chaussure, et le mal, après tout, ne sera pas grand. »

Là-dessus, il entre dans le marais ; son pied enfonce dans la bourbe infecte ; bientôt il en a jusqu'aux genoux. Il s'arrête, il hésite, il se demande s'il ne serait pas mieux de retourner en arrière. Mais la vigne et ses grappes sont là devant lui, et il en sent sa soif qui augmente. « Puisque j'ai tant fait, pourquoi, dit-il, reviendrais-je sur mes pas ? Pourquoi perdrais-je ma peine ? Un peu plus de fange ou un peu moins, cela ne vaut guère désormais que j'y regarde. J'en serai quitte d'ailleurs pour me laver au premier ruisseau. »

Cette pensée le décide ; il avance, il avance encore, enfonçant toujours plus dans la boue : il en a jusqu'à la poitrine, puis jusqu'au cou, puis jusqu'aux lèvres ; elle passe enfin par-dessus la tête. Étouffant et pantelant, un dernier effort le soulève et le porte au pied du coteau. Tout couvert d'une vase noire qui découle de ses membres, il cueille le fruit tant convoité ; il s'en gorge. Après quoi, mal à l'aise, honteux de lui-même, il se dépouille de ses vêtements, et cherche de tous côtés une eau limpide pour s'y nettoyer. Mais il a beau faire, l'odeur reste : la vapeur du marais a pénétré sa chair et ses os ; elle s'en exhale incessamment, et forme autour de lui une atmosphère fétide. S'approche-t-il, on s'éloigne : les hommes le fuient. Il s'est fait reptile ; qu'il aille vivre parmi les reptiles !

(LAMENNAIS, *Paroles d'un croyant.*)

AUTRES LECTURES.

3. Devoirs envers soi-même (JULES STEEG, *Instruction morale et civique*, page 15).

4. Dignité personnelle (JULES STEEG, *Instruction morale et civique*, page 66).

5. Il faut se respecter soi-même (J. GÉRARD, *Maximes morales de l'écolier français*, page 192).

6. La source des devoirs individuels (JULES STEEG, *l'Honnête Homme*).

7. L'honnête homme (G. BRUNO, *Livre de lecture et d'instruction pour l'adolescent*).

8. La noblesse, par BOILEAU (LOUIS COLLAS, *Mosaïque des écoles et des familles*).

RÉCITATION.

1. — La vraie noblesse.

UN PÈRE A SON FILS.

Non, non, la naissance n'est rien où la vertu n'est pas. Aussi nous n'avons part à la gloire de nos ancêtres qu'autant que nous nous efforçons de leur ressembler; et cet éclat de leurs actions qu'ils répandent sur nous nous impose un engagement de leur faire le même honneur, de suivre les pas qu'ils nous tracent, et ne point dégénérer de leur vertu, si nous voulons être estimés leurs véritables descendants.

Ainsi, vous descendez en vain des aïeux dont vous êtes né; ils vous désavouent par leur sang; et tout ce qu'ils ont fait d'illustre ne vous donne aucun avantage : au contraire, l'éclat n'en rejaillit sur vous qu'à votre déshonneur, et leur gloire est un flambeau qui éclaire aux yeux de chacun la honte de vos actions.

Apprenez enfin qu'un gentilhomme qui vit mal est un monstre dans la nature; que la vertu est le premier titre de noblesse; que je regarde bien moins au nom qu'on signe qu'aux actions qu'on fait, et que je ferais plus d'état du fils d'un crocheteur qui serait honnête homme que du fils d'un monarque qui vivrait comme vous.

(MOLIÈRE, *Don Juan ou le Festin de Pierre.*)

DEVOIRS DE RÉDACTION.

1. Avons-nous des devoirs envers nous-mêmes? Quels sont ces devoirs?

2. Robinson Crusoé avait-il, quand il était seul dans son île déserte, des devoirs à remplir? Quels étaient ces devoirs?

3. Racontez l'histoire de Bonivard (3e Lecture). — Supposez-vous à sa place. — Imaginez quelles pensées devaient occuper son esprit. — Quels devoirs ne pouvait-il pas remplir ? — Lesquels pouvait-il remplir ?

2° DEVOIRS ENVERS LE CORPS.

32e LEÇON. — Conservation du corps. — La propreté.

PLANS.

I

Nécessité d'entretenir sa santé. — L'hygiène, ce qu'elle nous recommande : l'air, l'eau et l'exercice. — La propreté : propreté du corps, des vêtements, de la maison. — La propreté, règle principale de l'hygiène et devoir de dignité personnelle. — La propreté prouve le respect de soi-même et facilite le commerce de la vie.

II

Importance des devoirs envers le corps : un bon serviteur doit être robuste. — Les premiers devoirs envers le corps sont les devoirs de conservation. — Conservation de la vie. — Suicide : acte blâmable, tache pour la famille. — L'hygiène. — La propreté, ses avantages : dignité, santé, considération d'autrui.

RÉSUMÉS.

I

L'homme a le devoir d'entretenir sa santé, afin de pouvoir accomplir sa vocation et de n'être à charge à personne.

Si nous voulons nous bien porter, commençons par être propres : propres sur notre corps, dans nos vêtements, dans nos habitations.

Mais la propreté n'est pas seulement une des règles principales de l'hygiène ; elle est aussi la marque extérieure du respect de soi-même.

« ***Ce qu'est la pureté pour l'âme, la propreté l'est pour le corps.*** » (ÉPICTÈTE.)

II

Le premier devoir de l'homme envers lui-même est la conservation de sa vie; car il se doit à sa famille, à la société, à la patrie. Se donner la mort par le suicide, c'est renoncer à ses obligations sociales, c'est aussi se traiter comme un objet sans valeur et manquer ainsi à la dignité humaine.

Mais il ne faut pas seulement vivre, il faut vivre en bonne santé, par l'observation des règles de l'hygiène.

« ***Pour faire quelque chose ici-bas, et surtout le bien,*** **disait Mirabeau,** ***la santé est le premier des outils.*** »

LECTURES.

1. — La propreté.

Nous sommes tous d'accord qu'il convient, pour qu'on puisse dîner de bon appétit, que la nappe soit blanche, que les assiettes soient bien lavées, qu'il n'y ait pas de cheveux dans la soupe, que le couteau qui coupe le pain n'ait rien retenu de ce qu'il a coupé la veille et ne laisse pas de sa vilaine trace sur l'entaille qu'il fait.

Nous sommes d'accord que, pour boire avec plaisir dans un verre, il faut qu'il soit net et bien rincé, que l'eau qu'on y verse soit claire et limpide, qu'elle ait la bonne saveur de l'eau fraîche et non cette odeur indéfinissable et nauséabonde de l'eau qui a trop longtemps séjourné dans le fond des carafes.

Eh bien, pourquoi vous, qui, avec tant de raison, aimez que ce qui doit vous servir et que ce qui vous est servi soit propre et appétissant, pourquoi n'êtes-vous pas toujours propre vous-même?

Pourquoi vous, qui êtes si volontiers dégoûtée, ne craignez-vous pas de dégoûter un peu les autres et peut-être beaucoup?

Pourquoi, ce matin, n'avez-vous lavé que le fin bout de votre charmant petit nez ? Pourquoi avez-vous été avare d'eau pour votre front ? Vous êtes en pleine lumière, je vois comme des ombres sur votre cou : d'où viennent-elles ? est-ce la poussière d'hier ? Ce n'est pas celle de ce matin : vous sortez de votre lit.

Et vos oreilles ? Ma foi, tant pis, quoique la corvée soit lugubre, je me permettrai d'inspecter jusqu'à vos oreilles.

Ah ! pour le coup, vous n'y avez même pas pensé, à vos pauvres petites oreilles. Mais savez-vous que c'est tout bonnement hideux, une jolie oreille, le devant de la plus jolie oreille du monde, quand ce n'est pas pur comme la nacre d'un coquillage au sortir même de l'onde ? Savez-vous que c'est pire encore peut-être qu'un nez mal mouché ? Nous parlions tout à l'heure des conditions de propreté nécessaires à l'appétit. Je vous le dis, en vérité, votre voisine et même votre voisin de table aimeraient mieux, quand va sonner, tout à l'heure, la cloche du déjeuner, un verre sale devant leur couvert qu'à leur côté, à la hauteur de leur œil, ces délicieuses petites oreilles qu'ils ne pourront pas renvoyer à la laveuse de vaisselle. Vous cachez votre visage dans vos mains ; prenez garde, cela ne remédiera à rien. Vos ongles sont en deuil. Vous vous fâchez ! Vous n'êtes pas coquette, dites-vous, comme telle et telle de vos amies qui passent tout leur temps devant leur miroir... Vos amies ont tort d'exagérer une qualité ; vous avez un plus grand tort d'exagérer un défaut. Mais ce qui, à tort, ne vous importe pas importe aux autres, importe à ceux qui vivent avec vous, à ceux qui vous aiment ; car ils pâtissent de vos imperfections, et pour eux et pour vous.

. . . .

La propreté est la seule des apparences qu'il ne faille pas négliger, la seule des recherches qu'il faille rechercher. On n'approche pas des maisons dont le sol est fétide. La maison que votre âme habite, c'est votre corps. Il ne faut pas que la maison donne mal à croire de l'habitant.

Et quand on pense que, pour se corriger de cet affreux, de ce honteux défaut, il ne faut rien qu'une carafe d'eau répandue à propos, et qu'un peu de soin dépensé au jour le jour, on se demande comment une jolie tête, bien faite comme la vôtre, peut s'obstiner à le garder.

(STAHL, *Contes et Récits de morale familière* [1].)

---

2. — Conseils aux jeunes filles de la campagne.

De l'aube à la nuit, fille des champs, tes heures sont prises; monte ton horloge, aie l'œil ouvert sur le cadran; règle bien tes occupations et exécute chaque chose au moment marqué. L'ordre dans le travail, c'est le succès; la confusion, c'est la fatigue, qui n'aboutit à rien.

Aussitôt le déjeuner pris et les hommes aux champs, tu donneras aux bêtes de la ferme les rations convenues et préparées la veille, puis tu t'occuperas de l'intérieur du logis. Propreté n'est pas luxe : tu veilleras donc à ce que les dalles, les carreaux ou les parquets soient balayés plusieurs fois par jour, et lavés plusieurs fois par semaine; à ce que la vaisselle de terre ou de faïence fasse miroir sur l'étagère. Tu ne permettras pas à l'araignée de filer en paix sa toile aux angles des poutres et des murs; tu ne laisseras point la graisse des lampes égoutter et rancir sur le manteau de la cheminée.

La propreté, c'est la santé, ne l'oublie pas. La toilette du logis est une marque qui ne trompe point : lorsqu'elle ne prouve pas l'aisance, elle prouve au moins l'intention d'y arriver. La malpropreté dans la maison, c'est un signe de désordre, de dégoût et de décadence.

(PAUL JOIGNEAUX.)

AUTRES LECTURES.

3. La propreté (Mlle CLARISSE JURANVILLE, *Manuel d'éducation morale et civique*).

4. Comment Jeanne apprit à se débarbouiller (A. VESSIOT, *Pour nos enfants*).

5. Un bon charlatan ou le docteur Burnett (PIERRE LALOI, *la Première Année d'instruction morale et civique*).

---

1. J. HETZEL ET Cie, éditeurs.

RÉCITATION.

1. — Le suicide.

Le suicide est une mort furtive et honteuse, c'est un vol fait au genre humain. Avant de le quitter, rends-lui ce qu'il a fait pour toi. — Mais je ne tiens à rien, je suis inutile au monde. — Philosophe d'un jour! ignores-tu que tu ne saurais faire un pas sur la terre sans trouver quelque devoir à remplir, et que tout homme est utile à l'humanité par cela seul qu'il existe?

Jeune insensé! s'il te reste au fond du cœur le moindre sentiment de vertu, viens, que je t'apprenne à aimer la vie. Chaque fois que tu seras tenté d'en sortir, dis en toi-même : « Que je fasse encore une bonne action avant de mourir! » Puis va chercher quelque indigent à secourir, quelque infortuné à consoler, quelque opprimé à défendre. Si cette considération te retient aujourd'hui, elle te retiendra demain, après-demain, toute la vie.

(JEAN-JACQUES ROUSSEAU, *la Nouvelle Héloïse.*)

AUTRE RÉCITATION.

2. Le jardin de Lise, poésie (*l'Instruction primaire*, 14e année).

DEVOIRS DE RÉDACTION.

1. Faites le portrait d'un enfant très propre. Montrez ensuite que la propreté est un devoir facile et agréable à remplir et dites quels en sont les avantages.

2. Que pensez-vous d'une jeune fille malpropre? Le défaut de malpropreté est plus vilain encore chez elle que chez un jeune garçon. Pourquoi? Que lui arrive-t-il? Aversion qu'elle inspire. Que faites-vous pour ne pas lui ressembler?

3. Dire ce que doit faire une sœur aînée pour entretenir la propreté de ses sœurs plus jeunes et celle de l'intérieur de la maison.

4. Racontez comment se font les visites de propreté dans votre école. Montrez leur utilité. Dites ce qui est arrivé au cours de ces visites à quelques-uns de vos camarades dont la propreté n'était pas la première vertu. Indiquez comment la leçon leur a servi.

5. *La plus belle parure*, dit-on, *c'est la propreté*. — Expliquez ce que cela veut dire, et indiquez comment vous mettez cette maxime en pratique dans la tenue de votre petite chambre, dont vous pourrez faire la description.

33e LEÇON. — La tempérance et la sobriété.

PLANS.

I

Ce que nous ordonne encore l'hygiène : la sobriété, la tempérance. — En quoi consiste la sobriété, la tempérance. — Dégoût que doit inspirer l'ivresse.

II

Ce que c'est que l'intempérance : excès de nourriture, excès de boisson. — La gourmandise. — L'ivrognerie. — Ce que faisaient les Spartiates pour dégoûter leurs fils de ce vice. — Suites de la gourmandise et de l'ivrognerie. — Abus du tabac. — Dangers pour les enfants. — Abus de l'alcool. — Il faut rester maître de son corps.

RÉSUMÉS.

I

« Il faut manger pour vivre et non pas vivre pour manger », dit un sage proverbe.

Nous devons donc éviter tout excès dans le manger et le boire, c'est-à-dire être sobres et tempérants. Les excès de table alourdissent le corps et engourdissent l'esprit : « *Estomac plein, tête vide* », et l'intempérance est un grave défaut, qui peut conduire à l'ivresse et à la folie.

« *Si vous voulez fuir l'ivrognerie, regardez un ivrogne.* »

II

Le devoir de conservation personnelle nous commande la tempérance et la sobriété. — Tout excès est

un suicide lent de l'individu. Il n'est rien surtout de plus funeste à la santé et de plus avilissant que l'ivresse. C'est un vice honteux, qui déshonore un homme et qui peut conduire à la folie et au crime [1].

« ***Savez-vous,*** **dit Lamennais,** ***ce que boit cet homme dans ce verre qui vacille en sa main tremblante d'ivresse? Il boit les larmes, le sang, la vie de sa femme et de ses enfants.*** »

LECTURES.

1. — Critique de l'intempérance.

Astyage soupait un jour avec sa fille et son petit-fils Cyrus. Sa table était couverte de sauces, de ragoûts et de mets de toute espèce: « Grand-père, s'écria Cyrus, que tu dois avoir de peine, si tu es obligé de porter la main à chacun de ces plats et de goûter de tous ces mets! — Eh quoi! ce souper ne te semble-t-il pas meilleur que ceux de ton pays? — Non, chez les Perses nous avons une voie plus simple et plus courte pour apaiser la faim : nous n'avons besoin pour cela que de pain et de viande sans apprêt. »

Cyrus ne craignait pas d'être indiscret avec son grand-père : « Pourquoi, lui demanda-t-il brusquement, as-tu tant de considération pour ton échanson Sacas? — Ne vois-tu pas, répondit Astyage, avec quelle grâce il sert à boire? — Eh bien, dit Cyrus, commande, je te prie, à Sacas de me donner la coupe; en te servant aussi bien que lui, je mériterai de te plaire. » Astyage y consent. Cyrus prend la coupe, la rince avec dextérité; puis, composant son visage, prenant un air sérieux et un maintien grave, il la présente au roi, qui en rit beaucoup. Cyrus lui-même, riant aux éclats, se jette au cou de son grand-père, et dit, en l'embrassant : « Sacas, te voilà perdu, je t'enlèverai ta charge, que je remplirai mieux que toi; de plus, je ne boirai pas le vin comme tu fais. » Les échansons des rois,

---

1. L'ivresse publique peut être punie de l'amende, et, s'il y a récidive, de la prison et même de la privation des droits politiques.

en effet, avant de leur présenter la coupe, versent dans leur main gauche un peu de la liqueur qu'elle contient et l'avalent : s'ils y avaient mêlé du poison, ils en seraient les premières victimes.

« Pourquoi, mon fils, dit alors Astyage, voulant imiter Sacas, n'as-tu pas goûté le vin ?

— C'est qu'en vérité, répliqua Cyrus, j'ai craint qu'on n'eût mis du poison dans le verre ; car, au festin que tu donnas à tes amis le jour de ta naissance, je vis clairement que Sacas vous avait tous empoisonnés.

— Et comment vis-tu cela ?

— C'est que je m'aperçus combien vous étiez troublés dans vos corps et dans vos esprits. Vous faisiez des choses que vous ne pardonneriez pas à des enfants comme moi ; vous parliez tous à la fois, vous ne vous entendiez pas, vous chantiez ridiculement. Chacun de vous vantait sa force ; et cependant, quand il fallut se lever pour danser, loin de pouvoir danser en mesure, vous ne pouviez pas même vous tenir fermes sur vos jambes. Vous aviez oublié, toi, que tu étais roi ; eux, qu'ils étaient sujets.

— Mais, mon fils, ton père ne s'enivre donc jamais ?

— Non, jamais. Quand il a bu, il cesse d'avoir soif. »

(XÉNOPHON.)

---

2. — L'ivresse.

Entendez-vous les cris discordants, les rires grossiers, le tintement des verres ? c'est la taverne qui élève sa voix, le roi des buveurs appelle à lui son peuple.

Le voilà, portant encore le tablier de travail qui n'est plus qu'une décoration menteuse : les traits enluminés par l'ivresse, les yeux flottants, la lèvre épaissie, il enveloppe le verre d'une main avide et porte à tous son toast brutal.

« Buvons à l'insouciance, amis ; c'est le vin qui la donne. Grâce à lui, plus de prévisions, ni d'inquiétude ! chaque goutte du sang de la vigne efface de notre mémoire un lendemain.

« Buvons à la gaieté ! elle pétille dans la mousse de nos verres ; elle coule jusqu'à notre cœur comme un rayon de soleil.

« Buvons à la liberté ! Que nous importent ici la tristesse de la famille, les colères des maîtres? L'ivresse est une mer que ni colères, ni tristesses ne peuvent franchir.

« Buvons à l'oubli de toute chose et de nous-mêmes ! On voudrait faire de la vie une tâche, nous en avons fait une extase entrecoupée de rêves. »

Il dit, et tous applaudissent ; mais, tandis que ces applaudissements font retentir la taverne, bien loin de là, dans les greniers froids et désolés, un chœur d'enfants pâlis et de femmes brisées leur répond sourdement :

« Buvez à la misère, ô pères ! car c'est le vin qui nous la donne. Grâce à lui, plus de pain ni de flamme au foyer ; chaque goutte du sang de la vigne se paye d'une goutte de notre vie.

« Buvez à l'égoïsme ! il coule avec la joie dans vos verres; il descend jusqu'à vos cœurs comme un poison.

« Buvez à la honte ! que vous importe le mépris des autres, le dégoût de vous-mêmes ? qui s'est assis dans la boue ne craint plus de se salir. »

(*Magasin pittoresque.*)

---

3. — L'intempérance.

Voici un ouvrier sobre, rangé, fort contre les exemples et les invitations de ses camarades, — il y en a beaucoup comme cela, — obligé de nourrir une famille nombreuse avec un faible salaire. Arrive l'hiver ; la dépense, déjà réduite au minimum, augmente un peu pour le chauffage et l'éclairage : il faut retrancher sur la nourriture déjà insuffisante et se priver du vêtement chaud que réclame la saison. Un matin, à l'atelier, il se sent faible. Un camarade qui le voit moins vif à l'ouvrage l'oblige à prendre un petit verre « pour se donner de la force et se réchauffer ». Le petit verre, c'est le coup de fouet au cheval : il produit le coup de collier. Demain, on en prendra un autre, — toujours pour le bon motif ; — puis il en faudra deux par jour, trois, quatre... L'ouvrier deviendra buveur d'eau-de-vie. C'est faute de pain et de viande qu'il en est venu là. Et maintenant il n'a plus d'appétit, même pour sa maigre pitance, de sorte qu'il est condamné à boire encore pour ne pas mourir d'inanition; il se tue par l'alcool pour ne pas mourir de faim, et il arrive à dépenser en alcool bien plus qu'il ne faudrait pour acheter le surcroît d'aliments qui lui fait défaut. Et cet homme jauni, desséché, tremblant, débile, dont vous vous éloignez avec dégoût, a laissé dans sa mansarde une famille; l'argent a manqué, la maladie est venue, tous sont dispersés par l'assistance publique, en attendant que le père entre à l'Hôtel-Dieu, dans un asile d'aliénés ou dans une prison.

(Docteur SAFFRAY, *les Moyens de vivre longtemps*[1].)

AUTRES LECTURES.

4. **Le gourmand**, par LA BRUYÈRE (MERLET, *Extraits des classiques français*, cours élémentaires).

5. **La sobriété**, par FRANKLIN (A. MÉZIÈRES, *Éducation morale et Instruction civique*).

6. **Le caporal Cambronne** (G. BRUNO, *les Enfants de Marcel*).

7. **Six mensonges pour deux sous** (A. VESSIOT, *Pour nos enfants*).

8. **Le serment de Charles XII** (Mlle CLARISSE JURANVILLE, *Manuel d'éducation morale et civique*).

RÉCITATION.

1. — La Mort choisit son premier ministre.

La Mort, reine du monde, assembla, certain jour,
Dans les enfers toute sa cour.
Elle voulait choisir un bon premier ministre
Qui rendît ses États encor plus florissants.
Pour remplir cet emploi sinistre,
Du fond du noir Tartare avancent à pas lents
La Fièvre, la Goutte et la Guerre.
C'étaient trois sujets excellents :
Tout l'enfer et toute la terre
Rendaient justice à leurs talents.
La Mort leur fit accueil. La Peste vint ensuite;
On ne pouvait nier qu'elle n'eût du mérite.

1. HACHETTE ET Cie, éditeurs.

Nul n'osait lui rien disputer,
Lorsque d'un médecin arriva la visite,
Et l'on ne sut alors qui devait l'emporter :
La Mort même était en balance ;
Mais, les Vices étant venus,
Dès ce moment la Mort n'hésita plus :
Elle choisit l'Intempérance.

(FLORIAN.)

AUTRE RÉCITATION.

2. La souricière, par Mme SOPHIE HUE (CH. LEBAIGUE, *Pour nos fils*, cours supérieur et cours complémentaire, page 9).

DEVOIRS DE RÉDACTION.

1. *La gourmandise*. — Ce qu'on entend par ce défaut. Imaginez une histoire qui en montre les inconvénients.

2. Qu'est-ce que la sobriété? Est-elle un devoir? Montrer ses heureux effets et, par contre, les fâcheuses conséquences qu'entraîne le défaut de sobriété.

3. Avez-vous vu quelquefois des ivrognes? Quelle impression vous ont-ils faite? Quelle résolution avez-vous prise?

4. Dangers et funestes conséquences de l'alcoolisme pour la vie individuelle, la famille et la société.

5. Vous apprenez qu'un de vos camarades âgé de treize ans a contracté l'habitude de fumer. Vous lui écrivez pour l'engager à renoncer à cette habitude. Économie, santé, perte de temps, malpropreté. Conclusion.

34e LEÇON. — La gymnastique.

PLANS.

I

Nécessité et bienfaits des exercices corporels : marche, natation, jeux en plein air, etc. — Ces exercices doivent être modérés et ne pas aller jusqu'à la fatigue. — La gymnastique. Son utilité : fortifie le corps, assouplit les organes, en favorise le développement, prépare au métier de soldat. — La gymnastique indispensable aux filles comme aux garçons.

II

La gymnastique, moyen de développement et de perfectionnement du corps. — Importance que les Grecs et les Romains attachaient à la gymnastique. — La gymnastique en France. — Ses avantages : elle rend l'homme plus maître de sa force et de son courage (les pompiers). — Les sociétés de gymnastique. — Services rendus à l'armée et au pays par ces sociétés.

RÉSUMÉS.

I

Les exercices physiques modérés et les exercices gymnastiques sont indispensables à l'entretien de la santé. Non seulement ces exercices forment une heureuse diversion aux travaux intellectuels, mais ils fortifient et développent le corps.

La gymnastique a en outre l'avantage de nous rendre plus souples et plus adroits, plus capables de résister aux fatigues et aux maladies.

Ne négligeons donc pas les exercices corporels et appliquons-nous aux exercices gymnastiques : nous nous préparerons ainsi à devenir de bons ouvriers et de bons soldats.

II

Il ne suffit pas de conserver son corps, il faut en outre le développer et le fortifier par des exercices gymnastiques.

L'habitude de ces exercices endurcit à la fatigue, règle et discipline nos mouvements, et fait naître peu à peu le courage et le sang-froid, ces qualités si nécessaires à l'homme et surtout au soldat.

Aussi, dans notre intérêt comme dans celui du pays, à notre sortie de l'école, faisons partie, s'il est possible, d'une société de gymnastique et ne négligeons rien pour nous donner un corps vigoureux.

« Quand le corps est faible, il commande; quand il est fort, il obéit. » (JEAN-JACQUES ROUSSEAU.)

1. — Les fêtes de gymnastique[1].

Il est beau de voir un jeune homme assouplir ses muscles, s'exercer à la lutte, à la course, à tous les efforts, à toutes les peines dont le corps est capable. Il est plus beau encore quand ce jeune homme travaille avec une arrière-pensée, avec un désir au cœur, poursuivant toujours un autre but auquel il pense tout bas. Et quand c'est tout un peuple qui se livre patiemment à cette œuvre, quand c'est la jeunesse qui, d'un bout à l'autre du territoire, alors qu'aucune loi ne l'y oblige, s'applique à ce rude travail, à ce rude apprentissage qui trempe le corps et l'âme, ah! le spectacle est bien plus beau, bien plus grand encore.

Certes, il n'en est point de plus intéressant pour un peuple libre.

Savez-vous à quel temps et à quel souvenir se reportait ma pensée tout à l'heure en admirant vos exercices? Je me disais que, dans un temps très lointain, il y avait des fêtes analogues à celle-ci, auxquelles accourait tout ce que le pays avait de plus illustre et auxquelles les dames, comme aujourd'hui, prêtaient leur gracieux concours.

C'était le jour où l'on réunissait les fils des seigneurs de la contrée pour les armer chevaliers. Et comparant les deux époques, les deux fêtes, les deux mondes, je me demandais :

Si un des preux de ces temps éloignés, si le chevalier sans peur et sans reproche, si Bayard se levait de sa tombe pour assister à ce spectacle, que penserait-il ?

— Qui sont ces jeunes hommes? se dirait-il. Ils ont l'allure martiale et le fier regard des jeunes chevaliers de mon temps. Ils en ont l'agilité, l'adresse, le courage, le sang-froid. Est-ce donc le bataillon des jeunes seigneurs d'aujourd'hui?

— Non, Bayard, ce sont les fils de ces manants que tu as vus courbés sous la glèbe, noirs, livides, taillables et corvéables à merci. Voilà ce que la France a fait d'eux.

Et ils n'ont pas seulement des jeunes seigneurs d'autre-

1. Extrait d'un discours prononcé à Roubaix, à la fête régionale des sociétés de gymnastique, le 7 août 1887.

fois les qualités extérieures, ils en ont l'âme : l'honneur, ce code sacré alors réservé à un petit nombre d'initiés, l'honneur avec ses lois, ses rigueurs, ses infinies délicatesses, il n'est pas un de ces adolescents qui ne le porte inscrit dans son cœur, et qui n'y lise son devoir aussi couramment que pouvaient le faire autrefois les fils de la première noblesse.

Jeunes gens, n'oubliez jamais à qui vous devez cette transformation : remerciez-en la France, et remerciez-en la République; car la République, c'est l'épanouissement de la France et la dernière expression de ses destinées glorieuses!

(F. Buisson.)

AUTRES LECTURES.

2. Sauvé par la gymnastique, récit d'un soldat (A. Bureau, *l'Instruction morale à l'école*).

3. Utilité de la gymnastique, par J. Girardin (*l'Instruction primaire*, 13e année).

RÉCITATIONS.

1. — Nécessité des exercices physiques.

Dans une nation animée de l'esprit militaire, le jeune homme s'accoutume de bonne heure, presque au sortir de l'enfance, à l'idée d'être soldat un jour. Et pénétré de cette pensée, qu'il doit offrir à la patrie un vigoureux et vaillant défenseur, il assouplit, il fortifie son corps par des exercices répétés. Il y trouvera tout d'abord cet avantage de rendre sa santé plus robuste. Il est tout naturel que la maladie ait moins de prise sur un corps vigoureux que sur un corps débile. De plus, le jeune homme habitué aux exercices du corps, dès l'enfance, a de la souplesse et de l'agilité, et, quand il s'agit pour lui d'apprendre au régiment le maniement des armes, il fait des progrès bien plus rapides que ce gros garçon lourd et maladroit qui sait à peine, au bout de six mois, mettre en joue ou croiser la baïonnette.

L'éducation physique n'est plus maintenant négligée comme elle le fut trop longtemps. On a compris qu'il ne suffisait pas d'orner l'esprit des enfants de connaissances utiles, mais qu'il fallait aussi s'occuper de leurs corps; car des membres souples et vigoureux sont aussi utiles à l'homme qu'une mémoire exercée.

(GEORGES DURUY, *Pour la France* [1].)

2. — Les exercices du corps et la culture de l'esprit.

Le professeur Jahn disait aux étudiants d'une université allemande qui frémissaient sous le joug des Français : « Faites de la gymnastique et ne faites pas seulement de la théologie et de la philosophie ! Fortifiez vos corps pour la guerre, sachez manier les lourdes épées et ne maniez pas seulement les livres. » Jahn avait raison, et ce sont ces jeunes étudiants, endurcis et fortifiés par une gymnastique généreuse, qui délivrèrent l'Allemagne. Mais Jahn, qui disait aux étudiants d'apprendre à manier le fusil et le sabre, ne leur disait pas de brûler leurs livres et leurs cahiers. Il leur conseillait de fortifier leur corps, mais il ne leur demandait pas d'abrutir leur âme et d'étouffer leur esprit. La force physique a grand tort de mépriser la force intellectuelle; elle en a grand besoin pour se maintenir et pour s'accroître....

On a remarqué que, dans la retraite de Moscou, les officiers résistaient plus longtemps et mieux que les soldats aux maux de toutes sortes qui accablaient l'armée. Ils se décourageaient moins vite, et la force morale venait chez eux en aide à la force physique. Ils avaient deux ressources au lieu d'une. Ce sont ces deux ressources que l'éducation doit ménager.

(SAINT-MARC GIRARDIN.)

DEVOIRS DE RÉDACTION.

1. Paul, votre jeune frère, ne veut pas faire de la gymnastique, parce que c'est trop pénible et qu'on risque de se blesser. Faites-lui comprendre les services que ces exercices peuvent

1. HACHETTE ET Cie, éditeurs.

rendre et engagez-le à s'y appliquer en vue du métier de soldat.

2. Un de vos amis s'est plaint, dans une de ses dernières lettres, de faire de la gymnastique pendant les récréations: vous lui répondez en lui expliquant le but de ces exercices, le goût que vous y prenez vous-même, et les avantages que vous pensez en retirer.

3° DEVOIRS RELATIFS AUX BIENS EXTÉRIEURS.

35e LEÇON. — Les biens extérieurs.

PLANS.

I

Ce qu'on entend par biens extérieurs. — Nécessité de les conserver ou de les acquérir. — Comment on doit les acquérir. — Comment on doit en user.

II

En quoi consistent les biens extérieurs. — Nécessité des biens extérieurs. — Acquisition des biens extérieurs par le travail, principe fondamental de la propriété. — L'argent et le capital. — L'amour du gain. — Modération dans nos désirs et nos besoins. — Avantages d'une honnête aisance.

RÉSUMÉS.

I

Les devoirs envers le corps s'étendent à l'acquisition et à l'usage des biens extérieurs. L'homme a besoin de se nourrir, de se vêtir, de se loger. Ce sont là des besoins indispensables à la vie.

Les biens extérieurs s'acquièrent par le travail, l'ordre et l'économie, et cette acquisition s'impose à tous les hommes.

Celui qui n'a pas son pain assuré est un mendiant. Celui qui n'a pas d'abri assuré est un vagabond.

II

Les biens extérieurs sont ceux que l'on acquiert

pour répondre aux nécessités courantes de la vie. Ils contribuent à notre bien-être général et nous procurent l'indépendance personnelle.

Nous ne devons cependant pas trop nous attacher à ces biens, car la fortune ne fait pas le bonheur.

C'est dans la conscience du devoir accompli et la modération de nos désirs que nous trouverons la paix et la tranquillité.

« ***Regarder au-dessous de soi et non au-dessus, c'est l'art d'être heureux.*** »

LECTURES.

1. — Une habitation rustique.

Il y avait une maison d'habitation antique et délabrée, mais qui me semblait admirable, à cause du grand lierre et des moineaux nichés dans les trous; à côté, un jardin tout petit, mais commode; plus loin, un verger, peuplé de vieux arbres, sous lesquels mon père et mes oncles ont mené paître, tour à tour, l'unique vache de la famille. Ajoutez à cela un petit carré de pommes de terre, une vigne, enfin une chènevière où l'on admirait le roi des cerisiers, dont les fruits mûrs me transportaient au septième ciel. Du plus loin qu'il m'en souvienne, je vois mon grand-père et ma grand'mère, levés avant le jour, cheminant chacun de son côté, vers une besogne ou une autre. C'est grand'maman qui faisait le pain et la cuisine; elle filait, cousait, tricotait, lavait et repassait avec la dextérité d'une fée. Et il faut croire que le bonhomme de grand-père n'était pas maladroit non plus; car, pour fabriquer une échelle, réparer une tonne ou un cuveau, ajuster une vitre, il ne s'adressait qu'à lui-même. Ils étaient donc à l'aise sans argent, leur superflu s'écoulait chez mes oncles et chez mon père, en paniers de fruits, en rayons de miel ou en fromages salés, et jamais un mendiant ne frappait à leur porte sans recevoir un morceau de pain.

(EDMOND ABOUT, *le Roman d'un brave homme* [1].)

1. HACHETTE ET Cie, éditeurs.

2. — Besoins de l'homme.

Ceux qui nous ont donné la vie nous auraient fait un triste présent, s'ils ne nous donnaient pas autre chose.

De tous les animaux qui pullulent à la surface de la terre, le plus nu, le plus faible et le plus longtemps misérable est sans contredit l'homme nouveau-né.

Abandonner un petit enfant dans un lieu solitaire ou lui casser la tête contre un arbre, c'est tout un. La nature nous bâtit de telle façon que, pour vivre, il nous faut un abri, des vêtements, des aliments, mille choses qu'elle ne fournit pas et que nous sommes incapables de nous donner nous-mêmes.

Durant plusieurs années, les autres hommes nous logent, nous habillent, nous alimentent : la société nous fait crédit. Nous n'existons que comme débiteurs jusqu'à l'âge où nous pouvons tant bien que mal nous suffire à nous-mêmes. Arrive une période où le jeune homme gagne à peu près ce qu'il coûte et vit au pair, comme certains commis de magasin et apprentis de fabrique. Enfin, vers l'âge de vingt-sept ans, si j'en crois les économistes, nous commençons à gagner plus que notre dépense et à rembourser les avances que la société a faites pour nous.

Les enfants, et je sais beaucoup d'hommes qui sont enfants sur ce point, s'imaginent que la société leur doit quelque chose. N'avez-vous jamais entendu ce fameux axiome : « A chacun selon ses besoins » ?

Moi, je le trouvais admirable en 1848. J'avais vingt ans, j'étais ignorant des choses de la vie comme un bon lycéen, c'est tout dire. Je n'avais jamais fait que des thèmes et des versions, fort inutiles sans doute à la communauté des hommes, et je me croyais naïvement créancier. Je ne comprenais pas qu'un garçon de bon appétit, comme j'étais, n'eût pas droit à sa part des produits savoureux de la terre. Et la terre elle-même n'était-elle pas un peu mon patrimoine? Étant donné un milliard d'êtres humains répandus sur une surface déterminée, il me semblait souverainement injuste qu'un autre eût confisqué et cultivé avant ma naissance le lopin qui me revenait. Car enfin j'ai le droit de vivre, que diable! J'ai donc un droit né et acquis sur toutes les choses indispensables à la vie.

Ne vous moquez pas trop si j'avoue qu'il m'a fallu plusieurs années pour dégager de ces illusions la véritable notion du droit..... Si la planète que nous habitons était un paradis terrestre donné à tous les hommes nés et à naître pour en jouir sans travail, l'acte de donation nous assurerait à tous un droit égal sur tous les biens nécessaires, utiles ou agréables. Nous nous partagerions la jouissance du domaine commun, sauf à nous priver un peu en faveur des survenants. Poussez à bout l'hypothèse d'un paradis terrestre, et vous verrez le genre humain vivant sur terre comme des mouches dans une salle à manger. Les générations se succéderont à l'infini pendant une série de siècles sans que ces heureux animaux aient rien perfectionné autour d'eux ni en eux.

Ce qui fait la grandeur et la gloire de notre espèce, c'est la difficulté de vivre où nous sommes jetés. Nous apportons en naissant des besoins plus compliqués que ceux de tous les animaux, quels qu'ils soient, et la terre nous refuse obstinément ce qui peut les satisfaire. Elle ne donne rien qu'au travail; si nous voulons des abris, des vêtements, des vivres, il faut les conquérir sur elle et les arracher de son sein. Tous les biens utiles à l'homme sont le prix des efforts de l'homme.

Or le travail est un exercice de nos facultés, et qui s'exerce se perfectionne. Donc la nécessité d'améliorer la nature autour de nous nous entraîne forcément à nous améliorer nous-mêmes.

A mesure que l'homme se perfectionne, il naît en lui des besoins nouveaux qui l'obligent à de nouveaux efforts et l'amènent par cela seul à s'élever incessamment au-dessus de lui-même : c'est l'histoire du progrès dans l'humanité.

(Edmond About, *l'A B C du travailleur* [1].)

AUTRES LECTURES.

3. Giton ou le riche. Phédon ou le pauvre, par La Bruyère (Merlet, *Extraits des classiques français*, cours moyens, prose).

---

1. Hachette et Cie, éditeurs.

4. Le progrès par le travail, par GEORGES CUVIER (LABBÉ, *Morceaux choisis des classiques français*, cours moyen).

5. La chemise de l'homme heureux (LOUIS COLLAS, *Mosaïque des écoles et des familles*).

6. Bonheur dans la médiocrité, par MARMONTEL (MERLET, *Extraits des classiques français*, cours élémentaires).

7. Modération dans les désirs (A. RENDU FILS, *le Devoir et la Loi*).

8. Le roi et la paysanne, par CASIMIR DELAVIGNE (CH. LEBAIGUE, *Pour nos filles*, cours supérieur).

RÉCITATION.

1. — Le savetier et le financier.

Un savetier chantait du matin jusqu'au soir;
C'était merveille de le voir,
Merveille de l'ouïr : il faisait des passages,
Plus content qu'aucun des sept sages.
Son voisin, au contraire, était tout cousu d'or,
Chantait peu, dormait moins encor :
C'était un homme de finance.
Si sur le point du jour parfois il sommeillait,
Le savetier alors en chantant l'éveillait;
Et le financier se plaignait
Que les soins de la Providence
N'eussent pas au marché fait vendre le dormir,
Comme le manger et le boire.
En son hôtel il fait venir
Le chanteur, et lui dit : « Or çà, sire Grégoire,
Que gagnez-vous par an ? — Par an, ma foi, Monsieur,
Dit avec un ton de rieur
Le gaillard savetier, ce n'est pas ma manière
De compter de la sorte, et je n'entasse guère
Un jour sur l'autre : il suffit qu'à la fin
J'attrape le bout de l'année :
Chaque jour amène son pain.
— Eh bien, que gagnez-vous, dites-moi, par journée ?
— Tantôt plus, tantôt moins; le mal est que toujours
(Et sans cela nos gains seraient assez honnêtes),
Le mal est que dans l'an s'entremêlent des jours
Qu'il faut chômer : on nous ruine en fêtes;

L'une fait tort à l'autre, et monsieur le curé
De quelque nouveau saint charge toujours son prône. »
Le financier, riant de sa naïveté,
Lui dit : « Je veux vous mettre aujourd'hui sur le trône :
Prenez ces cent écus, gardez-les avec soin,
    Pour vous en servir au besoin. »
Le savetier crut voir tout l'argent que la terre
    Avait, depuis plus de cent ans,
    Produit pour l'usage des gens.
Il retourne chez lui, dans sa cave il enserre
    L'argent, et sa joie à la fois.
    Plus de chant : il perdit la voix,
Du moment qu'il gagna ce qui cause nos peines.
    Le sommeil quitta son logis;
    Il eut pour hôtes les soucis,
    Les soupçons, les alarmes vaines.
Tout le jour il avait l'œil au guet, et la nuit,
    Si quelque chat faisait du bruit,
Le chat prenait l'argent. A la fin, le pauvre homme
S'en courut chez celui qu'il ne réveillait plus :
« Rendez-moi, lui dit-il, mes chansons et mon somme,
    Et reprenez vos cent écus. »

(La Fontaine.)

AUTRE RÉCITATION.

2. Le petit bien, poésie de Panard (Ch. Lebaigue, *Pour nos filles*, cours supérieur).

DEVOIRS DE RÉDACTION.

1. Dites ce qu'on entend par biens extérieurs. Montrez par des exemples la nécessité de les acquérir et de les conserver.

2. Quel doit être le but de l'homme en cherchant à acquérir la richesse ? Montrez que le riche qui a un besoin insatiable d'acquérir n'est pas heureux.

3. Développer ce proverbe : *Contentement passe richesse.* Montrez par des exemples où se trouvent la vraie richesse et le vrai bonheur. Avantages d'une honnête aisance.

30e LEÇON. — Le travail.

PLANS.

I

Définition du travail. — Ses diverses formes. — Ancien préjugé contre le travail. — Sa nécessité et sa noblesse. — Services que rendent à la société ceux qui travaillent. — Satisfactions que procure le travail. — La paresse et l'ennui. — L'ignorance. — L'oisiveté.

II

Le travail, son origine. — Nécessité du travail pour la conservation du corps, le perfectionnement de l'âme, l'accomplissement de tous nos devoirs. — Son obligation pour tous. — Influence du travail sur la moralité humaine. — Ses rapports avec le bonheur.

RÉSUMÉS.

I

Le travail est à la fois une nécessité et un devoir pour l'homme. Il lui permet de subvenir à ses besoins et à ceux de sa famille, lui donne plaisir et santé et ennoblit son existence.

L'oisiveté, au contraire, engendre la misère et est la mère de tous les vices.

« ***Celui qui ne fait rien n'est pas loin de mal faire.*** »

II

Dans la société, toutes les professions n'offrent pas les mêmes avantages à ceux qui les exercent; mais toute occupation utile est honorable, et le devoir de chacun est de s'appliquer à la tâche qui lui est dévolue.

Le travail manuel ou intellectuel est un devoir pour l'homme. Le paresseux qui vit d'aumônes perd sa dignité d'homme; il est de plus une charge pour la société.

« ***L'homme qui travaille paye sa vie, le fainéant la vole.*** » (Mme AMABLE TASTU.)

LECTURES.

1. — La loi du travail.

Que tu fasses une chose ou une autre, que tu sois avocat, médecin, artiste, ingénieur, caissier, employé, commerçant, cultivateur, ouvrier, le premier de tous tes devoirs envers ton pays comme envers toi-même, c'est de travailler. Qu'on le fasse de ses mains ou de son cerveau, il faut que tout le monde travaille, et ceux qui travaillent de leurs mains ne sont pas toujours ceux qui besognent le plus rudement. Tous les travailleurs sont également honorables, quoi qu'ils fassent. Sais-tu quel est l'homme méprisable? C'est celui qui ne fait rien, c'est l'oisif. Qu'est-ce qu'il fait, en effet? Il se borne à profiter du travail des autres, sans en accomplir lui-même aucun. Dis-moi à quoi il ressemble mieux, sinon, comme on le dit à la campagne, au cochon à l'engrais, auquel on apporte la mangeaille dans son auge et qui n'a rien fait pour la gagner.

Quand un individu est vieux ou infirme, il est excusable de tendre la main et de demander aux autres de le nourrir, puisque, s'il ne le faisait, il faudrait qu'il mourût de faim. Ton cas a été semblable jusqu'ici; dans la maison paternelle, tu as été un petit mendiant qui avait faim et que tes parents ont nourri, tu as été à l'école un autre petit mendiant qui avait besoin d'apprendre et que l'on a instruit; mais ce que tu comprends bien, n'est-ce pas? c'est que, quand on peut gagner sa vie, on doit la gagner soi-même. Ce n'est pas la fierté seulement qui l'ordonne, c'est aussi la justice. Si l'on se fait nourrir, pouvant se nourrir soi-même, on vole les malheureux, on leur ôte le pain de la bouche. Un fainéant est un lâche et un voleur.

Regarde bien autour de toi, tu verras que tout le monde à peu près travaille. Le laboureur qui prépare la récolte, le moissonneur qui la fauche, travaillent; l'ouvrier de l'usine travaille; le fermier qui surveille les moissonneurs, le contremaître ou le patron qui surveillent les ouvriers, travaillent, car sans eux le travail des autres n'irait pas si bien; le charpentier, le cordonnier, le boulanger qui fait le pain, le boucher chez qui on trouve la viande, l'épicier, travaillent; le médecin qui court jour et nuit pour voir les malades, le notaire qui fait les contrats, l'avocat qui plaide les procès, le juge qui décide qui a tort et qui a raison, tous travaillent. Tous ne font pas le même travail, mais tous ont également besoin du travail les uns des autres.

(Charles Bigot, *le Petit Français* [1].)

2. — Maximes sur le travail.

L'oisiveté, comme la rouille, détruit plus que n'use le travail ; clef qui sert est toujours claire.

Si tu aimes la vie, ne perds pas le temps, car c'est l'étoffe dont la vie est faite.

Renard qui dort n'attrape pas de poules.

Si le temps est la plus précieuse de toutes les choses, dissiper le temps doit être la plus grande des prodigalités; car « le temps perdu ne se rattrape jamais, et ce que nous appelons *assez de temps* est toujours trop court ».

Si tu veux gagner des loisirs, emploie bien tout ton temps, et, puisque tu n'es pas sûr d'une minute, ne perds pas une heure.

Un bon aujourd'hui vaut deux demain.

Ne remets jamais à demain ce que tu peux faire aujourd'hui.

La paresse rend tout difficile; mais le travail rend tout aisé.

Qui se lève tard trotte le jour et attrape à peine sa besogne à la nuit.

Fainéantise marche si lentement que pauvreté l'a bientôt attrapée.

Mène tes affaires, ne te laisse pas mener par elles.

Se lever tôt, se coucher tôt donne santé, fortune et sagesse.

Qui vit d'espoir mourra de faim.

Il n'y a point de profit sans peine.

Qui a un métier a une terre ; qui a un talent a une fortune qui donne honneur et profit.

La faim regarde à la porte de l'ouvrier laborieux; mais elle n'ose pas entrer.

1. G. Delarue, éditeur.

Le travail paye les dettes, tandis que le désespoir les augmente.

Laboure, tandis que dorment les fainéants, et tu auras du blé à vendre et à garder.

(Franklin, *la Science du bonhomme Richard*.)

AUTRES LECTURES.

3. Le travail est la source de tous biens (Paul Matrat, *Tu seras prévoyant*).

4. Enseignements qu'offre la vie de Franklin, par Mignet (Merlet, *Extraits des classiques français*, cours supérieurs, prose).

5. Les sortilèges, par Rollin, d'après Pline (A. Delapierre et A.-P. de Lamarche, *Exercices de mémoire*, cours moyen).

6. Le violon, par Mme Pape-Carpentier (Horréard, *Récitations choisies à l'usage du cours moyen et du cours supérieur des écoles primaires*).

7. Histoire d'un jeune boulanger : enfance de Drouot (Guyau, *la Première Année de lecture courante*).

8. Le morceau de fer à cheval (Larive et Fleury, *la Première Année de grammaire*, page 160).

RÉCITATION.

1. — Le laboureur et ses enfants.

Travaillez, prenez de la peine :
C'est le fonds qui manque le moins.
Un riche laboureur, sentant sa mort prochaine,
Fit venir ses enfants, leur parla sans témoins.
« Gardez-vous, leur dit-il, de vendre l'héritage
Que nous ont laissé nos parents :
Un trésor est caché dedans.
Je ne sais pas l'endroit, mais un peu de courage
Vous le fera trouver : vous en viendrez à bout.
Remuez votre champ dès qu'on aura fait l'oût ;
Creusez, fouillez, bêchez ; ne laissez nulle place
Où la main ne passe et repasse. »
Le père mort, les fils vous retournent le champ,
Deçà, delà, partout ; si bien qu'au bout de l'an

Il en rapporta davantage.
D'argent, point de caché; mais le père fut sage
De leur montrer, avant sa mort,
Que le travail est un trésor.

(La Fontaine.)

AUTRES RÉCITATIONS.

2. Travaillons, poésie de Victor de Laprade (Hobbéard, *Récitations choisies à l'usage du cours moyen et du cours supérieur des écoles primaires*).

3. Gloire au travail, par Martial Besson (H. Mossier, *l'Esprit et le Cœur, Nouveau choix de lectures expliquées et commentées*).

4. La chanson du vannier, par André Theuriet (Merlet, *Extraits des classiques français*, cours élémentaires).

5. Au travail! poésie de Brizeux (Louis Collas, *Mosaïque des écoles et des familles*).

DEVOIRS DE RÉDACTION.

1. En quoi consiste le travail? Nécessité du travail. — Que devient l'enfant du riche qui ne travaille pas? Que devient l'enfant du peuple qui a l'amour du travail?

2. Montrez, par un exemple, tous les services qu'une jeune fille travailleuse et adroite dans les travaux de couture peut rendre à sa famille.

3. Développer le proverbe : *La rouille use plus que le travail.*

4. *Qui ne fait rien n'est pas loin de mal faire.* Montrer la vérité de ce proverbe.

5. Certaines gens disent qu'il n'y a que ceux qui travaillent de leurs mains, les artisans, les laboureurs, qui sont des travailleurs. Êtes-vous de leur avis? Montrez que le travail est un devoir pour tous et faites comprendre les avantages qu'il procure.

37e LEÇON. — L'ordre.

PLANS.

I

En quoi consiste l'ordre. — Avantages qu'il procure. — L'écolier qui a de l'ordre fait des progrès. — Nécessité de prendre de bonne heure l'habitude de l'ordre. — Tableau de l'élève qui n'a pas d'ordre.

II

En quoi consiste l'ordre. — Ordre matériel; ordre dans le travail; ordre dans les idées; ordre dans les affaires. — Nécessité de prendre de bonne heure des habitudes d'ordre. — Suites du manque d'ordre.

RÉSUMÉS.

I

« *Une place pour chaque chose, chaque chose à sa place* », telle est la formule de l'ordre.

L'ordre consiste encore à faire chaque chose en son temps, à son heure; à agir avec suite et réflexion.

Habituons-nous étant jeunes à être soigneux et rangés! L'enfant qui a de l'ordre inspire tout de suite la confiance et s'attire l'estime de ceux qui l'approchent.

II

L'ordre a trois avantages : il soulage la mémoire, il ménage le temps, il conserve les choses.

« Faute d'un clou, dit le bonhomme Richard, le fer d'un cheval se perd; faute d'un fer, on perd le cheval, et, faute d'un cheval, le cavalier lui-même est perdu, parce que son ennemi l'atteint et le tue; et le tout pour n'avoir pas fait attention à un clou ou au fer de sa monture. »

RESUMÉ SPÉCIAL POUR LES FILLES

III

L'ordre est surtout une qualité essentielle pour la femme. Une bonne ménagère doit être constamment préoccupée de maintenir un ordre parfait et une grande propreté dans toutes les choses du ménage. Elle peut même, sans jamais sacrifier l'utile à l'agréable, apporter à cet ordre une certaine élégance

et parer un peu son intérieur pour le plaisir des yeux. « *L'ordre et la propreté sont le luxe du pauvre.* »

LECTURES.

1. — Le danger d'une porte ouverte.

Je me souviens qu'étant à la campagne, j'eus un exemple de ces petites pertes qu'un ménage est exposé à supporter par sa négligence. Faute d'un loquet de peu de valeur, la porte d'une basse-cour qui donnait sur les champs se trouvait souvent ouverte. Chaque personne qui sortait tirait la porte; mais, comme il n'y avait aucun moyen extérieur de la fermer, la porte restait battante. Plusieurs animaux de basse-cour avaient été perdus de cette manière. Un jour, un jeune et beau porc s'échappa et gagna les bois. Voilà tous les gens en campagne : le jardinier, la cuisinière, la fille de basse-cour sortirent, chacun de leur côté, en quête de l'animal fugitif. Le jardinier fut le premier qui l'aperçut, et, en sautant un fossé pour lui barrer le passage, il se fit une dangereuse foulure, qui le retint plus de quinze jours dans son lit. La cuisinière trouva brûlé du linge qu'elle avait abandonné près du feu pour le faire sécher; et, la fille de basse-cour ayant quitté l'étable sans se donner le temps d'attacher les bestiaux, une des vaches, en son absence, cassa la jambe d'un poulain qu'on élevait dans la même écurie. Les journées perdues du jardinier valaient bien soixante francs; le linge et le poulain en valaient bien autant; voilà donc, en peu d'instants, faute d'une fermeture de quelques sous, une perte de cent vingt francs, supportée par des gens qui avaient besoin de la plus stricte économie, sans parler ni des souffrances causées par la maladie, ni de l'inquiétude et des autres inconvénients étrangers à la dépense. Ce n'étaient pas de grands malheurs ni de grosses pertes; cependant, quand on saura que le défaut de soin renouvelait de pareils accidents tous les jours, et qu'il entraîna finalement la ruine d'une famille honnête, on conviendra qu'il valait la peine d'y faire attention.

(JEAN-BAPTISTE SAY, *Catéchisme d'économie politique*[1].)

1. GUILLAUMIN ET Cie, éditeurs.

2. — Intérieur d'une chaumière.

Il dépendra de vous, fillettes et garçons des champs, de faire de votre chaumière un logis plaisant à voir du dehors et plaisant à habiter. De la propreté et du bon ordre je ne vous dis rien ; mais ce n'est pas tout d'être propre et rangé : il faut aussi disposer toutes choses avec un peu d'habileté et d'élégance. Quelques belles fleurs au jardin ne sauraient nuire aux choux ni aux carottes. Un rosier, une vigne vierge, une glycine qui grimpe au mur et le tapisse, donnent à la plus modeste demeure un air riant. Dans l'intérieur, de vieux meubles soigneusement entretenus et cirés, quelques belles vieilles assiettes sur les galeries du dressoir ; au mur, deux ou trois gravures de bon goût encadrées de simple bois de chêne ; dans un coin, sur une étagère, un vase où trempent quelques fleurs ; sous la vaste cheminée, d'anciens chenets de fer d'une forme élégante, c'est assez pour que l'art s'établisse à votre foyer et devienne votre hôte habituel.

(E. PÉCAUT.)

AUTRES LECTURES.

3. Les deux maisons (GUYAU, *la Première Année de lecture courante*).

4. Le paysan et l'avocat, par ÉMILE SOUVESTRE (LOUIS COLLAS, *Mosaïque des écoles et des familles*).

5. Le clou à ferrer (LOUIS COLLAS, *Mosaïque des écoles et des familles*).

RÉCITATION.

1. — L'œil du maître.

Un cerf, s'étant sauvé dans une étable à bœufs,
Fut d'abord averti par eux
Qu'il cherchât un meilleur asile.
« Mes frères, leur dit-il, ne me décelez pas :
Je vous enseignerai les pâtis les plus gras ;
Ce service vous peut quelque jour être utile,
Et vous n'en aurez point regret. »
Les bœufs, à toutes fins, promirent le secret.

Il se cache en un coin, respire, et prend courage.
Sur le soir, on apporte herbe fraîche et fourrage,
Comme l'on faisait tous les jours.
L'on va, l'on vient, les valets font cent tours,
L'intendant même, et pas un d'aventure
N'aperçut ni cor ni ramure,
Ni cerf enfin. L'habitant des forêts
Rend déjà grâce aux bœufs, attend dans cette étable
Que, chacun retournant au travail de Cérès,
Il trouve pour sortir un moment favorable.
L'un des bœufs ruminant lui dit : « Cela va bien;
Mais quoi! l'homme aux cent yeux n'a pas fait sa revue.
Je crains fort pour toi sa venue;
Jusque-là, pauvre cerf, ne te vante de rien. »
Là-dessus le maître entre et vient faire sa ronde.
« Qu'est ceci? dit-il à son monde;
Je trouve bien peu d'herbe en tous ces râteliers.
Cette litière est vieille; allez vite aux greniers.
Je veux voir désormais vos bêtes mieux soignées.
Que coûte-t-il d'ôter toutes ces araignées?
Ne saurait-on ranger ces jougs et ces colliers? »
En regardant à tout, il voit une autre tête
Que celles qu'il voyait d'ordinaire en ce lieu.
Le cerf est reconnu : chacun prend un épieu,
Chacun donne un coup à la bête.
Ses larmes ne sauraient la sauver du trépas.
On l'emporte, on la sale, on en fait maint repas,
Dont maint voisin s'éjouit d'être.
Il n'est, pour voir, que l'œil du maître.

(La Fontaine.)

DEVOIRS DE RÉDACTION.

1. Faire le résumé de la Lecture *Le danger d'une porte ouverte.*

2. Faites d'une part le tableau agréable de l'élève qui a de l'ordre, et d'autre part le tableau navrant de l'élève qui n'en a pas.

3. Vous aidez votre mère dans le ménage. Écrivez à une de vos amies la manière dont vous vous y prenez pour maintenir l'ordre dans la maison, les chambres, les armoires, etc.

4. Développez cette maxime : *Ayez une place pour chaque chose et mettez chaque chose à sa place.*

38e LEÇON. — L'économie et la prodigalité.

PLANS.

I

En quoi consiste l'économie. — Quel est le contraire de l'économie? La prodigalité. — Que produit l'économie? — Où mène la prodigalité? — Comment un enfant peut-il et pourquoi doit-il être économe?

II

L'économie. — Ses rapports avec le travail. — Exemples. — Ses rapports avec la vertu. — L'économie : vertu sociale, vertu de famille, vertu individuelle. — La prodigalité, défaut commun chez les enfants. — Habitude de l'économie.

RÉSUMÉS.

I

« Si vous voulez être riche, dit Franklin, n'apprenez pas seulement comment on gagne, sachez aussi comment on ménage. »

Cela signifie qu'au travail, qui produit, il faut joindre l'économie, qui conserve. Prenons donc l'habitude de ménager ce que nous possédons, de limiter nos dépenses au nécessaire et à l'utile; pratiquons une sage économie.

« *L'économie est vertu dans la pauvreté et sagesse dans l'aisance.* »

II

Être économe, c'est ménager ce que l'on possède et ne l'employer qu'à des choses utiles, c'est se garder de toute dépense pour des futilités.

Le contraire de l'économie est la prodigalité, qui fait dépenser sans compter, sans souci du lendemain.

« Ce que l'on prodigue, a dit La Bruyère, on l'ôte

à son héritier; ce que l'on épargne sordidement, on l'ôte à soi-même. Le milieu est justice pour soi et pour les autres. »

LECTURE.

1. — La patte de dindon.

J'avais dix ans; j'étais au collège; je rapportais chaque lundi de chez mes parents la grosse somme de quinze sous, destinée à payer mes déjeuners du matin; car le collège ne nous fournissait pour ce repas qu'un morceau de pain tout sec.

Un lundi, en rentrant, je trouve un de mes camarades (je me rappelle encore son nom : il se nommait Couture) armé d'une superbe patte de dindon, recouverte de cette peau noire, luisante et rugueuse, qui fait que le dindon a l'air de marcher sur des brodequins en chagrin.

Dès que mon camarade m'aperçut : « Viens voir! me dit-il, viens voir! » J'accours; il serrait le haut de la patte dans ses deux mains, et, sur un petit mouvement de sa main droite, les quatre doigts s'ouvraient et se refermaient comme les doigts d'une main humaine. Je restai stupéfait et émerveillé. Comment cette patte morte pouvait-elle remuer? Comment pouvait-il la faire agir? Un garçon de dix-huit ans qui va au spectacle, et qui suit le développement du drame le plus merveilleux, n'a pas les yeux plus écarquillés, les regards plus ardents, la tête plus fixement penchée en avant que moi, en face de cette patte de dindon. Chaque fois que ces quatre doigts s'ouvraient et se refermaient, il me passait devant les yeux comme un éblouissement. Je croyais assister à un prodige.

Lorsque mon camarade, qui était plus âgé et plus malin que moi, vit mon enthousiasme arrivé à son paroxysme, il remit sa merveille dans sa poche et s'éloigna. Je m'en allai de mon côté, mais rêveur, et voyant toujours cette patte flotter devant mes yeux comme une vision... « Si je l'avais, me disais-je, j'apprendrais bien vite le moyen de la faire agir. Couture n'est pas sorcier. Et alors... comme je m'amuserais !... » Je n'y tins plus, je courus à mon camarade...

« Donne-moi ta patte!... lui dis-je avec un irrésistible accent de supplication. Je t'en prie!...

— Ma patte!... te donner ma patte!... Veux-tu t'en aller! »

Son refus irrita encore mon désir.

« Tu ne veux pas me la donner?...

— Non!

— Eh bien!... vends-la-moi!

— Te la vendre? Combien? »

Je me mis à compter dans le fond de ma poche l'argent de ma semaine...

« Je te donne cinq sous!

— Cinq sous!... une patte comme celle-là! Est-ce que tu te moques de moi? »

Et, prenant le précieux objet, il recommença devant moi cet éblouissant jeu d'éventail, et chaque fois ma passion grandissait d'un degré.

« Eh bien, je t'en offre dix sous.

— Dix sous!... dix sous! reprit-il avec mépris... mais regarde donc! »

Et les quatre doigts s'ouvraient et se refermaient toujours.

« Mais enfin, lui dis-je en tremblant... combien donc en veux-tu?

— Quarante sous ou rien.

— Quarante sous!... m'écriai-je, quarante sous! près de trois semaines de déjeuners! Ah! non, par exemple!

— Soit; à ton aise. »

La patte disparut dans sa poche, et il s'éloigna. Je courus de nouveau après lui :

« Quinze sous!

— Quarante!

— Vingt sous!

— Quarante!

— Vingt-cinq sous!

— Quarante!... »

Oh! diable de Couture! comme il aura fait son chemin dans le monde! comme il connaissait déjà le cœur humain! Chaque fois que ce terrible mot *quarante* touchait mon oreille, il emportait un peu de ma résistance. Au bout de deux minutes, je ne me connaissais plus.

« Eh bien donc, quarante!... m'écriai-je... Donne-la-moi!

— Donne-moi d'abord l'argent », reprit-il.

Je lui mis dans la main les quinze sous de ma semaine, et il me fit écrire un billet de vingt-cinq sous pour le surplus... Oh! le scélérat! il était déjà homme d'affaires à treize ans!... Puis, tirant enfin le cher objet de sa poche : « Tiens, me dit-il, la voilà!... »

Je me précipitai sur elle!... Au bout de quelques secondes, ainsi que je l'avais prévu, je connaissais le secret et je tirais le tendon qui servait de sonnette aussi bien que Couture. Pendant deux minutes, cela m'amusa follement; après deux minutes, cela m'amusa moins; après trois, cela ne m'amusa presque plus; après quatre, cela ne m'amusa plus du tout. Je tirais toujours, parce que je voulais avoir les intérêts de mon argent... Mais le désenchantement me gagnait... Puis vint la tristesse, puis le regret, puis la perspective de trois semaines de pain sec, puis le sentiment de ma bêtise... Et, tout cela se changeant peu à peu en amertume, la colère s'en mêla... et, au bout de dix minutes, saisissant avec une véritable haine l'objet de mon amour, je le lançai par-dessus la muraille, afin d'être bien sûr de ne plus le revoir!...

(ERNEST LEGOUVÉ, *la Lecture en action*[1].)

AUTRES LECTURES.

2. L'enfant prodigue, par SAINT LUC (MERLET, *Extraits des classiques français*, cours élémentaires).

3. L'épingle (TH. H. BARRAU, *Livre de morale pratique*, page 177).

RÉCITATION.

1. — Le sifflet.

Quand j'étais un enfant de cinq ou six ans, mes amis, un jour de fête, remplirent ma petite poche de sous. J'allai tout de suite à une boutique où l'on vendait des babioles; mais, charmé du son d'un sifflet que je vis, chemin faisant, dans les mains d'un autre petit garçon, je lui offris et lui donnai volontiers en échange tout mon argent.

1. J. HETZEL ET Cie, éditeurs.

Revenu chez moi, fort content de mon achat, sifflant par toute la maison, je fatiguai les oreilles de toute la famille. Mes frères, mes sœurs, mes cousines, apprenant que j'avais tout donné pour ce mauvais instrument, me dirent que je l'avais payé dix fois plus qu'il ne valait. Alors ils me firent penser au nombre de choses que j'aurais pu acheter avec le reste de ma monnaie, si j'avais été plus prudent; ils me tournèrent tellement en ridicule que j'en pleurai de dépit, et la réflexion me donna plus de chagrin que le sifflet de plaisir.

Cet accident fut cependant, par la suite, de quelque utilité pour moi; car l'impression resta dans mon âme; aussi, lorsque j'étais tenté d'acheter quelque chose qui ne m'était pas nécessaire, je disais en moi-même : « Ne donnons pas trop pour le sifflet », et j'épargnais mon argent.

(FRANKLIN, *Essais de morale et d'économie politique*.)

DEVOIRS DE RÉDACTION.

1. Dites pourquoi vous voulez être une jeune fille bien ordonnée et économe.

2. Vous avez entendu dire souvent : *Ne donnez pas trop pour le sifflet*. Indiquez le sens de ce proverbe et justifiez-le.

3. Écrivez à un de vos camarades, que vous connaissez un peu prodigue, pour l'engager à se corriger. Rappelez-lui cette parole de Franklin : *Dépensez chaque jour un sou de moins que vous ne gagnez*, et parlez-lui des avantages de la Caisse d'épargne scolaire.

4. En quoi consiste l'économie? Comment un enfant peut-il et pourquoi doit-il économiser? Avantages de l'économie pour le présent et pour l'avenir.

39ᵉ LEÇON. — L'amour du gain et l'avarice.

PLANS.

I

Définition de l'avarice. — Différence entre l'avarice et l'économie. — L'avarice est-elle coupable, pourquoi? — Répugnance que doit inspirer l'avarice. — Autre forme de l'avarice : la parcimonie.

II

Légitimité de l'amour d'un gain honnête. — Sa source : désir de mettre les siens à l'abri du besoin. — Nécessité de contenir ce désir dans de justes bornes. — L'argent ne doit être qu'un moyen et non un but. — L'avarice. — L'avare fait un dieu de l'argent. — L'avarice est une passion dont on ne guérit pas. — Elle endurcit le cœur, elle tue tout sentiment généreux. — Soyez économes et non avares.

RÉSUMÉS.

I

L'avarice est une exagération de l'économie : « elle est une soumission servile de soi-même aux richesses, qui ne nous permet pas de nous en servir. »

Les avares ne sont pas seulement des maniaques qu'il faut plaindre, mais des coupables à blâmer, parce qu'ils font souffrir les autres et ne sont ni généreux ni bienfaisants.

« *L'avare ne possède pas son bien, c'est son bien qui le possède.* »

II

S'il est légitime de chercher, par une sage économie, à augmenter l'avoir et le bien-être des siens, il ne faut pas que l'amour du gain dégénère en passion et aille jusqu'à l'avarice.

L'argent n'a de valeur qu'en le considérant comme un moyen de satisfaire nos besoins. N'imitons donc pas l'avare qui entasse l'argent pour le plaisir stérile de le contempler. L'avarice dessèche le cœur et le prive de toute affection étrangère.

« *L'argent est un bon serviteur et un mauvais maître.* »

LECTURES.

1. — L'avare.

HARPAGON. — Pourrais-je savoir, maître Jacques, ce que l'on dit de moi?

MAÎTRE JACQUES. — Oui, Monsieur, si j'étais assuré que cela ne vous fâchât point.

HARPAGON. — Non, en aucune façon.

MAÎTRE JACQUES. — Pardonnez-moi! je sais fort bien que je vous mettrais en colère.

HARPAGON. — Point du tout, au contraire, c'est me faire plaisir, et je suis bien aise d'apprendre comme on parle de moi.

MAÎTRE JACQUES. — Monsieur, puisque vous le voulez, je vous dirai franchement qu'on se moque partout de vous, qu'on nous jette de tous côtés cent brocards à votre sujet, et que l'on n'est point plus ravi que de faire sans cesse des contes de votre lésine. L'un dit que vous faites imprimer des almanachs particuliers, où vous faites doubler les quatre-temps et les vigiles, afin de profiter des jeûnes où vous obligez votre monde; l'autre, que vous avez toujours une querelle toute prête à faire à vos valets dans le temps des étrennes, ou de leur sortie d'avec vous, pour vous trouver une raison de ne leur donner rien. Celui-là conte qu'une fois vous fîtes assigner le chat d'un de vos voisins, pour vous avoir mangé un reste de gigot de mouton; celui-ci, que l'on vous surprit une nuit, en venant dérober vous-même l'avoine de vos chevaux, et que votre cocher, qui était celui d'avant moi, vous donna, dans l'obscurité, je ne sais combien de coups de bâton dont ne voulûtes rien dire. Enfin, voulez-vous que je vous dise? on ne saurait aller nulle part où l'on ne vous entende accommoder de toutes pièces. Vous êtes la fable et la risée de tout le monde, et jamais on ne parle de vous que sous les noms d'avare, de ladre, de vilain et de fesse-mathieu.

HARPAGON (*en battant maître Jacques*). — Vous êtes un sot, un maraud, un coquin et un impudent.

MAÎTRE JACQUES. — Hé bien, ne l'avais-je pas deviné? Vous ne m'avez pas voulu croire. Je vous avais bien dit que je vous fâcherais de vous dire la vérité.

HARPAGON. — Apprenez à parler.

(MOLIÈRE, *l'Avare.*)

2. — Au voleur! au voleur!

Au voleur! au voleur! à l'assassin! au meurtrier! justice, juste ciel! je suis perdu, je suis assassiné, on m'a coupé la gorge, on m'a dérobé mon argent.

Qui peut-ce être? qu'est-il devenu? où est-il? où se cache-t-il? que ferai-je pour le trouver? où courir? où ne pas courir? n'est-il point là? n'est-il point ici? qui est-ce? arrête. (*A lui-même, se prenant par le bras.*) Rends-moi mon argent, coquin... Ah! c'est moi... Mon esprit est troublé, j'ignore où je suis, qui je suis et ce que je fais.

Hélas! mon pauvre argent, mon pauvre argent, mon cher ami, on m'a privé de toi; et, puisque tu m'es enlevé, j'ai perdu mon support, ma consolation, ma joie: tout est fini pour moi, et je n'ai plus que faire au monde! sans toi, il m'est impossible de vivre. C'en est fait; je n'en puis plus, je me meurs, je suis mort, je suis enterré.

N'y a-t-il personne qui veuille me ressusciter, en me rendant mon cher argent, ou en m'apprenant qui l'a pris? hé! que dites-vous? ce n'est personne. Il faut, qui que ce soit qui ait fait le coup, qu'avec beaucoup de soin on ait épié l'heure, et l'on a choisi justement le temps que je parlais à mon traître de fils.

Sortons, je veux aller quérir la justice et faire donner la question à toute ma maison, à servantes, à valets, à fils, à fille, et à moi aussi.

Que de gens assemblés! je ne jette mes regards sur personne qui ne me donne des soupçons, et tout me semble mon voleur. Hé! de quoi est-ce qu'on parle là? de celui qui m'a dérobé? quel bruit fait-on là-haut? est-ce mon voleur qui y est? de grâce, si l'on sait des nouvelles de mon voleur, je supplie que l'on m'en dise. N'est-il point caché là, parmi vous? Ils me regardent tous et se mettent à rire. Vous verrez qu'ils ont part, sans doute, au vol que l'on m'a fait.

Allons, vite, des commissaires, des archers, des prévôts, des juges, des gênes, des potences et des bourreaux. Je veux faire pendre tout le monde; et, si je ne retrouve mon argent, je me pendrai moi-même après.

(MOLIÈRE, *l'Avare.*)

AUTRES LECTURES.

3. L'avarice, par MASSILLON (JULES STEEG, *la Vie morale*).
4. Mort d'un avare, par BALZAC (CH. LEBAIGUE, *le Livre de l'école*, cours supérieur).
5. Mort d'un avare (LOUIS COLLAS, *Mosaïque des écoles et des familles*).
6. L'avare, imité de MALCOLM (RENAUDIN et CHARPENTIER, *Instruction morale et civique*).

RÉCITATION.

1. — L'avare qui a perdu son trésor.

L'usage seulement fait la possession.
Je demande à ces gens de qui la passion
Est d'entasser toujours, mettre somme sur somme,
Quel avantage ils ont que n'ait pas un autre homme.
Diogène là-bas est aussi riche qu'eux,
Et l'avare ici-haut comme lui vit en gueux.
L'homme au trésor caché, qu'Ésope nous propose,
Servira d'exemple à la chose.

Ce malheureux attendait,
Pour jouir de son bien, une seconde vie;
Ne possédait pas l'or, mais l'or le possédait.
Il avait dans la terre une somme enfouie,
Son cœur avec, n'ayant autre déduit
Que d'y ruminer jour et nuit,
Et rendre sa chevance à lui-même sacrée.
Qu'il allât ou qu'il vînt, qu'il bût ou qu'il mangeât,
On l'eût pris de bien court, à moins qu'il ne songeât
A l'endroit où gisait cette somme enterrée.
Il y fit tant de tours qu'un fossoyeur le vit,
Se douta du dépôt, l'enleva sans rien dire.
Notre avare un beau jour ne trouva que le nid.
Voilà mon homme aux pleurs : il gémit, il soupire,
Il se tourmente, il se déchire.
Un passant lui demande à quel sujet ses cris.
« C'est mon trésor que l'on m'a pris.
— Votre trésor ! où pris? — Tout joignant cette pierre.
— Eh ! sommes-nous en temps de guerre,

Pour l'apporter si loin ? N'eussiez-vous pas mieux fait
De le laisser chez vous en votre cabinet,
Que de le changer de demeure ?
Vous auriez pu sans peine y puiser à toute heure.
— A toute heure, bons dieux ! ne tient-il qu'à cela ?
L'argent vient-il comme il s'en va ?
Je n'y touchais jamais. — Dites-moi donc, de grâce,
Reprit l'autre, pourquoi vous vous affligez tant :
Puisque vous ne touchiez jamais à cet argent,
Mettez une pierre à la place ;
Elle vous vaudra tout autant. »

(La Fontaine.)

AUTRE RÉCITATION.

2. La poule aux œufs d'or (La Fontaine, *Fables*).

DEVOIRS DE RÉDACTION.

1. *Économie et avarice.* — Montrez la différence qu'il y a entre l'avare et l'homme économe. L'avare n'a pas d'amis. C'est un mauvais fils, un mauvais citoyen et, de plus, un sot : il se nuit à lui-même. Au contraire, l'homme économe ménage ses ressources sans rien se refuser du nécessaire.

2. A-t-on raison de dire : *Le plus riche des hommes, c'est l'économe ; le plus pauvre, c'est l'avare ?* Pourquoi ?

3. *L'amour du gain.* — L'amour du gain est légitime. Pourquoi ? Il excite à des vertus précieuses, le travail et l'économie. C'est un stimulant de l'effort et de l'initiative. S'il dégénère en avidité, il devient dangereux. Expliquez-le.

40e LEÇON. — La prévoyance et l'épargne.

PLANS.

I

En quoi consiste la prévoyance. — Exemples. — Comment se manifeste cette qualité. — Avantages de l'épargne, sa valeur morale. — Le pauvre prévoyant peut faire fructifier ses petites économies. — La Caisse d'épargne.

II

Nécessité et avantages de l'épargne. — Placement des économies. — Caisse d'épargne. — Rentes sur l'État, etc. — Associations. — Effets bienfaisants de l'association. — Sociétés de prévoyance. — Sociétés de secours mutuels. — Assurances contre l'incendie, assurances sur la vie, caisses de retraites, etc.

RÉSUMÉS.

I

« Il faut, dit un vieux proverbe, se réserver une poire pour la soif. » C'est la formule de la prévoyance et de l'épargne.

Celui qui ménage ses moyens d'existence, en se privant de quelques plaisirs passagers et futiles, s'assure dans l'avenir le bien-être, l'indépendance et la dignité.

Apprenons de bonne heure le chemin de la Caisse d'épargne; il n'est pas de si petite économie qui, souvent répétée, ne produise à la fin une somme assez ronde.

« *Les petits ruisseaux font les grandes rivières.* »

II

C'est un devoir pour l'homme de songer au lendemain et d'assurer son avenir et l'avenir des siens. L'ouvrier vraiment prévoyant ne se borne pas à l'épargne individuelle, il a recours aux institutions de prévoyance, telles que sociétés de secours mutuels ou caisses de retraite, qui, moyennant un faible versement, lui assurent des ressources dans la maladie ou le chômage, une retraite dans la vieillesse.

La mutualité est le complément de l'épargne. Sa devise est : « *Chacun pour tous, tous pour chacun.* »

LECTURE.

1. — L'épargne.

On a beaucoup fait pour développer le goût de l'épargne, mais l'on ne saurait trop faire et il faut redoubler d'efforts; car des deux dangers auxquels un pays est exposé, l'un qui vient du dehors ne peut être conjuré que par le courage et la force, et l'autre qui vient du dedans ne peut être évité que par l'esprit de prévoyance et d'économie. Tout peuple a deux sortes d'ennemis, ceux du dehors, qui convoitent le sol national, et ceux du dedans, qui convoitent la fortune d'autrui ; c'est de la misère, c'est du chômage et des souffrances qu'il impose, c'est de l'incertitude du lendemain et des craintes qu'il inspire, que naissent les pensées coupables, les rêves de partage, et les entreprises criminelles.

La science et l'industrie, en augmentant la richesse générale, ont créé une classe nombreuse dont la vie est précaire. Ce qu'étaient autrefois les paysans, les Jacques, dans les temps de famine, les ouvriers le sont aujourd'hui dans les temps de chômage. Quand du jour au lendemain les machines s'arrêtent, des milliers d'hommes sont sans pain. Le paysan, grâce à la terre acquise, est aujourd'hui à l'abri du besoin ; il n'en est pas ainsi de l'ouvrier; ce sera l'honneur de la République d'arriver par des mesures libérales et équitables et par l'éducation du peuple à changer une situation inquiète et précaire en aisance et sécurité. La vie de l'ouvrier engendre d'inévitables dégoûts et des découragements, dont l'ivresse procure un moment l'oubli, mais pour les rendre ensuite plus profonds et plus invincibles. Le goût de l'économie, l'habitude de l'épargne, en créant de bonne heure les ressources indispensables, sont d'efficaces préservatifs contre des excès funestes aux individus, funestes à la société. « Le proverbe dit : « Qui a bu boira. » On pourrait en dire autant de l'économie : qui a épargné épargnera. Le grand point est de commencer. Les bonnes passions sont comme les mauvaises : le temps les fortifie. Plus l'épargne croît, plus on veut l'accroître. A mesure qu'elle grossit, l'homme a l'esprit plus tranquille, il travaille avec plus de plaisir; il est moins à la merci de la volonté des autres et des accidents du sort ; il sent grandir sa dignité, son indépendance et sa sécurité.

(A. VESSIOT, *de l'Éducation à l'école* [1].)

AUTRES LECTURES.

2. Honneur à l'épargne (PAUL MATRAT, *Tu seras prévoyant*).

3. Les institutions de prévoyance (A. RENDU FILS, *le Devoir et la Loi*).

4. Les marins d'Étretat. Les sociétés de secours mutuels. Les assurances (GUYAU, *la Première Année de lecture courante*).

5. Le trésor caché. Caisse de retraite pour la vieillesse (GUYAU, *la Première Année de lecture courante*).

RÉCITATION.

1. — La cigale et la fourmi.

La cigale, ayant chanté
Tout l'été,
Se trouva fort dépourvue
Quand la bise fut venue :
Pas un seul petit morceau
De mouche ou de vermisseau.
Elle alla crier famine
Chez la fourmi, sa voisine,
La priant de lui prêter
Quelque grain pour subsister
Jusqu'à la saison nouvelle.
« Je vous paîrai, lui dit-elle,
Avant l'oût, foi d'animal,
Intérêt et principal. »
La fourmi n'est pas prêteuse ;
C'est là son moindre défaut.
« Que faisiez-vous au temps chaud ?
Dit-elle à cette emprunteuse.
— Nuit et jour, à tout venant,
Je chantais, ne vous déplaise.
— Vous chantiez ? j'en suis fort aise.
Eh bien, dansez maintenant. »

(LA FONTAINE.

1. LECÈNE, OUDIN ET Cie, éditeurs.

AUTRES RÉCITATIONS.

2. **Le noyau de pêche**, par Assolant (Ch. Lebaigue, *Pour nos fils*, cours moyen).
3. **Le berger et la mer** (La Fontaine, *Fables*).
4. **Le petit poisson et le pêcheur** (La Fontaine, *Fables*).

DEVOIRS DE RÉDACTION.

1. Dans une des dernières leçons de morale, votre maître vous a parlé des institutions de prévoyance, des avantages qu'on en retire pour le présent et surtout pour l'avenir. Résumez cette leçon.

2. Vos parents viennent de vous procurer un livret de Caisse d'épargne postale. Faites connaître cette nouvelle à un de vos amis et dites-lui l'intention où vous êtes de verser à la Caisse d'épargne vos petites économies. Motivez.

3. Quelle leçon peut-on tirer de la fable *La cigale et la fourmi?* Appréciez la conduite de ces deux personnages et concluez.

41e LEÇON. — Les dettes et le jeu.

PLANS.

I

Les dettes (argent des autres). — Embarras qu'elles causent. — Avantages de la modération dans les idées. — Bons effets du jeu pour l'enfant. — Dangers des jeux intéressés. — Funestes effets de la passion du jeu. — Résolutions.

II

Jeux inoffensifs de l'enfance. — Jeux qui attirent l'homme fait (jeux de cartes, jeux de hasard, paris). — Funestes effets de la passion du jeu. — Ce qu'est une dette. — Embarras que causent les dettes : elles mettent l'homme sous la dépendance d'autrui, amoindrissent sa liberté et sa dignité. — La ruine par les emprunts.

RÉSUMÉS.

I

Pour ne pas contracter de dettes, il ne faut acheter que ce dont on a strictement besoin et quand on a de

l'argent. Les dettes mettent le débiteur sous la dépendance du créancier, et, quand elles sont répétées, elles amènent fatalement la ruine de la famille.

Le jeu est un grave défaut. Non seulement il distrait du travail, mais il peut entraîner au vol et au crime.

Si donc nous voulons rester indépendants et honnêtes, ne faisons pas de dettes et ne soyons pas joueurs.

II

Le jeu est une espèce de lâcheté; le joueur demande au hasard ce qu'il n'a pas le courage de gagner par un labeur honnête. Gardons-nous donc de la passion du jeu, car elle nous conduirait à la paresse et à la ruine.

Évitons aussi de contracter des dettes, en mesurant toujours nos dépenses à nos ressources; car les dettes nous feraient perdre notre indépendance et amoindriraient notre dignité.

« *Celui qui va chercher un emprunt,* dit Franklin, *va chercher une mortification.* »

LECTURE.

1. — Danger des dettes.

Celui qui va faire un emprunt va chercher une mortification. Hélas ! pensez-vous bien à ce que vous faites lorsque vous vous endettez ? Vous donnez à autrui des droits sur votre liberté. Si vous ne pouvez payer à l'échéance, vous rougirez de voir votre créancier, vous ne lui parlerez qu'en tremblant ; vous alléguerez les excuses les plus mauvaises, les plus pitoyables, les plus basses. Par degrés, vous en viendrez à perdre votre franchise, vous vous abaisserez jusqu'au mensonge ; car le mensonge monte en croupe de la dette.

Un homme, citoyen d'un pays libre, ne devrait ni rougir,

ni craindre de voir ou d'affronter homme qui vive[1]; mais souvent la pauvreté ôte tout courage et toute vertu. — Il est difficile qu'un sac vide se tienne debout....

Quand vous faites votre marché, peut-être ne vous inquiétez-vous guère du payement; mais les créanciers ont meilleure mémoire que les débiteurs; ils sont grands observateurs des jours et des mois.

L'échéance arrive sans que vous y pensiez; la demande est faite avant que vous soyez prêts à y satisfaire, ou, si vous n'oubliez pas votre dette, l'échéance qui d'abord semblait si éloignée vous paraîtra, en se rapprochant, extrêmement courte. On dirait que le temps a mis des ailes à ses talons comme à ses épaules. Pour qui doit payer à Pâques, le carême est court.

(FRANKLIN, *Essais de morale et d'économie politique.*)

AUTRES LECTURES.

2. Anecdotes sur le jeu (Mlle CLARISSE JURANVILLE, *Manuel d'éducation morale et civique*).

3. L'entraînement au jeu ou histoire d'un jeune marchand (GUYAU, *la Première Année de lecture courante*).

4. Histoire de quarante mille francs, par ERNEST LEGOUVÉ (*l'Instruction primaire*, 13e année, page 700).

5. Le jeu, par PASCAL (MERLET, *Extraits des classiques français*, cours moyens, prose).

6. Payer ses dettes (GUYAU, *la Première Année de lecture courante*).

RÉCITATION.

1. — Le joueur.

NÉRINE.

Eh bien, Madame, soit; contentez votre ardeur,
J'y consens. Acceptez pour époux un joueur
Qui, pour porter au jeu son tribut volontaire,
Vous laissera manquer même du nécessaire,

---

1. Quelque homme vivant que ce soit.

Toujours triste ou fougueux, pestant contre le jeu,
Ou d'avoir perdu trop, ou bien gagné trop peu.
Quel charme qu'un époux qui, flattant sa manie,
Fait vingt mauvais marchés tous les jours de sa vie;
Prend pour argent comptant, d'un usurier fripon,
Des singes, des pavés, un chantier, du charbon;
Qu'on voit à chaque instant prêt à faire querelle
Aux bijoux de sa femme ou bien à sa vaisselle;
Qui va, revient, retourne et s'use à voyager
Chez l'usurier, bien plus qu'à donner à manger;
Tant qu'après quelque temps, d'intérêts surchargée,
Il la laisse où d'abord elle fut engagée,
Et prend, pour remplacer ses meubles écartés,
Des diamants du Temple et des plats argentés;
Tant que, dans sa fureur, n'ayant plus rien à vendre.
Empruntant tous les jours, et ne pouvant plus rendre,
Sa femme signe enfin, et voit, en moins d'un an,
Ses terres en décret et son lit à l'encan!

ANGÉLIQUE.

Je ne veux point ici m'affliger par avance.
L'événement souvent confond la prévoyance.
Il quittera le jeu.

NÉRINE.

Quiconque aime, aimera,
Et quiconque a joué, toujours joue et jouera,
Certain docteur l'a dit, ce n'est point menterie.

(REGNARD, *le Joueur*.)

AUTRE RÉCITATION.

2. Mille gens se ruinent au jeu (LA BRUYÈRE, *les Caractères*).

DEVOIRS DE RÉDACTION.

1. Expliquez les proverbes : *Qui paye ses dettes s'enrichit. — Il vaut mieux se coucher sans souper que de se réveiller avec des dettes.*

2. Montrez les embarras que causent les dettes; prouvez par quel moyen on peut les éviter.

3. Montrez dans quel cas le jeu peut devenir un danger pour l'enfant.

4. Faites le portrait d'un joueur, montrez qu'il est malheureux et qu'il rend malheureux ceux qui l'entourent.

4° DEVOIRS ENVERS LES ANIMAUX.

42° LEÇON. — Devoirs envers les animaux.

PLANS.

I

Comment nous devons traiter les animaux. — Éviter la violence et la méchanceté. — Grande utilité des animaux domestiques. — Destruction des animaux nuisibles sans les torturer. — La loi Grammont. — Ce qu'elle défend. — Punition des personnes qui maltraitent les animaux. — Société protectrice des animaux.

II

Sensibilité physique des animaux. — Devoirs qu'elle nous impose. — Ce qu'il faut penser des combats de taureaux, de coqs, etc. — Destruction des animaux nuisibles (sans souffrances inutiles). — Animaux servant à l'alimentation. — Réserves qu'on doit s'imposer en les tuant. — Devoirs particuliers envers les animaux domestiques (*Loi Grammont*).

RÉSUMÉS.

I

Les animaux, comme les hommes, sont des êtres sensibles à la douleur et au plaisir. Il est dès lors inhumain et cruel de les faire souffrir sans nécessité.

La cruauté envers les animaux endurcit le cœur et accoutume à la dureté envers nos semblables. « Dur envers les bêtes, dur envers les gens. »

Nous devons surtout traiter avec douceur les animaux domestiques, qui sont les compagnons de nos travaux.

« *Plus font bonnes paroles que mauvais traitements.* »

II

Nous avons le devoir de nous défendre contre les animaux nuisibles et même de les détruire, mais sans les torturer. Nous avons le droit de sacrifier les animaux destinés à notre nourriture, mais en leur épargnant la souffrance autant que possible.

Nous avons également le droit d'employer à nos travaux les animaux domestiques, mais notre devoir est de les traiter avec ménagement et de leur donner les soins dont ils ont besoin. Les maltraiter sans nécessité est une véritable ingratitude. C'est en même temps un délit puni de l'amende et même de la prison [1].

LECTURES.

1. — Un cocher modèle ou le cheval ombrageux.

On dit trop de mal des cochers pour n'en pas dire un peu de bien, quand l'occasion s'en présente. Or, voici ce que j'ai vu et ce que je me fais un plaisir de raconter.

C'était la nuit, vers dix heures, sur une avenue paisible, où je me promenais paisiblement.

Arrive un fiacre au petit trot; les sabots du cheval résonnaient sur l'asphalte, dans le silence de l'avenue déserte.

Tout à coup, le bruit cesse; je me retourne, et je vois le cheval qui reculait, reculait, et j'entends le cocher qui, d'une voix douce, lui disait : « Allons, Coco, ce n'est rien,

1. « Seront punis d'une amende de 5 francs à 15 francs, et pourront l'être d'un jour à cinq jours de prison, ceux qui auront exercé publiquement et abusivement des mauvais traitements envers les animaux domestiques. La peine de la prison sera toujours appliquée en cas de récidive... » (*Loi Grammont*, 2 juillet 1850.)

n'aie pas peur. » Mais Coco avait peur, il ne voulait rien entendre, il reculait toujours, et déjà la voiture, poussée à reculons, avait une roue sur le trottoir.

Je m'approche, par curiosité; tout autre en eût fait autant; mais ce qui m'attirait surtout, c'était la douceur inaccoutumée du cocher, qui, sans s'impatienter, continuait à dire : « Allons, Coco, ce n'est rien, n'aie pas peur. »

Combien, en pareil cas, prennent leur fouet par le petit bout et frappent leurs pauvres bêtes avec le manche, à tour de bras, en dépit de la loi Grammont !

Mais de quoi Coco avait-il peur ?

Une de ces lourdes voitures, à gros rouleau de pierre, qui servent à écraser les cailloux et à niveler les chaussées, avait été laissée le long du trottoir, les bras en l'air. Sa forme insolite avait effrayé la bête, du reste un peu ombrageuse. Elle pointait les oreilles, ses genoux tremblaient.

Le cocher descendit, sans lâcher les rênes, et sans cesser de parler à la bête, comme il eût fait à un être raisonnable : « Allons, Coco, tu t'effrayes pour rien ; » et le flattant d'une main, et de l'autre prenant la bride :

« Je vais t'y conduire, va, tu verras ce que c'est ; allons-y nous deux... »

Cependant Coco était arrivé, quoique non sans peine, auprès du rouleau, et il soufflait, soufflait et jetait la tête à droite, à gauche, pour ne pas voir. Mais le cocher y mit tout ce qu'il fallait de patience. Une fois la bête un peu rassurée, il la fit avancer pas à pas, le long de la voiture, lui tenant la tête tout contre; j'étais dans l'admiration.

Enfin, et ceci y mit le comble, quand Coco eut dépassé la machine, comme il manifestait un vif désir de s'en aller au plus vite : « Non pas, dit ce cocher modèle, allons-y encore une fois; il faut que tu t'y habitues »

Et il le fit retourner à l'épouvantail ; et il le tint quelques minutes en sa présence, toujours lui parlant, lui tapant sur le cou. Et quand Coco eut bien vu la chose, par devant, par côté et par derrière; quand ses genoux eurent cessé de trembler, quand ses oreilles furent au repos, et que sous ses œillères on vit ses yeux rassurés, alors, doucement, toujours doucement, ce maître cocher, bien digne de conduire des hommes, remonta tranquillement sur son siège, et dit : « Maintenant, Coco, tu peux aller, mais pas trop vite, nous aurions l'air de nous sauver. » Et Coco partit au petit trot, comme il était venu.

(A. Vessiot, *Pour nos enfants*[1].)

2. — La vache.

Si pauvre que puisse être le paysan, et si nombreuse que soit sa famille, il est assuré de ne pas mourir de faim tant qu'il a une vache dans son étable. Avec une longe ou même avec une simple hart nouée autour des cornes, un enfant promène la vache le long des chemins herbus, là où la pâture n'appartient à personne ; et, le soir, la famille entière a du beurre dans sa soupe et du lait pour mouiller ses pommes de terre ; le père, la mère, les enfants, les grands comme les petits, tout le monde vit de la vache.

Nous vivions si bien de la nôtre, mère Barberin et moi, que, jusqu'à ce moment, je n'avais presque jamais mangé de la viande. Mais ce n'était pas seulement notre nourrice qu'elle était : c'était encore notre camarade, notre amie ; car il ne faut pas s'imaginer que la vache est une bête stupide ; c'est au contraire un animal plein d'intelligence et de qualités morales d'autant plus développées qu'on les aura cultivées par l'éducation. Nous caressions la nôtre ; nous lui parlions, elle nous comprenait ; et de son côté, avec ses grands yeux ronds pleins de douceur, elle savait très bien nous faire entendre ce qu'elle voulait ou ce qu'elle ressentait.

Enfin, nous l'aimions et elle nous aimait, c'est tout dire.

(Hector Malot, *Sans famille*[2].)

3. — Les sociétés protectrices des animaux dans les écoles publiques.

L'origine de l'organisation de ces sociétés remonte à 1867, époque à laquelle M. Fournier, un ancien chef d'institution, alors président de la Société protectrice des animaux, en a pris l'initiative.

Le rôle de l'instituteur, pensait-il, ne doit pas se borner

1. Lecène, Oudin et Cie, éditeurs.
2. E. Dentu, éditeur.

à apprendre aux enfants la lecture, l'écriture, le calcul; il a pour premier devoir de former des hommes de bien, des hommes justes et bons. Rien ne peut mieux l'aider dans cette tâche que l'enseignement des idées protectrices[1]. La plupart des enfants, surtout ceux des écoles rurales, trouvent incessamment l'occasion de les mettre en pratique; les uns par les soins intelligents qu'ils peuvent déjà donner, chez leurs parents, aux animaux domestiques; les autres en devenant membres des « Sociétés de petits protecteurs ».

C'est là une œuvre très française, dont les résultats peuvent être considérables. Indépendamment des bons sentiments que la protection des animaux peut éveiller dans le cœur des enfants, elle les intéresse à tous les êtres animés qui existent autour de nous : les uns, comme le cheval, l'âne, le chien, le bœuf, collaborateurs directs de nos travaux; les autres, tels que les oiseaux et beaucoup d'insectes, collaborateurs indirects, mais tous utiles.

A un point de vue plus général, ces petites sociétés sont un champ d'action donné à l'activité de l'enfant; il y apprend à se grouper avec ses semblables pour des œuvres utiles; il s'y discipline, non à la voix du maître, mais sous l'autorité de règlements qu'il accepte; enfin, il établit un bureau, c'est-à-dire une hiérarchie dont il supporte docilement la direction, parce qu'elle émane de lui. Cela peut sembler un jeu peut-être, mais c'est le jeu de la vie humaine exercé par des enfants qui plus tard seront des hommes.

. . . .

Il faut encourager ces efforts, ils sont généreux. L'histoire, qui veut peindre en Louis XIII un égoïste cruel, ne manque jamais de commencer par ce détail : « Enfant, il se plaisait à faire souffrir les petits oiseaux. »

(Lamquet.)

AUTRES LECTURES.

4. Le chien de Brisquet, par Charles Nodier (Merlet, *Extraits des classiques français*, cours élémentaires).

5. Le cheval d'Athènes (Renaudin et Charpentier, *Instruction morale et civique*).

---

1. La protection des oiseaux utiles à l'agriculture a fait l'objet d'une convention internationale signée à Paris le 28 juin 1895.

6. **Moustapha**, par Adolphe Destroyes (Louis Collas, *Mosaïque des écoles et des familles*).
7. **Le rouge-gorge**, par Jean Aicard (Léon Moy, *la Première Année de récitation*).

RÉCITATION.

1. — Le roulier et son cheval.

Le pesant chariot porte une énorme pierre ;
Le limonier, suant du mors à la croupière,
Tire, et le roulier fouette, et le pavé glissant
Monte, et le cheval triste a le poitrail en sang.
Il tire, traîne, geint, tire encore et s'arrête.
Le fouet noir tourbillonne au-dessus de sa tête.
C'est lundi ; l'homme hier buvait aux Porcherons
Un vin plein de fureur, de cris et de jurons.
Oh ! quelle est donc la loi formidable qui livre
L'être à l'être et la bête effarée à l'homme ivre ?
L'animal éperdu ne peut plus faire un pas ;
Il sent l'ombre sur lui peser ; il ne sait pas,
Sous le bloc qui l'écrase et le fouet qui l'assomme,
Ce que lui veut la pierre et ce que lui veut l'homme.
Et le roulier n'est plus qu'un orage de coups
Tombant sur ce forçat qui traîne les licous,
Qui souffre et ne connaît ni repos ni dimanche.
Si la corde se casse, il frappe avec le manche,
Si le manche se casse, il frappe avec le pied ;
Et le cheval, tremblant, hagard, estropié,
Baisse son cou lugubre et sa tête égarée ;
On entend, sous les coups de la botte ferrée,
Sonner le ventre nu du pauvre être muet.
Il râle. Tout à l'heure encore il remuait ;
Mais il ne bouge plus, et sa force est finie ;
Et les coups furieux pleuvent. Son agonie
Tente un dernier effort ; son pied fait un écart,
Il tombe, et le voilà brisé sous le brancard ;
Et, dans l'ombre, pendant que son bourreau redouble,
Il regarde quelqu'un de sa prunelle trouble ;
Et l'on voit lentement s'éteindre, humble et terni,
Son œil plein des stupeurs sombres de l'infini.

(Victor Hugo, *les Contemplations*.)

AUTRES RÉCITATIONS.

2. **Amis jusqu'à la mort**, par GEORGE SAND (A. VESSIOT, *la Récitation à l'école et la Lecture expliquée*).
3. **Les oisillons**, par FRANÇOIS FABIÉ (FRÉDÉRIC BATAILLE, *Anthologie de l'enfance*).
4. **Mort d'oiseau**, par FRANÇOIS COPPÉE (MERLET, *Extraits des classiques français*, cours supérieurs, poésie).
5. **La mort du bouvreuil**, par BRIZEUX (MERLET, *Extraits des classiques français*, cours moyens, poésie).

DEVOIRS DE RÉDACTION.

1. Avons-nous des devoirs envers les animaux? Pourquoi? Quels sont ces devoirs?
2. Votre frère maltraite les animaux, les petits surtout : chats, chiens, oiseaux. Vous lui dites ce que vous pensez de sa vilaine conduite; vous l'engagez à se corriger de ce défaut.
3. Pourquoi est-ce une ingratitude de maltraiter les animaux domestiques? Quand est-ce aussi une lâcheté? quand une imprudence?
4. Un moineau entre dans la classe. Joie des enfants. Il est pris et l'on délibère sur son sort. Décision.
5. Pourquoi faut-il respecter les nids d'oiseaux?

5° DEVOIRS ENVERS L'AME.

43e LEÇON. — L'âme et ses facultés.

(SENSIBILITÉ, INTELLIGENCE ET VOLONTÉ.)

PLANS.

I

L'âme a ses facultés comme le corps a ses organes. Trois principales : sensibilité, intelligence, volonté. — Concours des trois facultés. — Nécessité de diriger ces facultés par l'éducation.

II

Les facultés de l'âme ou facultés morales. — Trois principales : intelligence, sensibilité, volonté. — Diverses manifestations de l'intelligence : pensée, jugement, mémoire, imagination, etc. — La sensibilité : sensibilité physique, sensibilité morale. — Amour du bon et du beau. Haine du mal. — Affection pour les parents, la patrie, etc. — La volonté : faculté qui sert à diriger les autres. — Pouvoir considérable de la volonté. — Utilité de perfectionner les facultés de l'âme.

RÉSUMÉS.

I

L'âme est la personne humaine avec sa raison, sa liberté, sa responsabilité.

Elle a ses facultés comme le corps a ses organes. On appelle facultés de l'âme les pouvoirs par lesquels elle manifeste son existence. L'âme a trois facultés : la sensibilité, l'intelligence et la volonté.

II

L'âme a trois facultés, c'est-à-dire trois pouvoirs de se manifester. Ce sont : la sensibilité, l'intelligence et la volonté.

La sensibilité est l'âme qui sent, qui éprouve du plaisir ou de la douleur; l'intelligence est l'âme qui pense, qui se souvient, qui juge; la volonté est l'âme qui choisit et se détermine à certains actes. Tous nos devoirs envers notre âme se rapportent à l'une de ces trois facultés.

LECTURE.

1. — La volonté.

L'homme n'est pas seulement un être qui comprend ou un être qui sent; il est aussi un être qui veut.

L'intelligence et la sensibilité peuvent être appelées des facultés passives. Mais il y a aussi en nous une faculté active, qui tire d'elle-même sa raison d'être et sa force, qui met toute la machine en branle, un ressort, un moteur, une faculté maîtresse d'elle-même, c'est la volonté.

Sans doute, la volonté est intimement liée aux autres facultés de l'esprit; elle leur emprunte ses motifs, elle les consulte, elle leur obéit ou leur résiste; mais elle reste différente des autres; supérieure aux autres, elle les domine, elle les juge, elle les emploie à son service.

La volonté se manifeste par des actes, mais il ne faut pas la confondre avec l'action. Vouloir et faire sont deux; vouloir et pouvoir sont deux. Je puis vouloir une chose et être hors d'état de la faire, soit parce que cette chose est irréalisable, soit parce que je suis momentanément empêché.

Il ne faut pas non plus confondre la volonté avec le désir. Le désir est un simple sentiment; on peut désirer toute sa vie sans se donner la peine de vouloir. La volonté est une énergie, une puissance, un effort intérieur qui se traduit au dehors par des efforts visibles. La volonté est le centre même de l'homme, ce qui le distingue de la plante et de l'animal, ce qui le distingue des autres hommes; c'est par la volonté qu'il se forme lui-même, qu'il agit sur lui et sur les autres, qu'il devient une personne.

La volonté va agir; elle poursuit un but, arrête les moyens, pèse les mobiles de son acte; elle délibère; elle choisit. Elle a devant elle des motifs tirés de l'intelligence, des attraits ou des répulsions tirés de la sensibilité; la raison lui parle, l'imagination lui parle, le cœur lui parle, les sens lui parlent; elle écoute plus ou moins longtemps, plus ou moins attentivement, elle compare, elle fait taire l'un ou l'autre, et quelquefois avec lenteur, quelquefois brusquement, elle décide.

(JULES STEEG, *l'Honnête Homme*[1].)

AUTRES LECTURES.

2. L'intelligence (JULES STEEG, *Instruction morale et civique*).

3. La sensibilité morale (JULES STEEG, *Instruction morale et civique*).

4. La volonté (JULES STEEG, *Instruction morale et civique*).

5. Les trois camarades ou la volonté (JOST, HUMBERT et BRAEUNIG, *Lectures pratiques*).

6. Robert ou la sensibilité morale (JOST, HUMBERT et BRAEUNIG, *Lectures pratiques*).

---

1. FERNAND NATHAN, éditeur.

RÉCITATION.

1. — L'âme.

La première chose qui nous frappe quand nous nous étudions nous-même, ce que nous faisons trop rarement, c'est notre corps. Notre corps est composé d'organes qui nous mettent en rapport avec le monde extérieur.

Mais le corps n'est, pour ainsi dire, que l'enveloppe de la machine. Il y a à l'intérieur une force qui fait mouvoir ces organes, qui les dirige et qui est assez puissante pour mener le corps où il ne voudrait pas aller, pour pousser le soldat au-devant du canon. Cette force intérieure, c'est l'âme, qui a des facultés comme le corps a ses organes. Il y a d'un côté l'esprit, qui a pour objet la recherche de la vérité. Et puis, au fond de l'âme, et plus profondément encore que l'esprit, il y a ce qu'on appelle dans le langage ordinaire le cœur, c'est-à-dire les passions qui nous poussent et nous agitent, et une volonté qui met toute la machine en jeu. Enfin, entre l'esprit et le cœur, existe une espèce de milieu tranquille, la conscience, miroir incorruptible qui nous permet de nous voir nous-même, de nous observer, de nous juger quand nous agissons.

(Éd. Laboulaye.)

AUTRE RÉCITATION.

2. L'âme, anecdote (Charles Dupuy, *Livret de morale*).

DEVOIRS DE RÉDACTION.

1. *La mémoire.* — Cherchez ce qui a le plus frappé votre esprit depuis que vous êtes au monde et ce que votre mémoire vous rappelle le mieux. Racontez-le.

2. *La sensibilité morale.* — Que faudrait-il penser d'un être qui ne serait sensible qu'aux maux ou aux plaisirs du corps? En quoi consiste la sensibilité morale?

3. *La volonté.* — Quelle différence y a-t-il entre le désir et la volonté, entre la colère et la volonté, entre la force du corps et la volonté? Citez des cas, à l'appui de vos développements.

44e LEÇON. — Connais-toi toi-même.

(LA MODESTIE.)

PLANS.

I

Connaissance de soi-même (premier devoir envers l'âme). — Conséquence de cette connaissance. — Nos imperfections et nos défauts. — La modestie. — La modestie à l'école. — Ne pas se montrer trop fier de ses succès. — Défaut opposé à la modestie : l'orgueil. — Diverses formes de l'orgueil : vanité, coquetterie, frivolité.

II

L'homme a des devoirs envers son âme. — Le premier est de chercher à se connaître lui-même (se connaître tel qu'il est, avec ses imperfections et ses défauts). — La modestie, preuve de bon goût (les savants sont modestes). — La modestie sied surtout bien aux enfants. — L'orgueil est un grand défaut. — Suites de l'orgueil. — Formes de l'orgueil : la vanité (orgueil pour les petites choses), coquetterie, frivolité.

RÉSUMÉS.

I

Le premier devoir de l'homme envers son âme est de chercher à se connaître lui-même et de savoir ce qu'il vaut.

Sans doute, il doit être fier de sa qualité d'homme, mais il a le devoir d'être modeste et d'éviter l'orgueil et la vanité. — Les ignorants et les sots sont rarement modestes, les hommes d'un vrai mérite le sont presque toujours.

« ***Si vous voulez qu'on dise du bien de vous, n'en dites point vous-même.*** »

II

Apprenons à nous connaître : c'est le commencement de la sagesse; car cette connaissance nous révélera tels que nous sommes, avec nos imperfec-

tions et nos défauts, et nous fera chercher à nous rendre meilleurs.

Nous acquerrons ainsi une précieuse qualité, la modestie, et nous éviterons deux travers qui nous feraient détester ou nous rendraient ridicules : l'orgueil et la vanité.

« ***Une once de vanité gâte cent livres de mérite.*** »

LECTURES.

1. — Les deux souris.

Une souris ennuyée de vivre dans les périls et dans les alarmes, à cause des chats qui faisaient grand carnage de la nation souriquoise, appela sa commère, qui était dans un trou de son voisinage : « Il m'est venu, lui dit-elle, une bonne pensée. J'ai lu, dans certains livres que je rongeais ces jours passés, qu'il y a un beau pays, nommé les Indes, où notre peuple est mieux traité et plus en sûreté qu'ici. En ce pays-là, les sages croient que l'âme d'une souris a été autrefois l'âme d'un grand capitaine, d'un roi, d'un faquir, et qu'elle pourra, après la mort de la souris, entrer dans le corps de quelque belle dame ou de quelque grand docteur. Si je m'en souviens bien, cela s'appelle métempsycose. Dans cette opinion, ils traitent tous les animaux avec une charité fraternelle : on voit des hôpitaux de souris qu'on met en pension et qu'on nourrit comme des personnes de mérite. Allons, ma sœur, partons pour un si beau pays, où la police est si bonne, et où l'on rend justice à notre mérite. » L'autre se laisse persuader, et voilà nos deux souris qui partent ensemble : elles s'embarquent sur un vaisseau qui allait faire un voyage de long cours, en se glissant le long des cordages, le soir de la veille de l'embarquement. On part ; elles sont ravies de se voir sur la mer, loin des terres maudites où les chats exerçaient leur tyrannie. La navigation fut heureuse; elles arrivent à Surate, non pour amasser des richesses, comme les marchands, mais pour se faire bien traiter par les Indous. A peine furent-elles entrées dans une maison destinée aux souris, qu'elles voulurent avoir les premières places : l'une prétendait se souvenir d'avoir été autrefois un fameux bramine sur la côte de Malabar; l'autre protestait qu'elle avait été une belle dame du même pays, avec de longues oreilles. Elles firent tant les insolentes, que les souris indiennes ne purent les souffrir : au lieu d'être mangées par les chats, elles furent étranglées par leurs propres sœurs.

On a beau aller loin pour éviter le péril; si l'on n'est modeste et sensé, on trouve partout son malheur.

(FÉNELON.)

2. — La vanité de M. Jourdain.

GARÇON TAILLEUR. — Mon gentilhomme, donnez, s'il vous plaît, aux garçons quelque chose pour boire.

M. JOURDAIN. — Comment m'appelez-vous?

GARÇON TAILLEUR. — Mon gentilhomme.

M. JOURDAIN. — Mon gentilhomme! voilà ce que c'est que de se mettre en personne de qualité. Allez-vous demeurer toujours habillé en bourgeois, on ne vous dira point : Mon gentilhomme. (*Donnant de l'argent.*) Tenez, voilà pour Mon gentilhomme.

GARÇON TAILLEUR. — Monseigneur, nous vous sommes bien obligés.

M. JOURDAIN. — Monseigneur! oh! oh! monseigneur! Attendez, mon ami; monseigneur mérite quelque chose et ce n'est pas une petite parole que monseigneur. Tenez, voilà ce que monseigneur vous donne.

GARÇON TAILLEUR. — Monseigneur, nous allons boire à la santé de Votre Grandeur.

M. JOURDAIN. — Votre Grandeur! oh! oh! attendez, ne vous en allez pas. A moi, Votre Grandeur! (*Bas, à part.*) Ma foi, s'il va jusqu'à l'Altesse, il aura toute la bourse. (*Haut.*) Tenez, voilà pour Ma Grandeur.

GARÇON TAILLEUR. — Monseigneur, nous la remercions très humblement de ses libéralités.

M. JOURDAIN. — Il a bien fait; je lui allais tout donner.

(MOLIÈRE, *le Bourgeois gentilhomme.*)

AUTRES LECTURES.

3. Le coquelicot et la pâquerette, par SPARK (*l'Instruction primaire*, 13e année, page 804).

4. La petite vaniteuse, par JEAN MACÉ (*l'Instruction primaire*, 9e année, page 661).

5. Modestie de Turenne, anecdotes (*l'Instruction primaire*, 9e année).

6. Exemples de modestie : Washington, Hoche (A. MÉZIÈRES, *Éducation morale et Instruction civique*).

7. Lettre de Franklin à sa fille : la vanité (A. MÉZIÈRES, *Éducation morale et Instruction civique*).

8. La besace (LA FONTAINE, *Fables*).

9. Philémon ou le fat, par LA BRUYÈRE (MERLET, *Extraits des classiques français*, cours supérieurs, prose).

RÉCITATION.

1. — Le chêne et le roseau.

Le chêne un jour dit au roseau :
« Vous avez bien sujet d'accuser la nature ;
Un roitelet pour vous est un pesant fardeau ;
Le moindre vent qui d'aventure
Fait rider la face de l'eau
Vous oblige à baisser la tête ;
Cependant que mon front, au Caucase pareil,
Non content d'arrêter les rayons du soleil,
Brave l'effort de la tempête.
Tout vous est aquilon, tout me semble zéphyr.
Encor si vous naissiez à l'abri du feuillage
Dont je couvre le voisinage,
Vous n'auriez pas tant à souffrir :
Je vous défendrais de l'orage ;
Mais vous naissez le plus souvent
Sur les humides bords des royaumes du vent.
La nature envers vous me semble bien injuste.
— Votre compassion, lui répondit l'arbuste,
Part d'un bon naturel ; mais quittez ce souci :
Les vents me sont moins qu'à vous redoutables :
Je plie, et ne romps pas. Vous avez jusqu'ici
Contre leurs coups épouvantables

Résisté sans courber le dos;
Mais attendons la fin. » Comme il disait ces mots,
Du bout de l'horizon accourt avec furie
Le plus terrible des enfants
Que le Nord eût portés jusque-là dans ses flancs.
L'arbre tient bon; le roseau plie.
Le vent redouble ses efforts,
Et fait si bien qu'il déracine
Celui de qui la tête au ciel était voisine,
Et dont les pieds touchaient à l'empire des morts.

(LA FONTAINE.)

AUTRES RÉCITATIONS.

2. **Le héron** (LA FONTAINE, *Fables*).
3. **Le corbeau et le renard** (LA FONTAINE, *Fables*).
4. **La tortue et les deux canards** (LA FONTAINE, *Fables*).
5. **Le rossignol et le prince** (FLORIAN, *Fables*).
6. **Le linot** (FLORIAN, *Fables*).
7. **Le lion et le moucheron** (LA FONTAINE, *Fables*).

DEVOIRS DE RÉDACTION.

1. *La modestie.* — Dire en quoi elle consiste. — Avantages de la modestie pour ceux qui ont du mérite, pour ceux qui n'en ont pas. Aime-t-on les enfants et les personnes modestes?

2. Lettre à une amie pour lui démontrer les dangers de la coquetterie, de la frivolité et la sottise de la vanité.

3. Résumez la fable de La Fontaine *Le chêne et le roseau*. Dites quel est le caractère que La Fontaine prête à chacun des deux personnages, et tirez de cette fable quelques conclusions morales.

45e LEÇON. — Devoirs relatifs à la sensibilité.

(PATIENCE, MODÉRATION.)

PLANS.

I

Définition de la sensibilité. — Sentiments envers la famille, les amis, la patrie. — Devoirs au sujet des sentiments : réagir contre une sympathie ou une antipathie aveugles. — Modération dans la joie, résignation dans la douleur. — Dangers des passions : colère, orgueil, vanité. — La raison doit gouverner.

II

Devoir de développer la sensibilité morale. — Ce que c'est que la sécheresse du cœur. — Devoir de nous défendre contre les entraînements de la sensibilité, de modérer nos passions (avarice, haine, colère, prodigalité) ; de régler nos désirs (ambition). — La colère, ses dangers. — Moyens d'éviter la colère. — Modérer la sensibilité dans le malheur. — Résignation. — Être content de son sort.

RÉSUMÉS.

I

Les principaux ennemis de la sensibilité sont nos penchants et nos passions. Nous avons le devoir de les surveiller et de les combattre.

Évitons surtout la colère, qui nous rend semblables à des fous et peut nous entraîner au crime.

« ***Entre votre colère et l'effet qui la suit,***
Laissez toujours au moins l'espace d'une nuit. »

(Panard.)

II

La sensibilité morale est un privilège de l'homme. Le plaisir nous émeut, la douleur nous éprouve. Mais nous devons nous défendre contre les entraînements de la sensibilité et la contenir dans de justes bornes. Nous éviterons ainsi de nous laisser aller à certaines passions, telles que l'orgueil, l'ambition, la colère et la haine, qui nous feraient agir contrairement à la raison.

En cela, comme en toute chose, la réflexion et la modération seront notre meilleure sauvegarde.

LECTURE.

1. — Anecdotes sur la patience et la colère.

I

Un jour où l'on discutait devant le grand ministre anglais Pitt la question de savoir quelle était la qualité la plus nécessaire à un premier ministre, l'un des interlocuteurs dit : « L'éloquence; » un autre : « La science; » un troisième : « Le travail. » — « Non, dit Pitt, c'est la patience. » Il avait, en effet, sur lui-même un empire admirable. Un de ses amis disait qu'il ne l'avait jamais vu une seule fois de mauvaise humeur.

II

Un autre Anglais célèbre, Hampden, membre du Parlement, avait la réputation d'exercer sur ses collègues une influence bienfaisante par son caractère conciliant et calme. « Nous nous serions pris aux cheveux, disait un de ses adversaires politiques, et nous nous serions donné des coups d'épée, si M. Hampden, par quelques paroles pleines de sagesse, ne nous en eût empêchés, en nous décidant à remettre notre orageuse discussion au lendemain matin. »

III

Alexandre le Grand, dans un accès de colère causé probablement par l'ivresse, tua son meilleur ami, Clitus. Revenu à lui, il se désespéra du crime qu'il avait commis, pleura sa victime et lui fit de magnifiques funérailles. Voilà jusqu'où les hommes les meilleurs peuvent se laisser entraîner dans un moment d'oubli et de fureur. Alexandre était bon, humain, généreux; il a suffi d'un accès de colère pour lui faire perdre le bénéfice de toutes ses qualités et pour lui faire commettre une action dont il aurait eu horreur s'il était resté de sang-froid.

(A. Mézières, *Éducation morale et Instruction civique*[1].)

1. Un volume in-12, cartonné. Charles Delagrave, éditeur.

AUTRES LECTURES.

2. **Un mauvais caractère ou la grondeuse**, par Molière (Ch. Lebaigue, *Pour nos filles*, cours supérieur).
3. **L'enfant content de son sort** (Guyau, *la Première Année de lecture courante*).
4. **Consolation à M. du Perrier**, par Malherbe (Merlet, *Extraits des classiques français*, cours moyens, poésie).
5. **Les châteaux en Espagne**, poésie de Collin d'Harleville (Louis Collas, *Mosaïque des écoles et des familles*).
6. **Le boiteux, le bossu et l'aveugle** (Florian, *Fables*).

RÉCITATIONS.

1. — La rixe.

Sur le pont d'un vaisseau, pour une bagatelle,
Deux matelots anglais se prirent de querelle.
On fit cercle ; aussitôt ces robustes jouteurs,
Demi-nus et pareils aux antiques lutteurs,
Sur leurs puissants jarrets brusquement s'affermissent,
Se mesurent de l'œil, s'embrassent et s'unissent,
Et tous deux confondus, l'un et l'autre enlacés,
Ne forment plus qu'un corps, vainqueurs ou terrassés.
D'abord ce n'est qu'un jeu dont la troupe s'amuse :
On applaudit la force, on admire la ruse;
Mais bientôt la colère aveugle les rivaux;
L'ivresse du combat monte à leurs lourds cerveaux,
Où le gin a porté la vapeur qui les trouble.
On veut les séparer; leur furie en redouble;
C'est à qui frappera ces coups insidieux
Qui font jaillir le sang de la bouche et des yeux.
Insensés, rugissants, ils écument, se tordent,
Des ongles et des dents se saignent et se mordent;
Des lions au désert, pour un nègre abattu,
D'un plus terrible effort n'ont jamais combattu.
La lutte ainsi durait depuis quelques minutes;
Ils roulaient, se levaient, tout meurtris de leurs chutes,
Quand un coup plus habile et prévu dès longtemps
Atteignit à la tempe un des deux combattants.
On le vit aussitôt pâlir, affreux, livide,
Chercher un point d'appui pour ses bras dans le vide,

S'arrêter un instant, chanceler, se pencher,
Puis tomber de son long sur le sanglant plancher.
Or, c'étaient deux amis que ce couple de brutes
Qui tentaient, sur un mot, ces effroyables luttes!
Quand l'homme au lourd poignet vit tomber son ami,
Et contempla ce corps immobile et blêmi,
La raison lui revint comme au sortir d'un rêve;
Il se dit quelques mots, sombre et d'une voix brève;
Puis, comme on l'entourait, poussant les matelots,
Il bondit vers le bord et saute dans les flots.
Il nageait lentement à vingt pas de la poupe,
En criant : « Est-il mort? » On s'empresse, on se groupe,
Et des jurons! « Saisis l'amarre! pousse au bord! »
Une seconde fois, il leur crie : « Est-il mort? »
On détache un canot, on lâche une bouée :
« Est-il mort? » hurlait-il d'une voix enrouée.
On ne l'écoute pas, on veut pêcher ce fou!
Un mousse cependant lui cria tout à coup :
« Il est mort. — Bien! » dit-il, et, plongeant dans l'abîme,
Il alla devant Dieu retrouver sa victime.

(EUGÈNE MANUEL, *Pages intimes*[1].)

---

2. — La laitière et le pot au lait.

Perrette, sur sa tête ayant un pot au lait
Bien posé sur un coussinet,
Prétendait arriver sans encombre à la ville.
Légère et court vêtue, elle allait à grands pas,
Ayant mis ce jour-là, pour être plus agile,
Cotillon simple et souliers plats.
Notre laitière ainsi troussée
Comptait déjà dans sa pensée
Tout le prix de son lait; en employait l'argent;
Achetait un cent d'œufs; faisait triple couvée.
La chose allait à bien par son soin diligent.
« Il m'est, disait-elle, facile
D'élever des poulets autour de ma maison;
Le renard sera bien habile
S'il ne m'en laisse assez pour avoir un cochon.

1. CALMANN LÉVY, éditeur.

Le porc à s'engraisser coûtera peu de son;
Il était, quand je l'eus, de grosseur raisonnable :
J'aurai, le revendant, de l'argent bel et bon.
Et qui m'empêchera de mettre en notre étable,
Vu le prix dont il est, une vache et son veau,
Que je verrai sauter au milieu du troupeau? »
Perrette là-dessus saute aussi, transportée :
Le lait tombe; adieu veau, vache, cochon, couvée.
La dame de ces biens, quittant d'un œil marri
Sa fortune ainsi répandue,
Va s'excuser à son mari,
En grand danger d'être battue.
Le récit en farce en fut fait;
On l'appela le Pot au lait.

Quel esprit ne bat la campagne?
Qui ne fait châteaux en Espagne?

. . . .

Quand je suis seul, je fais au plus brave un défi;
Je m'écarte, je vais détrôner le sophi;
On m'élit roi, mon peuple m'aime;
Les diadèmes vont sur ma tête pleuvant :
Quelque accident fait-il que je rentre en moi-même,
Je suis Gros-Jean comme devant.

(La Fontaine.)

AUTRES RÉCITATIONS.

3. **Le petit poisson et le pêcheur** (La Fontaine, *Fables*).
4. **Pyrrhus et Cinéas**, par Boileau (A. Vessiot, *la Récitation à l'école et la Lecture expliquée*).

DEVOIRS DE RÉDACTION.

1. *La colère.* — Montrez quels sont les effets ordinaires de ce vice, et combien il est dangereux de s'y livrer.
2. Dans un accès de colère, votre camarade Pierre a blessé assez grièvement son ami Maurice. Racontez la scène et dépeignez la douleur et les regrets de Pierre. Conclusion.
3. Racontez un accès de colère qui a, pendant quelques minutes, transformé en furie une de vos compagnes, d'ordinaire très douce. Ajoutez vos réflexions.

4. *Châteaux en Espagne.* — Qu'entend-on par cette expression : *Faire des châteaux en Espagne?* Citez des exemples. En avez-vous fait vous-même? Lesquels?

46e LEÇON. — Devoirs relatifs à l'intelligence.

(VÉRACITÉ, SINCÉRITÉ.)

PLANS.

I

Le premier devoir envers l'intelligence, c'est de s'instruire. — Avantages de l'instruction. — Obligation de dire la vérité. — Franchise, sincérité. — Lâcheté et inconvénients du mensonge. — Le mensonge peut avoir des conséquences graves (condamnation d'un innocent). — Estime, bonne renommée d'un homme franc.

II

L'intelligence a besoin de la vérité. — Recherche de la vérité par l'étude. — Guerre à l'ignorance. — Respect de la vérité. — Différentes sortes de mensonges : vanité, intérêt, lâcheté. — L'hypocrisie. — Le penchant à l'exagération. — La flatterie. — Mensonges par plaisanterie. — Mensonges innocents : contes, fables. — Mensonges commandés par l'humanité. — Mensonges héroïques.

RÉSUMÉS.

I

Une qualité que l'on aime à rencontrer chez un enfant, c'est la franchise.

Habituons-nous donc à dire toujours la vérité et ne commettons pas le plus petit mensonge; car les petits mensonges mènent aux grands.

S'il nous arrive même de commettre une faute, sachons reconnaître nos torts et ne reculons jamais devant un aveu. Nous rencontrerons presque toujours l'indulgence ou le pardon.

« Faute avouée est à moitié pardonnée. »

II

Le premier devoir envers l'intelligence, c'est de la cultiver et de la développer par l'instruction; car l'instruction émancipe l'esprit et le débarrasse des préjugés et des superstitions. Le second, c'est d'être franc et de dire toujours la vérité.

Ayons le mensonge en horreur et évitons-le sous toutes ses formes. Le menteur perd toute dignité et s'attire le mépris public.

« Il ne faut pas dire tout ce que l'on pense; il faut toujours penser ce que l'on dit. »

LECTURES.

1. — Barra.

Joseph Barra avait onze ans. C'était un petit Vendéen qui s'était joint à l'armée en qualité de volontaire. L'armée opérait alors en Vendée pour défendre la République et les lois, contre les royalistes insurgés.

On voyait toujours Barra aux avant-postes, méprisant le danger, acceptant bravement les missions les plus difficiles.

Un jour qu'il conduisait les chevaux à un poste voisin, il tomba dans une embuscade. Il fut entouré, cerné. Il était trop loin des siens pour espérer du secours.

« Crie Vive le Roi ! et tu auras la vie sauve », lui disait-on de toutes parts.

La vie sauve à onze ans : c'est-à-dire bien des années de bonheur, la joie de revoir ses parents, sa maison, son village.... Barra pensa à tout ce qu'il allait perdre, mais il n'hésita point.

Crier Vive le Roi ! c'était renier son drapeau, c'était trahir les siens !

« Vive la République ! » cria l'enfant, et vingt bras l'égorgèrent.

Barra a été un héros, parce qu'il a préféré mourir que de dire ce qu'il ne pensait pas.

(G. COMPAYRÉ, *Éléments d'instruction morale et civique*[1].)

---

1 PAUL DELAPLANE, éditeur.

2. — Arrias ou le bavard.

Arrias a tout lu, a tout vu, il veut le persuader ainsi, c'est un homme universel, et il se donne pour tel ; il aime mieux mentir que de se taire ou de paraître ignorer quelque chose. On parle, à la table d'un grand, d'une cour du Nord ; il prend la parole, et l'ôte à ceux qui allaient dire ce qu'ils en savent ; il s'oriente dans cette région lointaine comme s'il en était originaire : il discourt des mœurs de cette cour, des gens du pays, de ses lois et de ses coutumes ; il récite des historiettes qui y sont arrivées, il les trouve plaisantes, et il en rit le premier jusqu'à éclater. Quelqu'un se hasarde de le contredire, et lui prouve nettement qu'il dit des choses qui ne sont pas vraies : Arrias ne se trouble point, prend feu au contraire contre l'interrupteur. « Je n'avance, lui dit-il, je ne raconte rien que je ne sache d'original ; je l'ai appris de Sethon, ambassadeur de France dans cette cour, revenu à Paris depuis quelques jours, que je connais familièrement, que j'ai fort interrogé, et qui ne m'a caché aucune circonstance. » Il reprenait le fil de sa narration avec plus de confiance qu'il ne l'avait commencée, lorsque l'un des conviés lui dit : « C'est Sethon à qui vous parlez, lui-même, et qui arrive de son ambassade. »

(La Bruyère, *les Caractères.*)

AUTRES LECTURES.

3. Les suites d'un mensonge A. Vessiot, *Lecture courante*, cours élémentaire .

4. Les lapins d'argent. par Néel. *l'Instruction primaire*, 7e année, page 156 .

5. Les conséquences du mensonge (Guyau. *la Première Année de lecture courante* .

6. Franchise de Washington Mlle Clarisse Juranville, *Manuel d'éducation morale et civique*.

7. Le parasite. par Le Sage Merlet. *Extraits des classiques français*, cours moyens, prose .

RÉCITATION.

1. — Le madrigal de Louis XIV.

Il faut que je vous conte une petite historiette, qui est très vraie et qui vous divertira. Le roi se mêle depuis peu de faire des vers. MM. de Saint-Aignan et Dangeau lui apprennent comment il faut s'y prendre. Il fit l'autre jour un petit madrigal que lui-même ne trouva pas trop joli. Un matin, il dit au maréchal de Grammont : « Monsieur le maréchal, lisez, je vous prie, ce petit madrigal, et voyez si vous en avez vu un si impertinent ; parce qu'on sait que depuis peu j'aime les vers, on m'en apporte de toutes les façons. » Le maréchal, après avoir lu, dit au roi : « Sire, Votre Majesté juge divinement bien de toutes choses : il est vrai que voilà le plus sot et le plus ridicule madrigal que j'aie jamais lu. » Le roi se mit à rire, et lui dit : « N'est-il pas vrai que celui qui l'a fait est bien fat ? — Sire, il n'y a pas moyen de lui donner un autre nom. — Oh bien ! dit le roi, je suis ravi que vous m'ayez parlé si bonnement ; c'est moi qui l'ai fait. — Ah ! Sire, quelle trahison ! Que Votre Majesté me le rende ; je l'ai lu brusquement. — Non, monsieur le maréchal ; les premiers sentiments sont toujours les plus naturels. » Le roi a fort ri de cette folie, et tout le monde trouve que voilà la plus cruelle petite chose que l'on puisse faire à un vieux courtisan. Pour moi, qui aime toujours à faire des réflexions, je voudrais que le roi en fît là-dessus, et qu'il jugeât par là combien il est loin de connaître la vérité.

(Mme DE SÉVIGNÉ.)

AUTRES RÉCITATIONS.

2. Le menteur, poésie de Mme DESBORDES-VALMORE (P. ESTIENNE et H. DANIEL, *le Deuxième Livre de récitation et de morale*).

3. Le renard et la cigogne (LA FONTAINE, *Fables*).

DEVOIRS DE RÉDACTION.

1. Quel est votre premier devoir envers l'intelligence ? Quels sont les avantages de l'instruction et les inconvénients de l'ignorance ?

2. Qu'auriez-vous fait si vous aviez été à la place du petit Washington, quand il eut coupé les arbres du jardin de son père (6ᵉ lecture) ?

3. *Le mensonge.* — Votre frère a la mauvaise habitude de mentir. Vous lui écrivez à ce sujet, et vous lui indiquez, par une petite histoire que vous imaginez, les fâcheuses conséquences de ce vice.

4. On ment par vanité, par intérêt ou par lâcheté : lequel de ces trois mensonges vous déplaît le plus ?

5. Votre jeune frère éprouve un grand plaisir à mentir pour attraper ses camarades et jouir, dit-il, de la « tête » qu'ils font. Expliquez-lui le danger qu'il y a à agir ainsi.

47ᵉ LEÇON. — Devoirs relatifs à la volonté.

(COURAGE DANS LE PÉRIL ET DANS LE MALHEUR.)

PLANS.

I

Différentes formes du courage. — Courage moral : la peur. — Turenne avant la bataille. — Courage dans le danger. — Sang-froid. — Présence d'esprit. — Courage physique : patience dans la douleur. — Courage civique. — Courage militaire : héroïsme. — Ne pas confondre le courage avec la témérité.

II

Ce que c'est que le courage. — Différentes formes de courage. — La résignation ou courage dans le malheur : force morale. — Résignation dans la souffrance. — Bravoure et intrépidité dans le danger : héroïsme. — Courage militaire et courage civil. — Vertus analogues au courage. — Le sang-froid. — La présence d'esprit.

RÉSUMÉS.

I

Le courage est l'effort de l'âme pour résister à la souffrance morale ou physique, ou pour surmonter la crainte d'un danger. On peut distinguer trois formes de courage : le courage moral, le courage civil et le courage militaire; mais toutes ces formes de courage

ont une racine commune : l'amour du devoir et la volonté de l'accomplir partout et toujours.

« *A cœur vaillant, rien d'impossible.* »

II

« Ne pas se laisser troubler en face d'un danger, c'est l'avoir à moitié vaincu. »

Conservons donc notre sang-froid dans le péril et sachons le braver lorsque l'honneur et le devoir nous le commandent.

« L'homme de bien porte le courage partout avec lui : au combat, contre l'ennemi; dans un cercle, en faveur des absents; dans son lit, contre les attaques de la douleur et de la mort. » (BARRAU.)

LECTURES.

1. — Viala.

Le 17 juillet 1793, les royalistes du Midi, soulevés contre le gouvernement républicain, s'étaient rendus maîtres de la rive gauche de la Durance et marchaient sur Avignon. Les patriotes de Vaucluse essayèrent de leur barrer le passage; mais, inférieurs en nombre, ils ne purent les empêcher de s'emparer des pontons. Couper les câbles était le seul moyen de rendre les pontons inutiles et d'empêcher ou, du moins, de retarder le passage de la rivière. L'entreprise semblait impossible, car il fallait avancer sous un feu terrible et courir à une mort certaine. On demande un homme de bonne volonté; un enfant de treize ans, Agricol Viala, commandant une petite garde nationale dite « l'Espérance de la Patrie », se présente; on le repousse avec dédain. Alors Viala s'empare d'une hache, et, s'échappant des mains qui veulent le retenir, il s'élance seul vers les pontons. Avec son petit mousquet, il fait feu quatre fois sur l'ennemi; puis, arrivé au poteau qui retient l'amarre, il jette son fusil et attaque le câble à coups de hache. Les balles pleuvaient autour de lui; une d'elles l'atteint malheureusement à la poitrine; il tombe en criant : « Je meurs pour la liberté. » Le câble ne fut néanmoins pas coupé, et les royalistes purent passer le fleuve et occuper Avignon, d'où ils furent chassés, quelques jours après, par Bonaparte.

Mais l'héroïsme de Viala souleva, dans toute la France, un indescriptible enthousiasme. Il fut célébré, en prose et en vers, sur les théâtres, dans les écoles, dans les sociétés populaires, et tout le monde connaît la strophe du *Chant du Départ :*

De Barra, de Viala, le sort nous fait envie ;
Ils sont morts, mais ils ont vécu !...

La Convention, après avoir entendu Robespierre raconter l'exploit du jeune héros, décréta, le 30 prairial, que l'urne du glorieux Viala serait transportée au Panthéon et que l'Assemblée nationale assisterait à cette cérémonie.

Elle décida, en outre, qu'une gravure représentant cet acte d'héroïsme serait envoyée dans toutes les écoles de France, afin que chacun apprît, dès l'enfance, que le dévouement à la patrie est le plus sacré des devoirs.

(L. Boyer, *Vaucluse*[1].)

2. — Un héros de quinze ans.

Nous sommes sur les montagnes du Jura. Sur les crêtes, que le soleil d'été a desséchées, les troupeaux errent entre les grands bois, cherchant un peu d'herbe et un peu d'ombre. Jean-Baptiste Jupille est parti dès le matin avec son troupeau, et il le conduit bien loin, vers un plateau fertile.

Notre jeune berger s'est assis et songe — à son âge, on aime à rêver déjà ; — mais la rêverie ne sera pas longue. Les enfants de Villers-Farlay, revenant de l'école, ont aperçu Jupille, et, poussant des cris joyeux, se pressent autour de lui.

Soudain, un chien apparaît, hérissé, affreux, l'œil injecté, et la gueule pleine de bave. Les chiens du berger s'enfuient en l'apercevant. Plus de doute : l'animal est enragé et le voici qui va se jeter sur les enfants terrifiés. Quelques pas encore, il va les atteindre; car la peur semble les

1. E. Dentu, éditeur.

clouer au sol. Mais Jupille est là et il a compris le danger. Il saisit son fouet et bravement, sans hésiter, il s'élance en avant des enfants pour les couvrir de son corps; puis, à coups redoublés, il s'efforce de chasser l'animal. Furieux, le chien se jette sur lui et saisit sa main gauche, qu'il déchire sous ses crocs. Couvert de sang et cruellement atteint, le brave garçon ne pense même pas à fuir. Il fait face à la bête féroce, que la rage semble rendre invincible, et lutte contre elle avec une énergie sans pareille. De la main droite, il ouvre la gueule écumante et parvient à dégager sa main gauche, que le chien a mutilée; puis, sans s'occuper des nouvelles morsures qu'il reçoit, avec ce sang-froid qui est le signe du vrai courage, il réussit à lier le museau du chien à l'aide de la lanière de son fouet, et, l'ayant ainsi réduit à l'impuissance, il l'assomme à coups de sabot. Le chien était de forte taille; mais Jupille était vigoureux, et bientôt l'animal tombait à ses pieds. Les enfants étaient sauvés; malheureusement, le courageux berger était couvert de cruelles morsures.

Jupille n'était pas seulement blessé, il était aussi empoisonné par le virus rabique et destiné à expirer dans les plus terribles souffrances. Ses plaies sont trop profondes pour qu'il soit possible de les cautériser avec un fer rouge, et le jeune héros est voué à une mort certaine. Mais on parle, dans le pays, d'un savant qui guérit la rage en l'inoculant. Il s'appelle M. Pasteur et déjà il a fait plusieurs miracles. On amène Jupille à Paris et il est confié aux soins de M. Pasteur. Quinze jours se passent et, le traitement étant terminé, notre berger retourne dans son pays, où il apprend que l'Académie lui a décerné un prix de mille francs pour récompenser son courage.

Au milieu de ses concitoyens qui l'admirent, Jupille se guérit, et les mois s'écoulent sans que la terrible maladie dont il était menacé fasse son apparition. Il est sauvé. La France, fière de compter parmi ses enfants des héros comme le berger de Villers-Farlay, s'enorgueillit d'avoir donné le jour au savant illustre qui a vaincu le plus terrible des fléaux.

(A. RENDU fils, *le Devoir et la Loi* [1].)

---

1. A. FOURAUT, éditeur.

3. — La peur dans les ténèbres.

« Il y a longtemps de cela, mais je m'en souviens comme d'hier. J'avais une douzaine d'années. J'étais allé, à une lieue de la ville, prendre des nouvelles de mon oncle, qui était malade. Je revenais par la forêt à la tombée de la nuit : la route était déserte. Tout à coup j'entends derrière moi des pas précipités, une sorte de galop que je ne connaissais pas. Ce n'était pas le train d'un cheval, ce n'était pas non plus la course d'un homme. La peur me prit, et, l'imagination aidant, je me figurai quelque bête monstrueuse à ma poursuite. Je me mis à courir à toutes jambes. Plus je courais, plus le galop semblait se rapprocher, plus les formes de la bête, que je ne voyais pourtant pas, car je n'osais pas me retourner, me paraissaient grandir et devenaient effrayantes.

« Dans ma fuite, je me heurtai à une pierre et je tombai. Le galop s'arrêta net, mais si près de moi qu'un frisson me secoua tout le corps. A la fin, n'entendant plus rien, je pris mon courage à deux mains, je me relevai et regardai derrière moi. L'âne de mon oncle était tranquillement arrêté à deux pas de là, droit sur ses quatre jambes. J'eus honte de ma couardise; je pris la bête par le licol et la ramenai à son écurie, me jurant bien qu'on ne me reprendrait plus à trembler de la sorte.

« Je me suis tenu parole; et pourtant, depuis lors, j'en ai vu bien d'autres. En Crimée, j'ai été dans la tranchée de Malakoff; en Italie, j'ai combattu à Magenta et à Solférino; en Afrique, j'ai donné la chasse aux Arabes du désert; enfin, j'ai vu de près les Prussiens sous les murs de Metz. Plus d'une fois, en entendant siffler les balles, la carcasse avait bonne envie de trembler. Je la réconfortais d'un mot : « Tu trembles, carcasse, lui disais-je, comme si l'âne était « encore à tes trousses. »

Ainsi parlait un soir le capitaine Robert. Il ne disait pas tout; par exemple, il ne disait pas que sa bravoure sur les champs de bataille lui avait valu la croix d'honneur à vingt-cinq ans.

(Louis Liard, *Morale et Enseignement civique à l'usage des écoles primaires* [1].)

1. Léopold Cerf, éditeur.

AUTRES LECTURES.

4. Sang-froid d'un enfant (A. RENDU FILS, *le Devoir et la Loi*).
5. La peur (LOUIS COLLAS, *Mosaïque des écoles et des familles*).
6. Présence d'esprit de Descartes (GUYAU, *la Première Année de lecture courante*).
7. Le revenant velu, la chambre verte (GUYAU, *la Première Année de lecture courante*).
8. Courage en face de la mort (GUYAU, *la Première Année de lecture courante*).
9. Le tueur de lions, par L. NOIR (CH. LEBAIGUE, *Pour nos fils*, cours supérieur).
10. Mathieu Molay, Boissy d'Anglas (GEORGES DURUY, *Pour la France*).
11. Le bataillon corse, par PROSPER MÉRIMÉE (A. VESSIOT, *la Récitation à l'école et la Lecture expliquée*).
12. Courage de Broussais, par MIGNET (CH. LEBAIGUE, *le Livre de l'école*, cours moyen).

RÉCITATION.

1. — Sang-froid de Charles XII.

Cependant Stralsund était battu en brèche; les bombes pleuvaient sur les maisons; la moitié de la ville était en cendre; les bourgeois, loin de murmurer, pleins d'admiration pour leur maître, dont les fatigues, la sobriété et le courage les étonnaient, étaient tous devenus soldats sous lui; ils l'accompagnaient dans les sorties; ils étaient pour lui une seconde garnison.

Un jour que le roi dictait des lettres pour la Suède à un secrétaire, une bombe tomba sur la maison, perça le toit, et vint éclater près de la chambre même du roi; la moitié du plancher tomba en pièces; le cabinet où le roi dictait, étant pratiqué en partie dans une grosse muraille, ne souffrit point de l'ébranlement, et, par un bonheur étonnant, nul des éclats qui sautaient en l'air n'entra dans ce cabinet, dont la porte était ouverte. Au bruit de la bombe et au fracas de la maison qui semblait tomber, la plume échappe des mains du secrétaire : « Qu'y a-t-il donc? lui dit le roi d'un air tranquille; pourquoi n'écrivez-vous pas? » Celui-ci ne put répondre que ces mots :

« Eh! Sire, la bombe! — Eh bien! reprit le roi, qu'a de commun la bombe avec la lettre que je vous dicte? Continuez. »

(VOLTAIRE, *Histoire de Charles XII.*)

AUTRES RÉCITATIONS.

2. Le fusilier et les gabions, par RACINE (A. VESSIOT, *la Récitation à l'école et la Lecture expliquée*).

3. L'enfant de Sparte, poésie de VICTOR DE LAPRADE (*l'Instruction primaire*, 14e année).

4. Le courage, par ALEXANDRE DUMAS (*l'Instruction primaire*, 15e année).

DEVOIRS DE RÉDACTION.

1. Qu'est-ce que l'héroïsme? Citez deux exemples parmi les actes militaires et civils.
2. Racontez un trait de bravoure pris dans l'histoire ou dans la vie ordinaire. Demandez-vous ensuite ce qui serait arrivé si, à la place du brave dont vous parlez, il s'était trouvé un poltron.
3. En quoi consiste le vrai courage? Combien y a-t-il de sortes de courages? Citez différents exemples.
4. Quelles sont, à votre avis, en dehors du métier des armes, les professions qui exigent le plus d'intrépidité et de sang-froid, et pourquoi?

48e LEÇON. — Devoirs relatifs à la volonté.

(ESPRIT D'INITIATIVE. — PERSÉVÉRANCE.)

PLANS.

I

La persévérance. — Sa nécessité à l'école : enfant mal doué qui persiste à travailler. — La persévérance dans les difficultés et les obstacles de la vie. — Nécessité de bien réfléchir avant de prendre une détermination. — La réflexion n'exclut pas l'amour de l'action et l'esprit d'initiative.

II

L'esprit d'initiative et l'amour de l'action : sources des inventions et découvertes, du progrès et de la civilisation. — Exemples historiques : Christophe Colomb, Carnot, Pasteur, etc. — La patience et la persévérance : vertus de premier ordre dans la vie et étroitement liées au courage. — Nécessité de la persévérance à l'école et dans la vie.

RÉSUMÉS.

I

La persévérance, comme la patience, est fille du courage. Il faut acquérir de bonne heure cette précieuse qualité, car elle nous fera triompher de bien des difficultés, de bien des obstacles.

N'entreprenons jamais rien sans y avoir bien réfléchi; mais, quand notre résolution est prise, exécutons-la avec vigueur. Il n'est guère d'obstacles qu'on ne finisse par surmonter avec une volonté persévérante :

« ***Aide-toi, le ciel t'aidera.*** »

II

Dans certaines circonstances, il faut savoir se tirer d'affaire, prendre une résolution de soi-même sans attendre d'y être entraîné par les événements. Agir ainsi, c'est avoir l'esprit d'initiative, qui est une forme du courage.

Mais après avoir commencé, il faut continuer, c'est-à-dire persévérer dans nos résolutions et poursuivre, sans défaillance, le but qu'on s'est assigné. — Le succès n'est pas réservé à celui qui entreprend beaucoup, mais à celui qui sait persévérer jusqu'à la fin.

« ***Il ne faut pas jeter le manche après la cognée.*** »

LECTURES.

1. — Efforts persévérants de Démosthène pour devenir orateur.

Il fit construire un cabinet souterrain, qui subsistait encore de mon temps, dans lequel il allait tous les jours s'exercer à la déclamation et former sa voix; il y passait jusqu'à deux ou trois mois de suite, ayant la moitié de la tête rasée, afin que la honte de paraître en cet état l'empêchât de sortir, quelque envie qu'il en eût. Toutes les visites qu'il recevait ou qu'il rendait, toutes les conversations, toutes les affaires devenaient pour lui autant d'occasions et de sujets d'exercer son talent. Dès qu'il était libre, il s'enfermait dans ce souterrain et repassait dans sa mémoire toutes les affaires dont on lui avait parlé, et les raisons qu'on avait alléguées de part et d'autre. Lorsqu'il avait entendu quelque discours public, il le répétait en lui-même, et s'exerçait à le réduire en lieux communs qu'il revêtait de périodes. Souvent, il s'appliquait à corriger, à expliquer ce que d'autres lui avaient dit, ou ce qu'il leur avait dit lui-même.

Il avait un bégayement de langue et une difficulté de prononciation qu'il parvint à corriger en remplissant sa bouche de petits cailloux, et prononçant ainsi plusieurs vers de suite. Il fortifia sa voix en montant d'une course rapide sur des lieux hauts et escarpés, pendant qu'il récitait, sans prendre haleine, de longs morceaux de poésie ou de prose. Il avait chez lui un grand miroir devant lequel il prononçait les discours qu'il avait composés.

(PLUTARQUE.)

2. — Bernard Palissy.

Bernard Palissy est un grand exemple de ce que peut une volonté ferme et persévérante. Né de parents pauvres, qui purent à peine lui faire donner quelques leçons de lecture, d'écriture et d'arpentage, il apprit seul le dessin, et devint très habile dans cet art. Avec le produit de quelques travaux d'arpentage et de peinture sur vitraux, il visita, pour s'instruire, une grande partie de la France. Il avait déjà près de quarante ans et était établi à Saintes, lorsque, ayant vu une magnifique coupe émaillée, il résolut de chercher le secret de la composition de l'émail, secret alors connu seulement de quelques artistes italiens, qui s'en servaient pour faire de beaux ouvrages qu'ils vendaient fort cher. Il se mit à l'œuvre.

Des essais infructueux épuisèrent ses économies; il ne se

rebuta point. Le prix d'une carte des marais salants de la Saintonge, qu'il fut chargé de lever, fut consacré à de nouvelles tentatives. Ensuite il emprunta de l'argent pour faire construire un fourneau, brûla, pour le chauffer, ses meubles et les planches de sa maison, et donna en payement à l'ouvrier qui l'aidait une partie de ses habits. Enfin, après seize années de travaux, le plus brillant succès couronna ses efforts. Ses belles poteries émaillées, ses vases, ses figurines, achetés à l'envi par le roi Henri II et par tous les amateurs des arts, ornèrent les jardins et les châteaux, et la France se trouva enrichie d'une industrie nouvelle.

(Th. H. Barbau, *Livre de morale pratique*[1].)

AUTRES LECTURES.

3. Un explorateur, par E. Charavay (Ch. Lebaigue, *Pour nos fils*, cours supérieur).
4. Philippe de Girard (L. Boyer, *Vaucluse*).
5. L'ourse et le petit ourson (Florian, *Fables*).
6. Conte chinois (*l'Instruction primaire*, 9e année, page 760).
7. Le découragement (Louis Collas, *Mosaïque des écoles et des familles*).
8. La volonté (De Amicis, *Grands Cœurs*).
9. Exhortations au petit dernier (F. Buisson).

RÉCITATION.

1. — Le charretier embourbé.

Le phaéton d'une voiture à foin
Vit son char embourbé. Le pauvre homme était loin
De tout humain secours : c'était à la campagne,
Près d'un certain canton de la basse Bretagne
Appelé Quimper-Corentin.
On sait assez que le destin
Adresse là les gens quand il veut qu'on enrage :
Dieu nous préserve du voyage !

---

1. Hachette et Cie, éditeurs.

Pour venir au chartier embourbé dans ces lieux,
Le voilà qui déteste et jure de son mieux,
Pestant, en sa fureur extrême,
Tantôt contre les trous, puis contre ses chevaux,
Contre son char, contre lui-même.
Il invoque à la fin le dieu dont les travaux
Sont si célèbres dans le monde :
« Hercule, lui dit-il, aide-moi ; si ton dos
A porté la machine ronde,
Ton bras peut me tirer d'ici. »
Sa prière étant faite, il entend dans la nue
Une voix qui lui parle ainsi :
« Hercule veut qu'on se remue,
Puis il aide les gens. Regarde d'où provient
L'achoppement qui te retient ;
Ote d'autour de chaque roue
Ce malheureux mortier, cette maudite boue
Qui jusqu'à l'essieu les enduit ;
Prends ton pic, et me romps ce caillou qui te nuit ;
Comble-moi cette ornière. As-tu fait ? — Oui, dit l'homme.
— Or bien je vas t'aider, dit la voix ; prends ton fouet.
— Je l'ai pris... Qu'est ceci ? mon char marche à souhait.
Hercule en soit loué ! » Lors la voix : « Tu vois comme
Tes chevaux aisément se sont tirés de là.
Aide-toi, le ciel t'aidera. »

(LA FONTAINE.)

AUTRES RÉCITATIONS.

2. La châtaigne, poésie d'ARNAULT (MERLET, *Extraits des classiques français*, cours élémentaires).
3. Le lièvre et la tortue (LA FONTAINE, *Fables*).

DEVOIRS DE RÉDACTION.

1. *Bernard Palissy.* — Raconter au prix de quels efforts Bernard Palissy est parvenu à trouver le secret des faïences émaillées. Montrer qu'il a dû son succès à la persévérance.

2. Qu'est-ce que l'esprit d'initiative ? Donnez des exemples. Comment pouvez-vous, à votre âge, montrer votre esprit d'initiative ?

3. Expliquez le proverbe : *Il faut casser le noyau pour avoir l'amande.* Montrer comment il trouve son application à l'école et dans la vie.

4. Expliquez à l'un de vos amis le proverbe : *C'est en forgeant qu'on devient forgeron.* Faites-lui comprendre les avantages qu'on peut tirer d'un travail persévérant.

6° DEVOIRS ENVERS LES AUTRES HOMMES.

49° LEÇON. — La société : sa nécessité, ses bienfaits.

PLANS.

I

L'homme ne peut vivre qu'en société. — Besoins qu'il a du secours de ses semblables. — Besoins matériels : division du travail, situation de l'homme obligé de se suffire seul. — Besoins intellectuels et moraux : douleur de la solitude. — Histoire de Robinson Crusoé. — Les hommes doivent travailler les uns pour les autres.

II

La société, sa formation. — La famille, première société; le village, la ville, le département, la patrie, l'humanité. — Avantages de la société : *bienfaits matériels :* division du travail, échange de services, accroissement du bien-être. — *Bienfaits intellectuels :* échange des idées. Acquisition des connaissances, résultat des recherches et des efforts des générations qui nous ont précédés. — *Avantages moraux :* adoucissement des mœurs, progrès moral par la vie en commun.

RÉSUMÉS.

I

La société est indispensable à l'homme. Elle lui permet de subvenir à ses besoins matériels comme à ses besoins intellectuels et moraux.

Aimons donc tous les hommes, non seulement parce que nous ne pouvons nous passer de leurs services, mais parce qu'ils sont des hommes comme nous.

II

L'homme n'est pas fait pour vivre seul. Réduit à lui-même et privé du secours de ses semblables, il ne pourrait mener qu'une vie misérable et manquerait de tout. C'est la division du travail et l'échange des produits qui augmentent le bien-être. La vie en commun favorise en outre le progrès intellectuel et moral et amène l'adoucissement des mœurs.

LECTURES.

1. — Les premières sociétés humaines.

Les premiers hommes, n'ayant que les montagnes pour asiles contre les inondations, chassés souvent de ces mêmes asiles par le feu des volcans, tremblants sur une terre qui tremblait sous leurs pieds, exposés aux injures des éléments, victimes de la fureur des animaux féroces, ont promptement cherché à se réunir, d'abord pour se défendre par le nombre, ensuite pour s'aider et travailler en commun à se faire un domicile et des armes.

Ils commencèrent par aiguiser les cailloux en forme de haches; puis bientôt ils tirèrent du feu de ces mêmes cailloux en les frappant les uns contre les autres. Avec la hache de pierre, ils tranchèrent, coupèrent les arbres, travaillèrent le bois, façonnèrent leurs armes et les instruments de première nécessité.

Et après s'être munis de massues et d'autres armes pesantes et défensives, ces premiers hommes trouvèrent le moyen d'en faire d'offensives plus légères, pour atteindre de loin. Un tendon, un nerf d'animal, des fils d'aloès ou l'écorce souple d'une plante ligneuse leur servirent de corde pour réunir les deux extrémités d'une branche élastique dont ils firent leur arc. Ils aiguisèrent d'autres petits cailloux pour en armer la flèche. Puis ils eurent des filets, des radeaux, des canots, et s'en tinrent là, tant qu'ils ne formèrent que de petites nations, composées de quelques familles, vivant dans les lieux où l'espace libre ne leur manquait pas plus que le gibier, le poisson et les fruits.

Mais lorsque l'espace se trouva limité par les eaux ou

resserré par les hautes montagnes, ces petites nations, devenues trop nombreuses, furent forcées de partager leur terrain entre elles. De ce moment, la terre devint le domaine de l'homme, il en prit possession pour ses travaux de labourage et se mit à aimer bien vite le pays qu'il cultivait. L'ordre, la police, les lois vinrent ensuite, et les sociétés prirent peu à peu de la consistance et de la force.

(BUFFON, *Histoire naturelle.*)

---

2. — Bienfaits de la société.

Prenons un homme appartenant à une classe modeste de la société, un menuisier de village, par exemple, et observons tous les services qu'il rend à la société et tous ceux qu'il en reçoit : nous ne tarderons pas à être frappés de l'énorme disproportion qui existe. Cet homme passe sa journée à raboter des planches, à fabriquer des tables et des armoires; il se plaint de sa condition, et cependant que reçoit-il en réalité de cette société, en échange de son travail? D'abord, tous les jours, en se levant, il s'habille et n'a personnellement fait aucune des nombreuses pièces de ses vêtements. Or, pour que ces vêtements, tout simples qu'ils sont, soient à sa disposition, il faut qu'une énorme quantité de travail, d'industries, de transports, d'inventions ingénieuses ait été accomplie. Il faut que des Américains aient produit du coton, des Indiens de l'indigo, des Français de la laine et du lin, des Brésiliens du cuir; que tous ces matériaux aient été transportés dans des villes diverses, qu'ils aient été ouvrés, filés, tissés, teints, etc.

Il déjeune. Pour que le pain qu'il mange lui arrive tous les matins, il faut que des terres aient été défrichées, labourées, fumées, ensemencées; il faut que les récoltes aient été préservées avec soin du pillage; il faut qu'une certaine sécurité ait régné au milieu d'une innombrable multitude; il faut que le froment ait été récolté, broyé, pétri, préparé; il faut que le fer, l'acier, le bois et la pierre aient été convertis par le travail en instruments de travail; que certains hommes se soient emparés de la force des animaux; d'autres, du poids d'une chute d'eau, etc.; toutes choses dont chacune, prise isolément, suppose une masse incalculable de travail mise en jeu. Cet homme ne passera pas sa journée sans employer un peu de sucre, un peu d'huile, sans se servir de quelques ustensiles. Il enverra son fils à l'école. Il sort : il trouve une rue pavée et éclairée. On lui conteste une propriété : il trouvera des avocats pour défendre ses droits, des juges pour les maintenir, des officiers de justice pour faire exécuter les sentences; toutes choses qui supposent encore des connaissances acquises; par conséquent, des lumières et des moyens d'existence.

Si notre artisan entreprend un voyage, il trouve que, pour lui épargner du temps et diminuer sa peine, d'autres hommes ont aplani le sol, comblé des vallées, abaissé des montagnes, joint les rives des fleuves, dompté les chevaux ou la vapeur, etc. Il est impossible de ne pas être frappé de la disproportion véritablement incommensurable qui existe entre les satisfactions que cet homme trouve dans la société et celles qu'il pourrait se donner, s'il était réduit à ses propres forces. J'ose dire que, dans une seule journée, il consomme des choses qu'il ne pourrait produire lui-même dans dix siècles. Ce qui rend le phénomène plus étrange, c'est que tous les hommes sont dans le même cas que lui. Chacun de ceux qui composent la société a absorbé des millions de fois plus qu'il n'aurait pu produire.

(Frédéric Bastiat, *Harmonies économiques* [1].)

AUTRES LECTURES.

3. Avantages de la société (Edmond About, *l'A B C du travailleur*).

4. Le progrès, par Edmond About (G. Compayré et A. Delplan, *Lectures morales et civiques*).

5. Un pays heureux, par Jean-Jacques Rousseau (G. Compayré et A. Delplan, *Lectures morales et civiques*).

RÉCITATION.

1. — Les métiers.

Sans le paysan, aurais-tu du pain?
C'est avec le blé qu'on fait la farine;

1. Guillaumin et Cie, éditeurs.

L'homme et les enfants, tous mourraient de faim,
Si, dans la vallée et sur la colline,
On ne labourait et soir et matin.

Sans le boulanger, qui ferait la miche?
Sans le bûcheron, — roi de la forêt, —
Sans poutres, comment est-ce qu'on ferait
La maison du pauvre et celle du riche?
... Même notre chien n'aurait pas sa niche!

Où dormirais-tu, dis, sans le maçon?
C'est si bon d'avoir sa chaude maison
Où l'on est à table, ensemble, en famille!
Qui cuirait la soupe, au feu qui pétille,
Sans le charbonnier qui fit le charbon?

Sans le tisserand, qui ferait la toile?
Et, sans le tailleur, qui coudrait l'habit?
Il ne fait pas chaud, à la belle étoile!
Irions-nous tout nus, le jour et la nuit,
Et l'hiver surtout, quand le nez bleuit?

Aime le soldat, qui doit te défendre!
Aime bien ta mère, avec son cœur tendre!
C'est pour la défendre aussi qu'il se bat.
Quand les ennemis viendront pour te prendre,
Que deviendrais-tu sans le bon soldat?

Aimez les métiers, le mien, et les vôtres!
On voit bien des sots, pas un sot métier;
Et toute la terre est comme un chantier
Où chaque métier sert à tous les autres,
Et tout travailleur sert le monde entier!

(Jean Aicard, *le Livre des petits* [1].)

AUTRES RÉCITATIONS.

2. Le paysan (Jean Aicard, *le Livre des petits*).
3. Un songe, par Sully-Prudhomme (Merlet, *Extraits des classiques français*, cours supérieurs, poésie).

---

1. Un volume in-12, cartonné, 1 fr. 25. Charles Delagrave, éditeur.

DEVOIRS DE RÉDACTION.

1. Commentez le morceau de récitation *Les métiers* en faisant ressortir les avantages que l'homme retire de la société e le besoin que nous avons les uns des autres.

2. Vous avez lu ou entendu raconter la vie de Robinson Crusoé. Pensez-vous que ce dernier, si industrieux qu'il fût, eût pu vivre vingt ans dans son île, sans le secours de la société ? Que devait-il à la société ?

50e LEÇON. — Devoirs sociaux : justice et charité.

PLANS.

I

Nos devoirs envers nos semblables : raisons de ces devoirs. — Devoirs de justice, devoirs de charité. — Leur formule respective. — Comment la justice et la charité se complètent.

II

L'homme vit en société. — Cette situation lui impose certains devoirs envers ses semblables. — Devoirs de justice; devoirs de charité; leur formule. — Principaux devoirs de justice et de charité. — Leurs caractères distinctifs : les uns légalement, les autres moralement obligatoires.

RÉSUMÉS.

I

A côté des avantages que la société nous procure, elle nous impose certains devoirs envers les autres hommes. Ces devoirs sont des devoirs de *justice* et des devoirs de *charité*. Ils peuvent être résumés en ces deux maximes :

« *Ne faites pas aux autres ce que vous ne voudriez pas qu'on vous fît à vous-même.* »

« *Faites aux autres, en toutes circonstances, ce que vous voudriez qu'on fît pour vous.* »

II

De notre vie dans la société résulte pour nous un ensemble de devoirs appelés devoirs de *justice* et devoirs de *charité*.

La justice nous commande de respecter les droits d'autrui, la charité nous ordonne de sacrifier pour nos semblables un peu de nos propres droits. — Les devoirs de justice sont légalement obligatoires, les devoirs de charité nous sont dictés par la conscience.

Toutes nos obligations envers nos semblables sont contenues dans cette maxime :

« ***Ne fais du tort à personne et fais du bien à tous les hommes par cela seul qu'ils sont hommes.*** »

(Cicéron.)

LECTURE.

1. — L'honnête homme et l'homme de bien.

M. Dupré, riche entrepreneur de travaux publics, sentant sa fin prochaine, fit venir ses enfants et ses petits-enfants : « Mes enfants, leur dit-il, le moment où il me faudra rendre mes comptes définitifs approche : je n'ai pas voulu partir sans vous avoir fait ma confession.

« Vous connaissez ma vie ; vous savez que, parti de rien, je suis devenu riche. Mon père et ma mère étaient pauvres et ne pouvaient rien pour moi. Je me suis tiré d'affaire tout seul, à force d'énergie et de travail. J'ai commencé par servir les maçons, puis je suis devenu ouvrier maçon, puis appareilleur, puis j'ai risqué les économies faites sur mon salaire dans des entreprises qui ont réussi ; peu à peu, grâce à mes bénéfices, j'ai pu doubler, tripler mes entreprises, et je me suis enrichi. La fortune que je vous laisserai a été bien gagnée et légitimement acquise. J'ai beau fouiller dans mon passé, je ne me souviens pas d'avoir jamais manqué à un engagement, ni d'avoir jamais fait tort à personne.

« Pourtant, à la veille de finir ma vie, je sens un trouble dans ma conscience : je n'ai pas fait de mal, mais je n'ai pas fait de bien.

« Mes commencements ont été durs. M'avaient-ils endurci ? C'est possible. Toujours est-il qu'en dehors de ma famille, je n'ai aimé personne, je n'ai fait de bien à personne.

« La bienfaisance, la générosité, la compassion pour la misère d'autrui, le dévouement, m'avaient toujours semblé une duperie. Je voulais être honnête homme, et je l'ai été ; mais je n'ai jamais cédé aux autres rien de mes droits, je ne me suis privé de rien pour eux, je ne leur ai rien donné de moi-même.

« Il y a six mois, comme je revenais la nuit à la maison, mon cheval s'emporta et me jeta sur la route. Je me fis une blessure à la tête et perdis beaucoup de sang. Trop affaibli pour me relever et marcher, j'appelai au secours, moi qui dans ma vie n'ai secouru personne.

« J'étais justement dans le voisinage de Bastien, un de mes ouvriers que j'avais renvoyé du chantier, parce qu'il devenait vieux, et dont j'avais fait condamner la femme l'hiver précédent, pour avoir coupé quelques fagots dans mon bois.

« A mes cris, Bastien et sa femme accoururent.

« — Tiens, dit l'homme, c'est M. Dupré ! Le voilà en bel état ! Qu'il crève sur la route ! Il a toujours été dur pour le pauvre monde.

« — C'est vrai, répondit la femme, mais il est blessé ; ayons pitié de lui !...

« — Puisque tu le veux...

« Et, tous les deux, ils m'aidèrent à me soulever de terre et à gagner leur logis, où la femme lava et pansa mes blessures.

« Cette nuit-là, mes enfants, j'ai compris tout à coup que moi, l'honnête homme, je n'avais pas été un homme de bien, et j'ai senti que Bastien et sa femme valaient mieux que moi.

« Il est trop tard pour recommencer ma vie, mais du moins je puis faire après ma mort une partie du bien que j'aurais dû faire pendant ma vie.

« Je lègue à Bastien et à sa femme une rente viagère de 600 francs ; je lègue à ma ville natale une somme de

200 000 francs, pour construire une maison destinée aux ouvriers blessés ou infirmes.

« C'est pour le bien que je n'ai pas fait. »

(LOUIS LIARD, *Morale et Enseignement civique à l'usage des écoles primaires*[1].)

AUTRES LECTURES.

2. **La justice et la charité**, par LAMENNAIS (LOUIS LIARD, *Lectures morales et littéraires*).
3. **Justice et charité** (VICTOR COUSIN, *du Vrai, du Beau et du Bien*).
4. **La justice et le calife Almamon**, par FLORIAN (MERLET, *Extraits des classiques français*, cours élémentaires).

RÉCITATIONS.

1. — Le bon Samaritain.

Un homme qui descendait de Jérusalem à Jéricho tomba entre les mains de voleurs qui le dépouillèrent, le couvrirent de plaies et s'en allèrent, le laissant à demi mort.

Il arriva ensuite qu'un prêtre descendait par le même chemin, et, l'ayant aperçu, passa outre.

Un lévite, qui vint aussi au même lieu, l'ayant regardé, passa outre encore.

Mais un Samaritain qui voyageait, étant venu à l'endroit où était l'homme et l'ayant vu, en fut touché de compassion : il s'approcha donc de lui, versa de l'huile et du vin dans ses plaies, et les banda; et, l'ayant mis sur son cheval, il le mena dans une hôtellerie et prit soin de lui.

Le lendemain, il tira deux deniers qu'il donna à l'hôte et lui dit : « Ayez bien soin de cet homme, et tout ce que vous dépenserez de plus, je vous le rendrai à mon retour. »

(*Troisième Évangile.*)

---

1. LÉOPOLD CERF, éditeur.

2. — L'amour de ses semblables.

« Vivre en soi, ce n'est rien : il faut vivre en autrui.
A qui puis-je être utile, agréable aujourd'hui? »
Voilà chaque matin ce qu'il faudrait se dire;
Et le soir, quand des cieux la clarté se retire,
Heureux à qui son cœur tout bas a répondu :
« Ce jour qui va finir, je ne l'ai pas perdu;
Grâce à mes soins, j'ai vu, sur une face humaine,
La trace d'un plaisir ou l'oubli d'une peine. »
Que la société porterait de doux fruits,
Si par de tels pensers nous étions tous conduits!
Demandons à ce Dieu qui veut que l'on pardonne
D'aimer et d'être aimés, de ne haïr personne;
De réprimer en nous un instinct sec et dur,
Et d'y développer ce penchant doux et pur,
Cet amour du prochain que sa loi nous commande :
C'est la perfection où je veux qu'on prétende.
Je l'ai prêché cent fois, je le répète encor :
D'un seul bon sentiment si j'ai hâté l'essor,
Ou si d'une vertu j'ai jeté la semence,
Ces vers, ces faibles vers ont eu leur récompense.

(ANDRIEUX.)

AUTRE RÉCITATION.

3. Le moulin de Sans-Souci, poésie d'ANDRIEUX (MERLET, *Extraits des classiques français*, cours moyens, poésie).

DEVOIRS DE RÉDACTION.

1. Dites quelle est la maxime de la justice et expliquez-la.

2. Faites, dans une anecdote, le récit d'une action juste et d'une action charitable.

3. Développez et comparez les deux maximes *Ne fais pas à autrui ce que tu ne voudrais pas qu'on te fît* et *Fais à autrui ce que tu voudrais qu'on te fît.*

DEVOIRS DE JUSTICE.

51e LEÇON. — Respect de la vie d'autrui.

(LÉGITIME DÉFENSE, GUERRE, RÉGICIDE.)

PLANS.

I

Devoirs de justice. — Ne pas faire de mal à nos semblables. — Pourquoi nous devons respecter la vie de nos semblables. — Le meurtre. — Le droit de légitime défense. — Quand ce droit prend-il fin? — Pourquoi nous ne devons pas nous faire justice à nous-mêmes. — Il ne faut pas rendre le mal pour le mal.

II

Le respect de la vie d'autrui est le premier devoir de justice. — Le meurtre ou homicide volontaire. — Divers degrés de responsabilité dans le meurtre. — Préméditation, guet-apens. — Cas de légitime défense. — La guerre : guerre offensive et défensive, devoirs des belligérants, guerre civile. — La peine de mort, droit de légitime défense de la société. — Condamner le duel et l'assassinat politique.

RÉSUMÉS.

I

Le premier et le plus rigoureux devoir de justice est de respecter la personne et la vie de nos semblables.

Nous devons nous abstenir de tout acte de brutalité et de violence à leur égard. L'homicide est le plus grand des crimes.

N'oublions jamais qu'en dehors d'un danger immédiat auquel nous avons le droit de parer, nous ne pouvons nous faire justice nous-mêmes.

« ***Toutes les autres pertes peuvent se réparer, celle de la vie est irréparable.*** »

II

La vie de l'homme doit être sacrée pour l'homme. Le précepte de justice : « Tu ne tueras point » ne

souffre d'exception que dans le cas de guerre et de légitime défense.

Le duel, qui est un reste des anciennes guerres privées, est réprouvé par la morale. Quant à l'assassinat politique, toujours criminel, il devient particulièrement odieux dans un gouvernement libre, sans compter qu'il va le plus souvent contre le but qu'il se propose.

« ***Puisque la vie est le premier des biens, l'homicide est le plus grand des crimes.*** »

LECTURES.

1. — Respect de la vie humaine.

Un empereur de Chine assiégeait Nankin. Cette ville contient plusieurs millions d'habitants. Les habitants s'étaient défendus avec une valeur inouïe; cependant ils étaient sur le point d'être emportés d'assaut. L'empereur s'aperçut, à la chaleur et à l'indignation des officiers et des soldats, qu'il ne serait point en son pouvoir d'empêcher un massacre épouvantable. Le souci le saisit. Les officiers le pressent de les conduire à la tranchée; il ne sait quel parti prendre; il feint de tomber malade; il se renferme dans sa tente. Il était aimé; la tristesse se répand dans le camp. Les opérations du siège sont suspendues. On fait de tous les côtés des vœux pour la santé de l'empereur. On le consulte lui-même. « Mes amis, dit-il à ses généraux, ma santé est entre vos mains; voyez si vous voulez que je vive. — Si nous le voulons, seigneur! parlez, dites vite ce qu'il faut que nous fassions. Nous voilà tous prêts à mourir. — Il ne s'agit pas de mourir, mais de me jurer une chose beaucoup plus facile. — Nous le jurons! — Eh bien! ajouta-t-il en se levant brusquement et en tirant son cimeterre, me voilà guéri. — Marchons contre les rebelles, escaladons les murs, entrons dans leur ville; mais que, la ville prise, il ne soit pas versé une goutte de sang. Voilà ce que vous m'avez juré et ce que j'exige. » Et c'est ce qui fut fait.

(Diderot.)

2. — Le duel[1].

Il est étonnant que cette coutume meurtrière des duels, que vous condamnez avec tant de raison, continue si longtemps d'être en vogue. Jadis les duels servaient à vider les procès. Ils étaient excusables, car on était persuadé que la Providence faisait triompher la vérité et le bon droit en chaque affaire; mais à présent les duels ne décident plus rien. — Un homme tient un propos, un autre lui dit qu'il en a menti; ils se battent; mais, quel que soit celui des deux qui se fasse tuer, la question reste indécise. A Paris, on raconte à ce sujet une histoire plaisante. Un gentilhomme, se trouvant dans un café, pria un voisin de s'éloigner un peu. « Pourquoi? dit ce dernier. — Parce que vous puez, Monsieur, répondit-il. — Vous m'insultez, répliqua notre homme; nous nous battrons. — Soit, nous nous battrons, si vous insistez, reprit le gentilhomme; mais je ne vois pas comment un duel arrangerait l'affaire. Si vous me tuez, je puerai à mon tour; si je vous tue, vous puerez encore bien plus qu'à présent. »

Misérables pécheurs que nous sommes, comment avons-nous l'orgueil de supposer que chaque offense qu'on fait à notre honneur imaginaire mérite la mort? Ces gens qui se croient de si grands personnages appelleraient tyran le souverain qui punirait de mort l'un d'entre eux pour s'être permis d'insulter à sa personne sacrée; et cependant il n'en est pas un qui ne se constitue juge dans sa propre cause, qui ne condamne le coupable sans jury et ne se fasse lui-même le bourreau.

(FRANKLIN.)

AUTRES LECTURES.

3. Une bataille, par ALEXANDRE DUMAS (*l'Instruction primaire*, 11e année).

4. Légitime défense ou le bon Lippmann, par GIRARDIN (*l'Instruction primaire*, 10e année, page 696).

---

1. Lettre au docteur Percival. — Cette lecture sera introduite, si elle ne l'est déjà, dans la prochaine édition du LIVRE DE MORALE, *Partie de l'élève*.

5. Le prix de la vie humaine (GUYAU, *la Première Année de lecture courante*).

6. La guerre, récit, par A. WOLF (CH. LEBAIGUE, *Pour nos filles*, cours supérieur).

RÉCITATIONS.

1. — La guerre.

Depuis six mille ans la guerre
Plaît aux peuples querelleurs,
Et Dieu perd son temps à faire
Les étoiles et les fleurs.

La gloire sous ses chimères,
Et sous ses chars triomphants,
Met toutes les pauvres mères
Et tous les petits enfants.

Notre bonheur est farouche;
C'est de dire : Allons! mourons!
Et c'est d'avoir à la bouche
La salive des clairons.

Et cela pour des altesses
Qui, vous à peine enterrés,
Se feront des politesses,
Pendant que vous pourrirez.

C'est un Russe! égorge, assomme.
Un Croate! feu roulant.
C'est juste. Pourquoi cet homme
Avait-il un habit blanc?

On pourrait boire aux fontaines,
Prier dans l'ombre à genoux,
Dormir, songer sous les chênes :
Tuer son frère est plus doux.

On se hache, on se harponne;
On court par monts et par vaux;
L'épouvante se cramponne
Du poing au crin des chevaux.

Et l'aube est là sur la plaine !
Oh! j'admire, en vérité,
Qu'on puisse avoir de la haine
Quand l'alouette a chanté.

(VICTOR HUGO, *les Chansons des rues et des bois.*)

---

2. — L'assassinat politique[1].

CHARLOTTE CORDAY.

Que font les girondins, dont j'ai servi la cause?
Sont-ils victorieux?

DANTON.

Demandez autre chose.

CHARLOTTE CORDAY.

Répondez! c'est promis. Sommes-nous vainqueurs?

DANTON.

Non.
Vos amis ont été vaincus près de Vernon.

CHARLOTTE CORDAY.

O Dieu! Mais on pourra recommencer la lutte?

DANTON.

C'en est fait : cet échec a consommé leur chute.

CHARLOTTE CORDAY, *après un silence.*

Encore un mot, Danton. Quel est l'effet produit
Par la mort de Marat?

DANTON.

Entendez-vous ce bruit?

CHARLOTTE CORDAY.

Oui.

DANTON.

C'est le dieu Marat et son apothéose.

---

1. Cette récitation sera introduite, si elle ne l'est déjà, dans la prochaine édition du LIVRE DE MORALE, *Partie de l'élève.*

Vous avez opéré cette métamorphose.
Le mépris général en aurait fait raison;
Votre coup de poignard l'envoie au Panthéon!

CHARLOTTE CORDAY, *tombant assise et baissant la tête avec découragement.*

Ainsi, je fais un dieu de celui que je tue,
Et je vois, en mourant, la Gironde abattue!
J'ai donc sans aucun fruit versé le sang humain!

(PONSARD, *Charlotte Corday*[1].)

AUTRES RÉCITATIONS.

3. La guerre, poésie de VICTOR DE LAPRADE (CH. LEBAIGUE, *le Livre de l'école*, cours supérieur).

4. Le premier larcin, poésie de VIENNET (LOUIS COLLAS, *Mosaïque des écoles et des familles*).

DEVOIRS DE RÉDACTION.

1. Expliquer le précepte de justice : *Tu ne tueras point.* Respect de la personne dans sa vie. Condamnation de l'homicide. Exceptions réelles ou prétendues. Cas de légitime défense.

2. En quoi consiste le droit de légitime défense? Ce droit est-il sans limite? Doit-on rendre le mal pour le mal?

3. Montrez quelles sont, pour un pays vaincu comme pour un pays vainqueur, les conséquences de la guerre.

4. Quelle était l'opinion de Franklin sur le duel? Quelle est la vôtre, et pourquoi?

5. Que pensez-vous de l'assassinat politique? Connaissez-vous quelques crimes de ce genre? Énumérez-les et exposez leurs conséquences.

52e LEÇON. — Respect de la liberté.

(LIBERTÉ INDIVIDUELLE, LIBERTÉ DU TRAVAIL.)

PLANS.

I

Idée de l'esclavage. — Différence entre l'esclavage et le servage. — Traite des nègres. — La liberté. — En quoi consiste

1. CALMANN LÉVY, éditeur.

la liberté. — Comment on peut encore porter atteinte à la liberté d'autrui : grèves. — Nécessité d'imposer des limites à la liberté des enfants. — Comment les enfants peuvent porter atteinte à la liberté de leurs camarades.

II

L'esclavage. — Le servage (forme adoucie de l'esclavage). — Abolition du servage. — La liberté du travail. — Entraves apportées à la liberté du travail avant la Révolution : les anciennes corporations. — Régime actuel du travail. — Rapports entre patrons et ouvriers : droits et devoirs respectifs. — Les grèves : avantages, inconvénients et dangers. — Il est de l'intérêt des patrons et des ouvriers de les éviter.

RÉSUMÉS.

I

Après la vie, le bien le plus précieux pour l'homme, c'est la liberté, c'est-à-dire le droit qu'il a de disposer de lui-même.

Dans leur propre intérêt, les enfants ne peuvent jouir complètement de la liberté accordée aux grandes personnes; mais ils ont le devoir de respecter la liberté de leurs camarades; ils ne les entraîneront pas malgré eux, par intimidation ou par menaces, à commettre des actions blâmables.

II

On peut porter atteinte de diverses manières à la liberté d'autrui.

Un patron qui ne se contente pas des services de ceux qu'il emploie, mais qui prétend peser sur les actes de leur vie privée, attente à leur liberté. Il arrive quelquefois que des ouvriers décident de faire grève; ces ouvriers sont dans leur droit; mais la grève doit être volontaire : ceux qui ne croient pas bon de s'y associer ne doivent pas y être contraints.

LECTURES.

1. — La traite des nègres.

Comptez les dévastations, les incendies, les pillages auxquels il a fallu livrer la côte d'Afrique pour en tirer, avec des peines et des frais infinis, le petit nombre de noirs qui survivent à la capture; comptez aussi ceux qui, durant la traversée, se donnent la mort dans les révoltes du désespoir. Figurez-vous ce qu'est cette traversée de deux mille, quelquefois de trois mille lieues.

Voyez le navire chargé de ces infortunés. Comme ils sont entassés les uns sur les autres! Comme ils sont étouffés par les entreponts! Ne pouvant se tenir debout, même assis, ils courbent la tête; bien plus, ils ne peuvent mouvoir leurs membres, étroitement garrottés. Le vaisseau qui roule les meurtrit, les brise l'un contre l'autre. Les infortunés! Je les vois, je les entends : altérés d'air, leur langue brûlante et pendante peint leur douleur et ne peut plus l'exprimer. Écoutez ces hurlements, suivez ce navire, ou plutôt cette longue bière flottante, traversant les mers qui séparent les deux mondes. Arrivés à terre, ces malheureux ne seront considérés que comme des animaux, des bêtes de somme!

Je demande quand nous abolirons l'infâme usage de la traite. Songez qu'une année de retard autorise en Afrique des assassinats et condamne des millions d'hommes à l'esclavage. Représentants des Français, vous avez déclaré que tous les hommes naissent et demeurent égaux et libres : soyez les tuteurs de l'humanité souffrante, à la Jamaïque comme à Saint-Domingue, dans vos colonies comme dans celles des autres États européens. Séchez d'un mot les larmes de ces infortunés; rendez-les meilleurs en leur ouvrant l'espoir d'être un jour plus heureux!

(MIRABEAU, *Discours*.)

2. — Les grèves.

Le seul mot de grève réveille parfois, chez les uns, toutes les passions haineuses de l'esprit de révolte, chez les autres, les craintes de la guerre civile et de l'anarchie. Mais nous n'avons à nous occuper ici que du point de vue moral et du point de vue économique. Dans quels cas et à quelles conditions la grève est-elle juste? Dans quels cas et à quelles conditions est-elle utile?

La grève est juste quand les exigences des ouvriers sont motivées par la prospérité de l'entreprise, et quand ils ne recourent pas à des moyens violents. La violence est toujours condamnable; mais elle est particulièrement odieuse quand on l'emploie pour empêcher les camarades de continuer le travail. Si la loi reconnaît le droit de se mettre en grève, on a également et à plus forte raison le droit de ne pas s'y mettre. On dit que continuer à travailler, c'est trahir la cause commune. Quelle odieuse absurdité! Injurier les gens pour les contraindre à laisser mourir de faim leurs femmes et leurs enfants! En vain dira-t-on que les travailleurs encouragent les patrons à résister. Quand les patrons résistent, c'est qu'ils ne peuvent pas céder sans renoncer à leurs droits, et qu'ils ont plus d'intérêt à fermer leur usine qu'à travailler aux conditions qu'on leur impose; quand même tout le monde ferait grève, cela ne changerait pas leur décision. Si, au contraire, les patrons cèdent, c'est qu'ils ont plus d'intérêt à augmenter les salaires qu'à cesser la fabrication; c'est qu'ils peuvent supporter cette augmentation de salaires sans se ruiner, et même tout en se réservant encore la part légitime de bénéfice qui leur est due pour le capital, pour leurs risques et pour leur peine. Par conséquent, dans ce cas-là, mais dans ce cas-là seulement, les réclamations des ouvriers sont fondées. Concluons donc qu'en général les grèves aboutissent à un résultat utile pour les ouvriers quand ceux-ci ont raison; elles n'aboutissent jamais à rien de bon quand les réclamations sont mal fondées.

En face de ces résultats des grèves, les ouvriers doivent mûrement réfléchir avant de recourir à ce moyen violent; il faut qu'ils soient bien sûrs d'avoir raison. Ils ne doivent pas se servir, pour troubler la société, d'une arme que la société leur a donnée pour défendre leurs droits, et qui, bien employée, est d'une grande utilité pour les déshérités de la fortune.

(TH. DESDOUITS, *Économie politique. Causeries d'un instituteur*[1].)

1. DELALAIN frères, éditeurs.

AUTRES LECTURES.

3. **L'étranger et les oiseaux** (GUYAU, *la Première Année de lecture courante*).
4. **Les esclaves** (G. BRUNO, *Francinet*).
5. **Les gladiateurs,** par ESQUIROS (G. COMPAYRÉ et A. DELPLAN, *Lectures morales et civiques*).
6. **Les grèves** (CHAUMEIL, *Traité d'instruction civique*).

RÉCITATION.

1. — Le loup et le chien.

Un loup n'avait que les os et la peau,
Tant les chiens faisaient bonne garde.
Ce loup rencontre un dogue aussi puissant que beau,
Gras, poli, qui s'était fourvoyé par mégarde.
L'attaquer, le mettre en quartiers,
Sire loup l'eût fait volontiers;
Mais il fallait livrer bataille,
Et le mâtin était de taille
A se défendre hardiment.
Le loup donc l'aborde humblement,
Entre en propos, et lui fait compliment
Sur son embonpoint qu'il admire.
« Il ne tiendra qu'à vous, beau sire,
D'être aussi gras que moi, lui repartit le chien.
Quittez les bois, vous ferez bien :
Vos pareils y sont misérables,
Cancres, hères, et pauvres diables,
Dont la condition est de mourir de faim.
Car, quoi ? rien d'assuré; point de franche lippée ;
Tout à la pointe de l'épée !
Suivez-moi, vous aurez un bien meilleur destin. »
Le loup reprit : « Que me faudra-t-il faire ?
— Presque rien, dit le chien : donner la chasse aux gens
Portant bâtons, et mendiants;
Flatter ceux du logis, à son maître complaire,
Moyennant quoi votre salaire
Sera force reliefs de toutes les façons,
Os de poulets, os de pigeons;

Sans parler de mainte caresse. »
Le loup déjà se forge une félicité
Qui le fait pleurer de tendresse.
Chemin faisant, il vit le cou du chien pelé :
« Qu'est cela? lui dit-il. — Rien. — Quoi! rien? — Peu de chose.
— Mais encor ? — Le collier dont je suis attaché
De ce que vous voyez est peut-être la cause.
— Attaché ! dit le loup; vous ne courez donc pas
Où vous voulez ? — Pas toujours; mais qu'importe ?
— Il importe si bien, que de tous vos repas
Je ne veux en aucune sorte,
Et ne voudrais pas même à ce prix un trésor. »
Cela dit, maître loup s'enfuit, et court encor.

(La Fontaine.)

AUTRES RÉCITATIONS.

2. Le lion en cage, poésie de Jean Aicard (Merlet, *Anthologie classique des poètes du XIXe siècle*, cours élémentaires et moyens).

3. Le torrent et la digue (Viennet, *Fables*).

4. La cavale au désert, poésie d'Alfred de Musset (Louis Mainard, *A travers la vie*).

DEVOIRS DE RÉDACTION.

1. Traduisez en prose la fable *Le loup et le chien* et dites quelles réflexions vous inspire la conduite du loup.

2. Expliquez les origines de l'esclavage. — Montrez la différence entre l'esclavage et le servage, et dites depuis quand le servage a disparu de la France.

3. *La grève.* — Vous avez entendu parler des grèves; peut-être en avez-vous vu. Dites ce que vous en pensez. Quels peuvent être les avantages d'une grève, ainsi que ses inconvénients et ses dangers? Que doivent faire les patrons et les ouvriers pour éviter la grève ?

53e LEÇON. — Respect de la propriété.

(VOL, PROBITÉ.)

PLANS.

I

Définition de la propriété. — Justice de la propriété. — Les crimes contre la propriété. — Le vol. — Formes les plus communes du vol : la fraude; la contrebande. — La probité.

II

Ce que c'est que la propriété : fruit du travail ou résultat d'un don ou héritage. — Légitimité du droit de propriété. — Droit de donation et de succession. — Manières d'attenter à la propriété : 1° par le vol : vol avec effraction, vol simple, braconnage, fausses déclarations, refus de restitution, banqueroute, faillite; 2° par ruse : tricherie, faux poids, fausses nouvelles pouvant nous rapporter quelque bénéfice, etc. — Probité, équité, délicatesse.

RÉSUMÉS.

I

Tu ne déroberas point : voilà un commandement essentiel auquel il faut se garder de jamais manquer.

Habituons-nous à regarder le bien d'autrui comme une chose sacrée sur laquelle il ne nous est pas permis de porter la main, et interdisons-nous jusqu'aux moindres larcins.

« ***Entre ton bien et celui d'autrui, qu'il y ait toujours une muraille.*** »

II

La propriété étant le fruit du travail et de l'épargne, elle doit être sacrée et inviolable. Le vol, sous toutes ses formes, est une action honteuse flétrie par l'opinion publique et punie sévèrement par les lois. Sachons nous contenter du gain légitime que procure le travail et ne recherchons ni n'acceptons jamais un gain malhonnête.

Quand il s'agit du bien d'autrui, nous devons pousser la probité jusqu'à la délicatesse.

« ***Pain mal acquis remplit la bouche de gravier.*** »

LECTURE.

1. — La propriété.

Ce poisson que j'ai pêché avec tant de patience, ce pain que j'ai fabriqué avec tant d'effort, à qui sont-ils? A moi qui me suis donné tant de peine, ou bien au paresseux qui dormait pendant que je m'appliquais à la pêche ou à la culture?

Le genre humain tout entier répondra que c'est à moi, car enfin il faut que je vive, et de quel travail vivrai-je, si ce n'est du mien? Si, au moment où je vais porter à ma bouche le pain que j'ai fabriqué, un paresseux se jetait sur moi et me l'enlevait, que me resterait-il à faire, sinon à me jeter à mon tour sur un autre, à lui rendre ce qu'on m'aurait fait? Celui-ci le rendrait à un troisième, et le monde, au lieu d'être un théâtre de travail, deviendrait un théâtre de pillage... L'homme resterait tigre ou lion, au lieu de devenir citoyen d'Athènes, de Florence, de Paris ou de Londres.

Ainsi l'homme n'a rien en naissant; mais il a des facultés variées, puissantes, dont l'emploi peut lui procurer ce qui lui manque. Il faut qu'il les emploie. Mais quand il les a employées, il est d'une équité évidente que le résultat de son travail lui profite à lui, non à un autre, devienne sa propriété, sa propriété exclusive...

L'homme renoncerait à tout travail s'il n'avait la certitude d'en recueillir les produits. Il y en a un surtout, le premier de tous, l'agriculture, qu'il abandonnerait à jamais si la possession de la terre ne lui était assurée.

Cette terre féconde, il faut s'attacher à elle, s'y attacher pour la vie, si on veut qu'elle réponde à vos soins par sa fertilité. Il faut y fixer sa chaumière, l'entourer de limites, en éloigner les animaux nuisibles, brûler les ronces sauvages qui la couvrent, les convertir en une cendre féconde, détourner les eaux infectes qui croupissent sur sa surface pour les convertir en eaux limpides et vivifiantes. Il faut planter des arbres qui en écartent ou les ardeurs du soleil ou le souffle des vents malfaisants, et qui mettront une ou deux générations à croître. Il faut enfin que le père y naisse et y meure, après le père le fils, après le fils les petits-fils.

(THIERS, *de la Propriété* [1].)

AUTRES LECTURES.

2. Le tien et le mien (A. VESSIOT, *Pour nos enfants*).

3. Un trait de probité (GUYAU, *la Première Année de lecture courante*, page 20).

4. Sentiment de probité chez un enfant (TH. H. BARRAU, *Livre de morale pratique*).

5. Le champ de la veuve, par FLORIAN (CH. LEBAIGUE, *le Livre de l'école*, cours moyen).

6. Le portefeuille trouvé (LOUIS COLLAS, *Mosaïque des écoles et des familles*).

7. Un trait de justice de Louis XIV, par Mme DE MAINTENON (H. MOSSIER, *l'Esprit et le Cœur, Nouveau choix de lectures expliquées et commentées*).

RÉCITATION.

1. — Un trait de probité.

Dans la dernière guerre d'Allemagne, un capitaine de cavalerie est commandé pour aller au fourrage. Il part à la tête de sa compagnie et se rend dans le quartier qui lui est assigné. C'était un vallon solitaire où l'on ne voyait guère que des bois. Il aperçoit une pauvre cabane, il y frappe; il en sort un vieillard à barbe blanche. « Mon père, lui dit l'officier, montrez-moi un champ où je puisse faire fourrager mes cavaliers.

— Tout à l'heure », reprit le vieillard.

Ce brave homme se met à leur tête et remonte avec eux le vallon. Après un quart d'heure de marche, ils trouvèrent un beau champ d'orge.

« Voilà ce qu'il nous faut, dit le capitaine.

— Attendez un moment, lui dit son conducteur, vous serez content. »

1. JOUVET ET Cie, éditeurs.

Ils continuent à marcher, et ils arrivent, un quart de lieue plus loin, à un autre champ d'orge.

La troupe aussitôt met pied à terre, fauche le grain, le met en trousse et remonte à cheval. L'officier de cavalerie dit alors à son guide : « Mon père, vous nous avez fait aller trop loin sans nécessité, le premier champ valait mieux que celui-ci. — Cela est vrai, reprit le bon vieillard, mais il n'était pas à moi. »

(BERNARDIN DE SAINT-PIERRE.)

AUTRES RÉCITATIONS.

2. **Le sou perdu** (GUYAU, *la Première Année de lecture courante*).

3. **Lettre de Jean-Jacques Rousseau à M. le comte de Lastic** (A. DELAPIERRE et A.-P. DE LAMARCHE, *Exercices de mémoire*, cours supérieur).

4. **Le chat, la belette et le petit lapin** (LA FONTAINE, *Fables*).

DEVOIRS DE RÉDACTION.

1. Vous avez trouvé un porte-monnaie. Racontez votre trouvaille et dites ce que vous en avez fait.

2. Une de vos compagnes a copié son devoir sur celui de sa camarade et l'a donné comme sien. Comment jugez-vous cet acte?

3. Vous avez vu passer un voleur entre deux gendarmes. Quelles réflexions avez-vous faites en le voyant? Qu'avez-vous pensé du vol? Quel sort, quelle réputation attend ce voleur?

4. Un de vos camarades que sa gourmandise entraîne au maraudage vous engage à l'imiter et à l'accompagner dans ses vols. Faites connaître les motifs de votre refus et les conseils que vous lui avez donnés pour l'engager à ne pas faire le mal.

54e LEÇON. — Respect de la parole donnée.

(LES ENGAGEMENTS, L'EXACTITUDE.)

PLANS.

I

Le respect des engagements : devoir de dignité personnelle et condition indispensable de la vie sociale. — Le respect des conventions dans les relations commerciales. — Ventes et achats sur parole. — Déshonneur de l'homme qui refuse de tenir une promesse. — Exemples admirables de respect à la parole donnée : Régulus, Porçon de la Babinais, Haudodine, etc.

II

Obligation de tenir la parole donnée, à moins d'un engagement contraire à la morale. — Bonne foi ou loyauté. — Différentes sortes d'engagements : écrits (contrats), oraux, tacites. — La loi et les contrats. — Conséquences de la non-observation des contrats, engagements ou promesses. — Le parjure. — Nécessité de ne faire des promesses qu'à bon escient. — Exemples de fidélité à la parole donnée. — L'exactitude et la ponctualité : importance dans la vie privée comme dans la vie publique.

RÉSUMÉS.

I

Quand nous avons pris un engagement, nous sommes tenus de l'exécuter. C'est à la fois un devoir de dignité personnelle et un devoir de justice.

Ne nous engageons donc jamais à la légère; avant de faire une promesse, demandons-nous si nous pourrons la remplir; mais quand notre parole a été donnée, tenons-la, quoi qu'il puisse nous en coûter.

« ***Tout homme de courage est homme de parole.*** »

(CORNEILLE.)

II

On ne doit jamais manquer à un engagement librement accepté, à moins qu'il ne soit contraire à la morale. Quand nous avons promis, nous devons tenir, notre honneur y est engagé. « *Chose promise, chose due.* »

Soyons également très exacts à remplir nos moindres engagements et prenons l'habitude de la ponctualité dans toutes nos relations. — La ponctualité, disait Louis XIV, est la politesse des rois. Elle doi être la politesse des personnes ayant affaire ensemble.

LECTURES.

1. — Régulus.

Régulus, envoyé en Afrique en qualité de proconsul, avait remporté sur les Carthaginois plusieurs victoires éclatantes; puis il fut vaincu à son tour et tomba entre les mains de ses ennemis. On lui fit expier son triomphe par la plus dure des captivités. La fortune étant redevenue favorable aux Romains, Carthage fut réduite à demander la paix. Elle envoya des ambassadeurs en Italie. Régulus les accompagnait. Ses maîtres lui avaient fait donner sa parole qu'il reviendrait prendre ses chaînes, si les négociations n'avaient pas une heureuse issue : on espérait qu'il plaiderait fortement en faveur d'une paix qui devait lui rendre sa patrie.

Les ambassadeurs de Carthage, après avoir exposé devant les sénateurs romains l'objet de leur mission, se retirèrent. Régulus voulut les suivre; mais les sénateurs le prièrent de rester à la délibération. Pressé de dire son avis, il représenta fortement toutes les raisons que Rome avait de continuer la guerre contre Carthage.

Les sénateurs, admirant sa fermeté, désiraient sauver un tel citoyen; le grand pontife soutenait qu'on pouvait le dégager des serments qu'il avait faits. « Suivez les conseils que je vous ai donnés, dit l'illustre captif d'une voix qui étonna l'assemblée, et oubliez Régulus. Je n'attirerai point chez vous la colère des dieux. J'ai promis aux ennemis de me remettre entre leurs mains, si vous rejetez la paix; je tiendrai mon serment. Je n'ignore point le sort qui m'attend; mais un crime flétrirait mon âme : la douleur ne brisera que mon corps. D'ailleurs, il n'est point de maux pour qui sait les souffrir; s'ils passent les forces de la nature, la mort vous en délivre. Pères conscrits, cessez de me plaindre; j'ai disposé de moi, et rien ne pourra me faire changer de sentiment. Je retourne à Carthage, j'accomplis mon devoir, et je laisse faire aux dieux. » Puis il se leva, s'éloigna de Rome sans proférer une parole de plus, tenant les yeux attachés à la terre et repoussant sa femme et ses enfants, soit qu'il craignît d'être attendri par leurs adieux, soit que, comme esclave carthaginois, il se trouvât indigne des embrassements d'une matrone romaine. Il finit ses jours dans d'affreux supplices, laissant un exemple mémorable de ce que peuvent sur une âme généreuse la religion du serment et l'amour de la patrie.

(CHATEAUBRIAND.)

2. — Causes de l'inexactitude.

L'inexactitude ne part pas d'une cause, comme la plupart des défauts, elle part de plusieurs causes, elle tient à l'âme humaine par plusieurs petites racines différentes, et c'est précisément ce qui la rend si difficile à déraciner. Tantôt elle vient de la paresse, tantôt de la lenteur des mouvements, tantôt de la maladresse des doigts. Une foule de gens sont inexacts parce que leurs mains s'embrouillent dans toute espèce de préparatifs; parfois le manque d'ordre dans les idées amène l'inexactitude : tous les brouillons sont inexacts; souvent il faut en accuser ou l'imprévoyance, ou la mobilité dans les idées, ou l'inaptitude à mesurer le temps.

J'ai connu des inexacts qui étaient toujours en retard parce qu'ils se croyaient toujours en avance. Ils sont de la famille du lièvre de La Fontaine : *J'ai bien le temps* est leur mot. L'amour-propre a sa part dans ce genre d'inexactitude; sûrs de leur facilité, ces gens-là ne commencent les choses que quand il faudrait penser à les finir. Il y a encore les inexacts par imagination. La vivacité de leurs impressions leur ôte le sentiment du temps; une fleur, un livre, une idée qui leur vient à l'esprit, les emmènent tout à coup à mille lieues de ce qu'ils ont à faire. Enfin, le bavardage est une grande cause d'inexactitude; bavarder, c'est, comme on dit, s'oublier; en d'autres termes, c'est oublier tout ce dont on doit se souvenir. Je pourrais vous citer les inexacts qui font attendre tout le monde par égoïsme, parce qu'ils n'aiment pas à se gêner, et qu'ils s'inquiètent très peu de troubler les autres, pourvu qu'ils ne se troublent pas eux-mêmes.

(ERNEST LEGOUVÉ, *Nos filles et nos fils*[1].)

1. J. HETZEL ET Cie, éditeurs.

AUTRES LECTURES.

3. Porçon de la Babinais (GEORGES DURUY, *Pour la France*).
4. Haudodine (J. GÉRARD, *Maximes morales de l'écolier français*, page 112).

RÉCITATION.

1. — Damon et Pythias.

Denys le Jeune, tyran de Syracuse, sur une simple dénonciation, avait condamné Pythias à la mort. Celui-ci demanda qu'il lui fût permis d'aller régler des affaires importantes qui l'appelaient dans une ville voisine. Il promit de se présenter au jour marqué, et partit, après que Damon eut garanti cette promesse au péril de sa propre vie.

Cependant les affaires de Pythias traînent en longueur. Le jour destiné à son trépas arrive, le peuple s'assemble : on blâme, on plaint Damon, qui marche tranquillement à la mort, trop certain que son ami allait revenir, trop heureux s'il ne revenait pas. Déjà le moment fatal approchait, lorsque mille cris tumultueux annoncèrent l'arrivée de Pythias. Il court, il vole au lieu du supplice, il voit le glaive suspendu sur la tête de son ami, et, au milieu des embrassements et des pleurs, ils se disputent le bonheur de mourir l'un pour l'autre. Les spectateurs fondent en larmes; le roi lui-même se précipite du trône, et leur demande instamment de partager une si belle amitié.

(BARTHÉLEMY.)

DEVOIRS DE RÉDACTION.

1. Rendez compte de la leçon que vous a faite votre instituteur ou votre institutrice sur les promesses et le respect de la parole donnée.

2. Que pensez-vous de celui qui renvoie toujours *à demain?* Comment a-t-on pu dire que « La route de *Demain* conduit au château de *Rien-du-tout?*

3. Un fermier devait payer à son propriétaire une somme de 250 francs pour un terme échu de son loyer. Par suite d'un accident (grêle, par exemple), il ne peut s'acquitter de cette dette. Pierre, son voisin, lui promet de lui avancer cette somme; mais il manque à son engagement et répond au fermier qui lui fait des reproches : « Bah! promettre et tenir sont deux! » Racontez le fait et appréciez la conduite de Pierre.

4. *L'exactitude.* — Nécessité de l'exactitude à l'école et dans toutes les relations de la vie sociale. Motivez.

55e LEÇON. — Respect de l'honneur et de la réputation d'autrui.

PLANS.

I

Ce que c'est que l'honneur, la réputation. — Respect de l'honneur de nos semblables. — La médisance; la diffamation: la calomnie. — Le faux témoignage. — Laideur et dangers de la médisance et surtout de la calomnie. — La diffamation tombe sous le coup de la loi.

II

L'honneur, son prix inestimable. — Comment on y porte atteinte : 1° par la calomnie, 2° par la médisance, 3° par la délation, 4° par la dénonciation. — Exception : témoignage en justice. La dénonciation légitime est, dans ce cas, un devoir et un acte méritoire.

RÉSUMÉS.

I

Retenez bien votre langue, car *un coup de langue est pire qu'un coup de lance*, et les médisants et les calomniateurs n'inspirent aucune confiance : on les craint, on les hait.

« L'honnête homme ne prend jamais plaisir à dire du mal des autres; il aime mieux faire en sorte que personne n'ait à en dire de lui. » (JULES STEEG.)

« Le mal qu'on dit d'autrui ne produit que du mal. »
(BOILEAU.)

II

« L'honneur est une propriété morale à laquelle il est aussi criminel de porter atteinte qu'à la propriété matérielle. » (ALLOU.)

Nous devons donc respecter l'honneur de nos semblables et nous abstenir soigneusement de nuire à leur bonne réputation, soit par la calomnie, soit par la médisance.

Veillons sur notre langage et ne divulguons pas les fautes ou les défauts des autres sans nécessité.

« On se repent rarement de parler peu, très souvent de trop parler. »

LECTURES.

1. — Les suites de la calomnie.

Au siècle dernier vivait à Toulouse une honnête famille de marchands, nommée Calas, qui jouissait d'une grande réputation d'honneur et d'austérité. Le fils aîné, Marc-Antoine, n'avait malheureusement pas suivi les exemples de la maison paternelle; et, à la suite de chagrins que lui avait attirés sa mauvaise conduite, il résolut de mourir. On le trouva un jour pendu dans le corridor de sa maison.

Des voisins chuchotèrent d'abord qu'il avait été tué par son père, pour des motifs de religion. Cette calomnie grandit bien vite; la population fanatique de la ville y ajouta foi; le vieux et honnête Calas fut traîné devant les juges, qui le condamnèrent à l'épouvantable supplice de la roue.

A la même époque, le comte de Lally-Tollendal était gouverneur de l'Inde française. Il avait réussi à chasser les Anglais de nos possessions, et il gouvernait avec une grande rigidité; il réprimait les abus, empêchait les vols, et se faisait, par sa sévérité, un grand nombre d'ennemis. Il fut bientôt trahi et abandonné, et finit par être vaincu et pris par les Anglais. Emmené malade à Londres, il y apprit que sa conduite était calomniée à la cour de France par tous ceux qui voulaient se venger de lui, et que sa probité avait irrités.

Il obtint de venir à Paris, où il arriva courageusement pour tenir tête aux calomniateurs; mais il était trop tard. L'effet de leurs paroles était déjà produit. Il fut jeté en prison; on lui fit un long procès dans lequel sa défense ne fut pas libre, et le Parlement le condamna injustement à la mort. Le roi Louis XV ne voulut pas faire grâce à ses cheveux blancs, et le noble vieillard fut exécuté, en prenant le ciel à témoin de son innocence.

(JULES STEEG, *Instruction morale et civique*[1].)

---

2. — Le médisant.

La rage de médire est une impertinence;
Dans votre vanité ce défaut prend naissance;
Du bonheur du prochain le tableau vous aigrit;
Le désir de briller, de montrer de l'esprit,
Vous met à la merci des oisifs d'une ville,
Et vous n'êtes méchant que pour paraître habile.
Mais que vous revient-il de ces méchants éclats?
On vous flatte tout haut, on vous blâme tout bas;
Vos bons mots quelquefois font rire la sottise,
Mais toujours l'honnête homme en secret vous méprise.
Il vous fuit, il vous voit, à sa perte attaché,
Lancer souvent le trait d'un perfide caché,
Insulter en riant nos mères et nos filles,
Détruire par un mot le bonheur des familles,
Et pour un jeu d'esprit, fruit de la vanité,
Condamner l'innocence et flétrir la beauté.
Rien n'est sacré pour vous, et la reconnaissance
N'a jamais enchaîné l'affreuse médisance.
Dès qu'un homme est atteint de ce fatal penchant,
Il est tout glorieux de paraître méchant;
Nos chagrins sont pour lui de légers badinages;
Il s'amuse des pleurs, il sourit des outrages;
Par un plaisir cruel et qui dure un moment,
L'honneur et l'amitié lui parlent vainement.
Les médisants, enfin, sont une affreuse peste,
Qu'un homme de bon sens blâme, fuit et déteste.

(ÉTIENNE GOSSE, *le Médisant*.)

1. FERNAND NATHAN, éditeur.

AUTRES LECTURES.

3. **Le médisant et le calomniateur ou les mauvais propos de Totain** (Pierre Laloi, *la Première Année d'instruction morale et civique*).
4. **Belle vengeance d'une calomnie** (Guyau, *la Première Année de lecture courante*).
5. **La médisance,** par Massillon (Merlet, *Extraits des classiques français*, cours moyens, prose).
6. **La discrétion** (Mme Henry Gréville, *Instruction morale et civique des jeunes filles*).

RÉCITATIONS.

1. — La calomnie.

« La calomnie, Monsieur? vous ne savez guère ce que vous dédaignez. J'ai vu les plus honnêtes gens près d'en être accablés. Croyez qu'il n'y a pas de plate méchanceté, pas d'horreur, pas de conte absurde qu'on ne fasse adopter aux oisifs d'une grande ville, en s'y prenant bien; et nous avons ici des gens d'une adresse!... D'abord un bruit léger, rasant le sol comme l'hirondelle avant l'orage, pianissimo, murmure, et file, et sème en courant le trait empoisonné. Telle bouche le recueille et, piano, piano, vous le glisse en l'oreille adroitement. Le mal est fait; il germe, il rampe, il chemine et, rinforzando, de bouche en bouche, il va le diable; puis tout à coup, je ne sais comment, vous voyez la calomnie se dresser, siffler, s'enfler, grandir à vue d'œil. Elle s'élance, étend son vol, tourbillonne, enveloppe, arrache, entraîne, éclate et tonne, et devient, grâce au ciel, un cri général, un crescendo public, un chorus universel de haine et de proscription. Qui diable y résisterait? »

(Beaumarchais, *le Barbier de Séville.*)

---

2. — La discrétion.

Braves gens, prenez garde aux choses que vous dites.
Tout peut sortir d'un mot qu'en passant vous perdîtes,

Tout, la haine et le deuil ! Et ne m'objectez pas
Que vos amis sont sûrs et que vous parlez bas.
Écoutez bien ceci : Tête à tête, en pantoufle,
Portes closes, chez vous sans un témoin qui souffle,
Vous dites à l'oreille au plus mystérieux
De vos amis de cœur, ou, si vous l'aimez mieux,
Vous murmurez tout seul, croyant presque vous taire,
Dans le fond d'une cave, à trente pieds sous terre,
Un mot désagréable à quelque individu.
Ce mot, que vous croyez qu'on n'a pas entendu,
Que vous disiez si bas dans un lieu sourd et sombre,
Court à peine lâché, part, bondit, sort de l'ombre ;
Tenez, il est dehors ! il connaît son chemin ;
Il marche, il a deux pieds, un bâton à la main,
Debout, souliers ferrés, un passeport en règle ;
Au besoin, il prendrait des ailes comme l'aigle !
Il vous échappe, il fuit, rien ne l'arrêtera ;
Il suit le quai, franchit la place, et cætera,
Passe l'eau sans bateau dans la saison des crues,
Et va, tout à travers un dédale de rues,
Droit chez le citoyen dont vous avez parlé.
Il sait le numéro, l'étage, il a la clé,
Il ouvre l'escalier, pousse la porte, passe,
Entre, arrive, et, railleur, regardant l'homme en face,
Dit : « Me voilà ! je sors de la bouche d'un tel. »
Et c'est fait, vous avez un ennemi mortel.

(Victor Hugo, *Œuvres posthumes*.)

AUTRE RÉCITATION.

3. L'aigle, la laie et la chatte (La Fontaine, *Fables*).

DEVOIRS DE RÉDACTION.

1. *L'honneur des autres.* — Ce qui est défendu, ce qui est permis à ce sujet. Qu'est-ce que la calomnie ? Montrez les conséquences de la calomnie. Quelle différence y a-t-il entre la calomnie et la médisance ? La médisance est-elle de la franchise ?

2. Vous avez entendu une de vos compagnes répéter un

propos calomnieux sur le compte d'une personne jusque-là estimée. Écrivez-lui pour lui montrer : 1° le mal qu'elle a fait en répétant ce propos, 2° l'horreur de la calomnie.

3. Expliquer et développer cette pensée : *Les calomnies s'étendent comme des taches d'huile; on s'efforce de les ôter, mais la marque reste.*

56e LEÇON. — Respect des opinions et des croyances d'autrui.

(LA TOLÉRANCE.)

PLANS.

I

La tolérance. — En quoi elle consiste. — Savoir souffrir la contradiction. — La liberté de conscience. — Tristes effets de l'intolérance : guerres de religion, haines, divisions, guerres civiles. — Union dans le devoir.

II

Respect des croyances et des opinions. — La liberté de conscience. — L'intolérance avant la Révolution. — Tristes conséquences de l'intolérance : martyrs, inquisition, guerres de religion, la Saint-Barthélemy, révocation de l'édit de Nantes. — Nécessité de la tolérance dans la discussion.

RÉSUMÉS.

I

Nous devons laisser chacun libre de penser et de croire ce qu'il veut. Si nous pensons que les autres se trompent, disons-nous bien que nous pouvons nous tromper aussi. Ils ont d'ailleurs le même droit que nous à penser et à pratiquer ce que bon leur semble. Plus on est sage et instruit, plus on est tolérant.

« Les injures sont les raisons de ceux qui ont tort. »

II

« Nul ne doit être inquiété pour ses opinions, même religieuses, pourvu que leur manifestation ne trouble pas l'ordre public établi par la loi. » (*Déclaration des droits de l'homme et du citoyen.*)

C'est proclamer par là que chacun doit être libre de penser et de croire ce qu'il veut, d'avoir ses idées particulières en politique, en religion et sur tout autre sujet, sous la réserve toutefois qu'il n'empiétera pas sur la liberté des autres.

LECTURES.

1. — Le massacre de Vassy.

En 1561, la petite ville de Vassy, en Lorraine, s'était presque tout entière convertie au protestantisme. Cette nouvelle transporta de fureur Guise, duc de Lorraine : ce prince était catholique, et n'entendait pas qu'un de ses sujets fût d'une religion différente. Il résolut de châtier les gens de Vassy. Le 1er mars 1562, jour de dimanche, il rassembla ses domestiques armés, et, en outre, deux cents fusiliers ou arquebusiers, comme on disait alors, et marcha sur Vassy. Les protestants, au nombre de douze cents, étaient assemblés dans une grange qui leur servait d'église. Ce fut de ce côté que le duc de Guise se dirigea avec sa troupe. Arrivé à vingt-cinq pas, il fit tirer aux fenêtres de la grange deux coups d'arquebuse. Les protestants, déjà habitués à être persécutés, comprirent aussitôt ce qu'on leur voulait. Ceux qui étaient près de la porte voulurent la fermer, mais ils ne le purent pas; les gens du duc, l'épée au poing, entrèrent comme un orage, en criant : « Tue!... tue!... à mort! » La tuerie commença en effet aussitôt. Les protestants étaient sans armes et ne résistaient pas; quelques-uns tâchaient de s'enfuir par le toit. Le duc excitait son monde contre eux et criait : « A bas, canailles! » Un de ses domestiques se vantait d'avoir à lui seul fusillé six de ces pigeons. Le massacre dura pendant une heure;

on tua les femmes et les enfants, comme les hommes. Quand on s'arrêta, il y avait soixante cadavres. Les blessés étaient innombrables.

(A. Burdeau, *l'Instruction morale à l'école*[1].)

---

2. — Les deux paysans et le nuage.

« Guillot, disait un jour Lucas
D'une voix triste et lamentable,
Ne vois-tu pas venir là-bas
Ce gros nuage noir? C'est la marque effroyable
Du plus grand des malheurs. — Pourquoi? répond Guillot.
— Pourquoi? regarde donc : ou je ne suis qu'un sot,
Ou ce nuage est de la grêle
Qui va tout abîmer, vigne, avoine, froment.
Toute la récolte nouvelle
Sera détruite en un moment.
Il ne restera rien : le village en ruine
Dans trois mois aura la famine;
Puis la peste viendra; puis nous périrons tous.
— La peste? dit Guillot. Doucement, calmez-vous,
Je ne vois pas cela, compère;
Et, s'il faut vous parler selon mon sentiment,
C'est que je vois tout le contraire;
Car ce nuage assurément
Ne porte point de grêle, il porte de la pluie;
La terre est sèche dès longtemps,
Il va bien arroser nos champs.
Toute notre récolte en doit être embellie.
Nous aurons le double de foin,
Moitié plus de froment, du vin en abondance;
Nous serons tous dans l'opulence,
Et rien, hors les tonneaux, ne nous fera besoin.
— C'est bien voir que cela! dit Lucas en colère.
— Mais chacun a ses yeux, lui répondit Guillot.
— Oh! puisque c'est ainsi, je ne dirai plus mot;
Attendons la fin de l'affaire;

1. Alcide Picard et Kaan, éditeurs.

Rira bien qui rira le dernier. — Dieu merci,
Ce n'est pas moi qui pleure ici. »
Ils s'échauffaient tous deux; déjà dans leur furie
Ils allaient se gourmer, lorsqu'un souffle de vent
Emporta loin de là le nuage effrayant :
Ils n'eurent ni grêle ni pluie.

(FLORIAN.)

AUTRES LECTURES.

3. Une discussion, par ANDRIEUX (CH. LEBAIGUE, *le Livre de l'école*, cours moyen).

4. L'intolérance, par DROMBRES et MONOT (LOUIS MAINARD, *A travers la vie*).

5. La Saint-Barthélemy, dialogue, par TH. DE RÉMUSAT (G. COMPAYRÉ et A. DELPLAN, *Lectures morales et civiques*).

RÉCITATION.

1. — Le pauvre colporteur.

Le pauvre colporteur est mort la nuit dernière.
Nul ne voulait donner des planches pour sa bière.
Le forgeron lui-même a refusé son clou :
« C'est un juif, disait-il, venu je ne sais d'où,
Un ennemi du Dieu que notre terre adore,
Et qui, s'il revenait, l'outragerait encore.
Son corps infecterait un cadavre chrétien :
Aux crevasses du roc traînons-le comme un chien.
La croix ne doit point d'ombre à celui qui la nie,
Et ce n'est qu'à nos os que la terre est bénie. »
Et la femme du juif et ses petits enfants
Imploraient vainement la pitié des passants,
Et, disputant le corps au dégoût populaire,
Retenaient par les pieds le mort dans son suaire.
Du scandale inhumain averti par hasard,
J'accourus, j'écartai la foule du regard;
Je tendis mes deux mains aux enfants, à la femme;
Je fis honte aux chrétiens de leur dureté d'âme,

Et, rougissant pour eux, pour qu'on l'ensevelît :
« Allez, dis-je, et prenez les planches de mon lit... »
Ces deux mots ont suffi pour retourner leur âme;
Et l'on se disputait les enfants et la femme.

(LAMARTINE, *Jocelyn.*)

AUTRE RÉCITATION.

2. La patience, poésie de CORNEILLE (CAPPERON, *Morale et Instruction civique*).

DEVOIRS DE RÉDACTION.

1. Que pensez-vous des personnes qui ne se mêlent aux conversations des autres que pour contredire au sujet de tout et à tout propos ? Résultats de ce manque de délicatesse et de tolérance.

2. Votre amie Emma a frappé une de ses compagnes de classe, parce qu'elle ne parvenait pas à lui imposer ses idées religieuses. Écrivez à Emma pour lui montrer le tort qu'elle a eu d'agir ainsi et comment elle aurait dû parler pour amener plus facilement sa compagne à penser et à raisonner comme elle.

3. Comment pouvez-vous vous montrer tolérants en classe ? dans votre famille ?

4. Écrivez à un camarade pour lui expliquer en quoi consiste la tolérance en matière de religion et pourquoi il faut la pratiquer. Montrez-lui, par divers exemples historiques, les funestes conséquences de l'intolérance.

DEVOIRS DE CHARITÉ.

57e LEÇON. — Bienveillance, solidarité, fraternité.

PLANS.

I

La bienveillance, disposition à être agréable, à faire du bien. — Obligation de secourir la misère des autres, de leur venir en aide. — Nécessité de s'entr'aider. — La solidarité : basée sur l'intérêt mutuel. — Avantages de la solidarité. — Laideur de l'égoïsme. — La fraternité. — Les bienfaits de la fraternité. — Manifestations de l'esprit de solidarité et de fraternité.

II

La solidarité dans la société. — Pourquoi et comment les hommes sont solidaires. — Manifestations de l'esprit de solidarité : épidémies, inondations, etc. — La société est comme une grande famille. — La fraternité humaine. — Ses progrès depuis la Révolution. — Créations dues à l'esprit de fraternité : asiles, orphelinats, hôpitaux et autres œuvres philanthropiques.

RÉSUMÉS.

I

Le mot *charité* signifie amour : la charité est donc l'amour du prochain. Le premier de nos devoirs de charité est de défendre ceux qui sont menacés dans leur existence, de porter secours à ceux qui sont en danger. Nous devons aussi prendre la défense de ceux qu'on calomnie ou dont on médit devant nous, surtout lorsque nous les croyons injustement accusés.

« Il faut, autant qu'on peut, obliger tout le monde. »

(La Fontaine.)

II

La société est comme une grande famille dont tous les membres sont solidaires les uns des autres. L'intérêt de chacun est lié à l'intérêt de tous. Nous devons donc nous aimer, nous entr'aider, nous secourir les uns les autres et nous considérer comme des frères. C'est tout d'abord notre intérêt, mais c'est surtout notre devoir.

« Aidons-nous mutuellement :
La charge de nos maux en sera plus légère. »

(Florian.)

LECTURE.

1. — La fraternité humaine.

Lorsqu'un arbre est seul, il est battu des vents et dépouillé de ses feuilles ; et ses branches, au lieu de s'élever, s'abaissent comme si elles cherchaient la terre.

Lorsqu'une plante est seule, ne trouvant point d'abri contre l'ardeur du soleil, elle languit et se dessèche, et meurt.

Lorsque l'homme est seul, le vent de la puissance le courbe vers la terre, et l'ardeur de la convoitise des grands de ce monde absorbe la sève qui le nourrit.

Ne soyez donc point comme la plante et comme l'arbre qui sont seuls; mais unissez-vous les uns aux autres, et appuyez-vous, et abritez-vous mutuellement.

Tandis que vous serez désunis, et que chacun ne songera qu'à soi, vous n'avez rien à espérer que souffrance et malheur, et oppression.

Qu'y a-t-il de plus faible que le passereau, et de plus désarmé que l'hirondelle? Cependant quand paraît l'oiseau de proie, les hirondelles et les passereaux parviennent à le chasser, en se rassemblant autour de lui et le poursuivant tous ensemble. Prenez exemple sur le passereau et sur l'hirondelle. Celui qui se sépare de ses frères, la crainte le suit quand il marche, s'assied près de lui quand il repose, et ne le quitte pas même durant son sommeil. Donc, si l'on vous demande : « Combien êtes-vous? » répondez : « Nous sommes un; car nos frères, c'est nous et nous, c'est nos frères. »

(LAMENNAIS, *Paroles d'un croyant.*)

AUTRES LECTURES.

2. Les deux voisins (LAMENNAIS, *Paroles d'un croyant*).

3. Le rocher et les voyageurs, par LAMENNAIS (LOUIS COLLAS, *Mosaïque des écoles et des familles*).

RÉCITATIONS.

1. — L'âne et le chien.

Il se faut entr'aider, c'est la loi de nature.
L'âne, un jour, pourtant s'en moqua,
Et ne sais comme il y manqua,
Car il est bonne créature.
Il allait par pays, accompagné d'un chien,
Gravement, sans songer à rien;
Tous deux suivis d'un commun maître.
Ce maître s'endormit. L'âne se mit à paître:
Il était alors dans un pré
Dont l'herbe était fort à son gré.
Point de chardons pourtant; il s'en passa pour l'heure :
Il ne faut pas toujours être si délicat;
Et, faute de servir ce plat,
Rarement un festin demeure.
Notre baudet s'en sut enfin
Passer pour cette fois. Le chien, mourant de faim,
Lui dit : « Cher compagnon, baisse-toi, je te prie;
Je prendrai mon dîner dans le panier au pain. »
Point de réponse; mot; le roussin d'Arcadie
Craignit qu'en perdant un moment
Il ne perdît un coup de dent.
Il fit longtemps la sourde oreille.
Enfin, il répondit : « Ami, je te conseille
D'attendre que ton maître ait fini son sommeil
Car il te donnera, sans faute, à son réveil,
Ta portion accoutumée :
Il ne saurait tarder beaucoup. »
Sur ces entrefaites, un loup
Sort du bois et s'en vient : autre bête affamée.
L'âne appelle aussitôt le chien à son secours.
Le chien ne bouge, et dit : « Ami, je te conseille
De fuir en attendant que ton maître s'éveille;
Il ne saurait tarder : détale vite, et cours.
Que si ce loup t'atteint, casse-lui la mâchoire;
On t'a ferré de neuf; et si tu me veux croire,
Tu l'étendras tout plat. » Pendant ce beau discours,

Seigneur loup étrangla le baudet sans remède.
Je conclus qu'il faut qu'on s'entr'aide.

(La Fontaine.)

---

2. — L'aveugle et le paralytique.

Aidons-nous mutuellement :
La charge de nos maux en sera plus légère;
Le bien que l'on fait à son frère
Pour le mal que l'on souffre est un soulagement.
. . . .
Dans une ville de l'Asie
Il existait deux malheureux,
L'un perclus, l'autre aveugle, et pauvres tous les deux.
Ils demandaient au ciel de terminer leur vie;
Mais leurs cris étaient superflus :
Ils ne pouvaient mourir. Notre paralytique,
Couché sur un grabat, dans la place publique,
Souffrait sans être plaint : il en souffrait bien plus.
L'aveugle, à qui tout pouvait nuire,
Etait sans guide, sans soutien,
Sans avoir même un pauvre chien
Pour l'aimer et pour le conduire.
Un certain jour, il arriva
Que l'aveugle, à tâtons, au détour d'une rue,
Près du malade se trouva.
Il entendit ses cris; son âme en fut émue :
Il n'est tels que les malheureux
Pour se plaindre les uns les autres.
« J'ai mes maux, lui dit-il, et vous avez les vôtres :
Unissons-les, mon frère; ils seront moins affreux.
— Hélas! dit le perclus, vous ignorez, mon frère,
Que je ne puis faire un seul pas;
Vous-même, vous n'y voyez pas :
A quoi nous servirait d'unir notre misère?
— A quoi? répond l'aveugle. Écoutez : à nous deux
Nous possédons le bien à chacun nécessaire;
J'ai des jambes, et vous des yeux.
Moi, je vais vous porter; vous, vous serez mon guide;
Vos yeux dirigeront mes pas mal assurés;

Mes jambes, à leur tour, iront où vous voudrez.
Ainsi, sans que jamais notre amitié décide
Qui de nous deux remplit le plus utile emploi,
Je marcherai pour vous, vous y verrez pour moi. »

(FLORIAN.)

AUTRES RÉCITATIONS.

3. Le lion et le rat (LA FONTAINE, *Fables*).
4. La colombe et la fourmi (LA FONTAINE, *Fables*).
5. Le cheval et l'âne (LA FONTAINE, *Fables*).

DEVOIRS DE RÉDACTION.

1. Pourquoi est-il juste et raisonnable de s'aider les uns les autres ? Qu'arriverait-il si chacun ne songeait qu'à soi ? Donnez un exemple (incendie, épidémie ou inondation).

2. Vous avez vu votre camarade Louis frapper son ami Paul plus jeune que lui. Qu'avez-vous éprouvé à cette vue ? Qu'avez-vous fait ?

3. Expliquez cette maxime de La Fontaine : *Il se faut entr'aider, c'est la loi de nature.* Comment les enfants peuvent-ils la pratiquer dans leur famille et à l'école ?

58e LEÇON. — La bienfaisance, l'aumône.

PLANS.

I

En quoi consiste la bienfaisance. — Elle peut toujours s'exercer, quelle que soit notre condition. — L'aumône, forme la plus répandue, non la plus méritoire, de la bienfaisance. — La vraie charité est dans les sentiments. — Elle est empressée et délicate.

II

La bienfaisance. — Divers moyens de l'exercer. — Le premier et le plus fréquent est l'aumône. — Inconvénients de l'aumône : elle encourage quelquefois la paresse. — Caractère de la réelle bienfaisance : la bonté, vertu essentielle. — L'aumône morale : conseils, consolations, etc.

RÉSUMÉS.

I

La bienfaisance consiste à faire tous ses efforts pour soulager la misère. Il ne faut pas se contenter de donner une part de son superflu à ceux qui souffrent, il faut les encourager, les soutenir, leur procurer du travail, et éviter surtout de les humilier en les secourant.

On l'a dit bien souvent : « *La façon de donner vaut mieux que ce qu'on donne.* » (CORNEILLE.)

II

Non seulement nous devons protéger nos semblables, mais nous devons les secourir quand ils sont dans le besoin. La bienveillance doit aller jusqu'à la bienfaisance. La forme la plus simple de la bienfaisance, c'est l'aumône. Mais la véritable bienfaisance ne se borne pas à des secours matériels; elle sait accompagner son offrande d'une parole d'encouragement qui en double le prix, calmer un chagrin, donner à propos un bon conseil, un témoignage d'intérêt et de sympathie.

« *Le cœur doit faire la charité quand la main ne le peut.* »

LECTURES.

1. — Bienfaisance et discrétion.

Un jour, je me promenais sur les falaises; je vis sur l'herbe drue un homme dont les vêtements annonçaient la plus affreuse misère; un vieux chapeau fauve et chauve était rabattu sur ses yeux; son habit avait été noir et avait eu des boutons; ses bas s'étaient percés à travers les trous de ses bottes; sa barbe accusait une végétation de cinq ou six jours.

Ému de compassion, je m'arrêtai à contempler ce spécimen d'une triste misère. Tout à coup je tirai de ma poche une pièce de cinq francs, et je l'enveloppai bien serrée dans un morceau de journal. Alors, faisant un détour, je m'avançai presque en rampant jusqu'à l'homme endormi. J'avais aperçu une poche de pantalon béante, depuis longtemps dépourvue du bouton destiné à la fermer; car pourquoi l'aurait-on fermée? Je faisais un pas, puis j'attendais que le léger bruit que fait en se relevant l'herbe comprimée eût cessé. Jamais un chat, voulant surprendre un oiseau, ne fut plus patient. Jamais un voleur ne retint autant son haleine. J'arrivai debout derrière la tête du dormeur; là, je me permis de respirer franchement une fois. Puis je me baissai lentement, puis j'étendis le bras, et j'insinuai doucement ma main dans cette poche béante, affamée; puis j'y posai le petit paquet. Je retirai ma main, je me relevai, je m'éloignai avec les mêmes précautions; le pauvre diable ne s'était pas réveillé.

Oh! le cher homme, quel grand plaisir il me fit ce jour-là! et comme j'aurais voulu, par reconnaissance, lui avoir donné davantage! Si par hasard ces lignes tombent sous ses yeux, qu'il reçoive mes remerciements.

(ALPHONSE KARR, *Menus Propos* [1].)

---

2. — Un bon voisin.

Je me dis : « Tu es tranquille et au chaud dans ta maison avec ton chien et tes chevreaux. Il y a du pain pour toi sur la planche, il y a de l'herbe dans la montagne ou dans le râtelier pour eux; ton toit, quoiqu'il soit de genêt, est bien réparé contre la pluie et la neige. Tu n'as pas de souci pour ta femme et pour tes enfants; mais voilà un tel qui a son plafond écroulé, et les berceaux de ses petits exposés à tous les vents. Voilà cette pauvre veuve dont la maison a brûlé la semaine passée, et qui n'a pas un pauvre liard pour payer le tireur de pierre, le maçon et le couvreur, pour se rebâtir un abri; voilà ce vieillard qui n'a plus son fils pour lui piocher son morceau de terre; voilà ces trois orphelins qui n'ont ni père ni mère pour leur moissonner leur seigle

1. CALMANN LÉVY, éditeur.

ou pour leur battre leur châtaignier. Que vont-ils faire dans la mauvaise saison qui s'avance? Qui est-ce qui ira à leur secours pour l'amour de Dieu? Allons, c'est moi! donnons-nous de la peine pour leur en enlever un peu. Tirons de la pierre pour celle-ci, taillons un jambage pour celui-là, rajustons les marches de l'escalier pour l'un, replaçons les solives et les tuiles pour l'autre, bêchons la vigne de ce voisin malade, coupons l'orge de cette vieille femme aveugle, prêtons notre chèvre à cette pauvre nourrice dont la vache est tombée dans le ravin et qui n'a plus de lait pour ses petits. Le peu que je puis pour eux leur soulagera le cœur; ils auront moins de chagrin dans la maison, ils dormiront cette nuit, ils mangeront ce soir, ils coucheront à l'abri avant l'hiver. » Et le soir, quand je remonte ici à la nuit close et que je me dis : « Claude, qu'as-tu gagné aujourd'hui? » je me réponds : « J'ai gagné une bonne journée; car les pauvres gens me la payent en amitié, mon cœur me la paye en contentement, et le bon Dieu me la payera en miséricorde. »

(LAMARTINE, *le Tailleur de pierres de Saint-Point.*)

AUTRES LECTURES.

3. Chaud, les marrons! poésie de GRENET-DANCOURT (HOURÉARD, *Récitations choisies à l'usage du cours moyen et du cours supérieur des écoles primaires*).

4. La place du pauvre, poésie d'EUGÈNE MANUEL (CH. LEBAIGUE, *le Livre de l'école*, cours moyen).

5. Le médecin du Lubéron, par JOSEPH AUTRAN (A. VESSIOT, *la Récitation à l'école et la Lecture expliquée*).

6. Les braves gens (VICTOR HUGO, *la Légende des siècles*).

7. Un sou de plaisir (L. RIQUIER, *Contes, Poésies, Récits, Nouvelles en prose et en vers*).

8. Sur le boulevard (L. RIQUIER, *Contes, Poésies, Récits, Nouvelles en prose et en vers*).

RÉCITATION.

1. — Pour les pauvres.

Donnez, riches! l'aumône est sœur de la prière.
Hélas! quand un vieillard, sur votre seuil de pierre,

Tout raidi par l'hiver, en vain tombe à genoux;
Quand les petits enfants, les mains de froid rougies,
Ramassent sous vos pieds les miettes des orgies,
La face du Seigneur se détourne de vous.

Donnez! afin que Dieu, qui dote les familles,
Donne à vos fils la force, et la grâce à vos filles;
Afin que votre vigne ait toujours un doux fruit;
Afin qu'un blé plus mûr fasse plier vos granges;
Afin d'être meilleurs; afin de voir les anges
Passer dans vos rêves la nuit!

Donnez! il vient un jour où la terre nous laisse;
Vos aumônes là-haut vous font une richesse.
Donnez! afin qu'on dise : « Il a pitié de nous! »
Afin que l'indigent que glacent les tempêtes,
Que le pauvre qui souffre à côté de vos fêtes,
Au seuil de vos palais fixe un œil moins jaloux.

Donnez! pour être aimés du Dieu qui se fit homme;
Pour que le méchant même en s'inclinant vous nomme;
Pour que votre foyer soit calme et fraternel;
Donnez! afin qu'un jour, à votre heure dernière,
Contre tous vos péchés vous ayez la prière
D'un mendiant puissant au ciel.

(Victor Hugo, *les Feuilles d'automne.*)

AUTRES RÉCITATIONS.

2. La vraie charité, par Jean-Jacques Rousseau (Capperon, *Morale et Instruction civique*).

3. Appel aux riches, par Achille Paysant (Frédéric Bataille, *Anthologie de l'enfance*).

DEVOIRS DE RÉDACTION.

1. Montrez que les plus humbles peuvent se rendre utiles à leurs semblables. Donnez des exemples choisis dans des situations différentes : à l'école, à l'atelier, dans la société.

2. Développez cette maxime, en vous servant des explications données pendant la leçon :

Que toujours la main gauche ignore
Ce que la main droite a donné.

3. *Ne faites pas seulement l'aumône*, a dit Jean-Jacques Rousseau, *faites la charité*. Expliquer cette pensée. Avez-vous vu des personnes donnant l'aumône sans faire la charité ?

4. Expliquez et développez cette pensée de Corneille :

La façon de donner vaut mieux que ce qu'on donne ;
Tel donne à pleines mains qui n'oblige personne.

59e LEÇON. — La reconnaissance.

(L'INGRATITUDE.)

PLANS.

I

Ce que c'est que la reconnaissance. — Reconnaissance du cœur. — Reconnaissance effective. — Personnes auxquelles nous devons le plus de reconnaissance : parents, maîtres. — Les camarades obligeants. — Les bienfaiteurs. — Moyens de s'acquitter envers eux. — Laideur de l'ingratitude.

II

La reconnaissance. — Envers qui doit-on être reconnaissant ? — Reconnaissance envers les parents, les maîtres, la patrie et les grands hommes qui l'ont illustrée. — Reconnaissance envers les bienfaiteurs. — Reconnaissance de cœur ou gratitude. — Reconnaissance effective. — L'ingratitude, vice méprisable.

RÉSUMÉS.

I

Quand une personne a été bonne pour nous, qu'elle nous a rendu un service, notre devoir est de ne jamais oublier ni le service, ni la personne qui nous l'a rendu, et, si l'occasion nous est offerte, de lui faire du bien à notre tour.

Celui qui oublie les bienfaits reçus se rend coupable d'ingratitude, et l'ingratitude est le plus méprisable des vices.

Rien ne résume mieux les devoirs du bienfaiteur et de l'obligé que ce proverbe oriental :

« Si tu fais le bien, oublie-le; si on te le fait, souviens-t'en toujours. »

II

« Être reconnaissant, c'est d'abord garder un souvenir fidèle et bienveillant des bienfaits qu'on a reçus; c'est ensuite agir de façon à nous acquitter envers nos bienfaiteurs. » (G. Compayré.)

L'obligé est, en quelque sorte, un débiteur qui doit avoir à cœur de s'acquitter de sa dette, dès qu'il sera en état de le faire.

« Au fond d'une âme vraiment grande, la vertu qu'on est le plus certain de trouver, c'est la reconnaissance. » (De Ségur.)

LECTURES.

1. — Trait de reconnaissance.

Une pauvre ouvrière est transportée dans un hôpital à cause d'une paralysie du larynx qui lui ôte l'usage de la parole. Sa douleur, qui passe toute mesure, éclate en sanglots et en torrents de larmes. Le médecin en chef la soumet à un traitement rigoureux et longtemps inutile. Enfin, une nuit qu'elle essayait, selon sa coutume, de faire mouvoir son gosier rebelle, un mot s'en échappe. Elle parle, elle est sauvée!

Que va-t-elle faire? Sans doute appeler ses compagnes d'infortune et leur dire : « Je parle! » Le leur dire pour entendre elle-même le son de sa propre voix! Non, elle se tait. Six heures, sept heures sonnent. Les sœurs gardiennes lui apportent sa nourriture; elle se tait toujours, et seulement parfois, la tête sous sa couverture, elle s'assure de sa guérison par quelques syllabes prononcées tout bas. Enfin la porte s'ouvre, le médecin entre et s'approche de son lit. Alors, avec un sourire plein de larmes : « Monsieur, lui dit-elle, je parle; j'ai voulu garder ma première parole pour mon sauveur. »

(Ernest Legouvé.)

2. — Le souvenir d'un bienfait [1].

Un marchand de soie, nommé Hervé, étant un jour dans une boutique avec quelques autres bourgeois, il passa un petit garçon de quatorze à quinze ans, qui avait peut-être pour quatre livres de marchandises dans une balle. Ce petit garçon leur dit en riant : « Messieurs, qui est-ce qui peut me prêter quelque chose sur ma bonne mine ? J'ai bonne envie de faire fortune. » Hervé trouva ce petit garçon à sa fantaisie ; il lui prêta dix écus, et lui fit, en riant, promettre que, lorsqu'il se serait enrichi, il lui tiendrait compte de la moitié du profit.

Au bout d'une quinzaine d'années, comme Hervé dînait, on vint lui dire qu'un homme bien vêtu voulait lui parler.

Hervé se lève et va voir ce que désire cet homme.

L'autre, après s'être excusé de le déranger, lui demande s'il ne se souvient point d'un petit garçon à qui il avait jadis prêté dix écus.

Hervé ne s'en souvenait point, mais l'étranger lui rappela si bien les circonstances qu'à la fin il retrouva la mémoire du fait.

« Eh bien, Monsieur, c'est moi qui suis ce petit garçon. Voici mes livres ; vous verrez ce que j'achetai ici, où je fus ensuite, comment je m'embarquai et m'en allai en Espagne, aux Indes, et comment tout m'a réussi assez heureusement, puisque, de compte fait, il y a près de cinquante mille écus pour vous. »

Hervé répondit qu'en conscience il ne pouvait les accepter, parce qu'il avait eu l'intention de lui donner et non de lui prêter ces dix écus, et il se refusa absolument à recevoir l'argent.

L'autre sortit ; mais, le lendemain, il envoya à Hervé deux crocheteurs chargés de vaisselle d'argent, le suppliant d'accepter au moins ce faible souvenir d'un cœur reconnaissant et ajoutant que, puisqu'il refusait de le considérer comme son débiteur, il lui permettrait de rester son obligé.

(MULLER.)

1. Ce morceau sera introduit, s'il ne l'est déjà, dans la prochaine édition du LIVRE DE MORALE, *Partie de l'élève*.

AUTRES LECTURES.

3. Le pouvoir d'un bienfait, par DE SÉGUR (CH. LEBAIGUE, *Pour nos fils*, cours supérieur).

4. Fais aux autres le bien qu'on t'a fait, par ERNEST LEGOUVÉ (JULES STEEG, *la Vie morale*).

RÉCITATION.

1. — Le villageois et le serpent.

Ésope conte qu'un manant,
Charitable autant que peu sage,
Un jour d'hiver se promenant
A l'entour de son héritage,
Aperçut un serpent sur la neige étendu,
Transi, gelé, perclus, immobile, rendu,
N'ayant pas à vivre un quart d'heure.
Le villageois le prend, l'emporte en sa demeure,
Et, sans considérer quel sera le loyer
D'une action de ce mérite,
Il l'étend le long du foyer,
Le réchauffe, le ressuscite.
L'animal engourdi sent à peine le chaud
Que l'âme lui revient avecque la colère.
Il lève un peu la tête, et puis siffle aussitôt;
Puis fait un long repli, puis tâche à faire un saut
Contre son bienfaiteur, son sauveur et son père.
« Ingrat, dit le manant, voilà donc mon salaire!
Tu mourras! » A ces mots, plein d'un juste courroux,
Il vous prend sa cognée, il vous tranche la bête;
Il fait trois serpents de deux coups,
Un tronçon, la queue, et la tête.
L'insecte, sautillant, cherche à se réunir;
Mais il ne put y parvenir.

Il est bon d'être charitable,
Mais envers qui? c'est là le point.
Quant aux ingrats, il n'en est point
Qui ne meure enfin misérable.

(LA FONTAINE.)

AUTRE RÉCITATION.

2. Le loup et la cigogne (LA FONTAINE, *Fables*).

DEVOIRS DE RÉDACTION.

1. Traduire en prose la récitation *Le villageois et le serpent.*

2. Dites ce que c'est que la reconnaissance. Énumérez les personnes pour lesquelles vous éprouvez un sentiment de reconnaissance, et dites les raisons qui vous inspirent ce sentiment.

3. Pourquoi dit-on que la reconnaissance est la mémoire du cœur? Justifiez-le par le récit qui fait l'objet de la deuxième lecture, *le Souvenir d'un bienfait*, ou par tout autre fait à votre connaissance.

60e LEÇON. — La générosité, la clémence.

PLANS.

I

La générosité, plus haut degré de charité. — En quoi elle consiste : rendre le bien pour le mal. — La clémence : application de ce devoir de charité. — En quoi elle consiste : pardonner les injures reçues, adoucir le châtiment d'un coupable. — Droit de grâce. — Commutation de peine que possèdent les chefs des États.

II

La vengeance, sentiment bas et vil. — Vengeance envers un camarade taquin et méchant. — Vengeances historiques : vase de Soissons, Louis XI. — Devoir de résister au désir de vengeance. — Il ne faut pas rendre le mal pour le mal. — Le pardon. — La générosité. — Traits de générosité. — La clémence, vertu de ceux qui disposent du pouvoir souverain. — Actes de clémence conservés par l'histoire.

RÉSUMÉS.

I

La justice nous défend de rendre le mal pour le mal, la charité nous ordonne de rendre le bien pour le mal.

« Envers nos ennemis montrons de la clémence :
Les grands cœurs que le ciel a pourvus de ce don
Trouvent, en se mettant au-dessus de l'offense,
Plus de gloire dans le pardon
Que de plaisir dans la vengeance. »

(LEBRUN.)

II

« Quand on me fait une injure, dit Descartes, je tâche d'élever mon âme si haut que l'offense ne parvienne pas jusqu'à moi. »

L'homme vraiment bon et généreux, non seulement ne se venge pas de ses ennemis, mais il pousse la charité jusqu'à répondre par un bienfait à l'offense reçue. Il met en pratique cette belle maxime de l'Évangile :

« *Aimez vos ennemis, faites du bien à ceux qui vous haïssent et priez pour ceux qui vous persécutent.* »

LECTURES.

1. — La clémence d'Auguste.

AUGUSTE.

En est-ce assez, ô ciel! et le sort pour me nuire
A-t-il quelqu'un des miens qu'il veuille encor séduire?
Qu'il joigne à ses efforts le secours des enfers,
Je suis maître de moi comme de l'univers;
Je le suis, je veux l'être. O siècles! ô mémoire!
Conservez à jamais ma dernière victoire;
Je triomphe aujourd'hui du plus juste courroux
De qui le souvenir puisse aller jusqu'à vous.
Soyons amis, Cinna, c'est moi qui t'en convie;
Comme à mon ennemi je t'ai donné la vie,
Et, malgré la fureur de ton lâche dessein,
Je te la donne encor comme à mon assassin.
Commençons un combat qui montre par l'issue
Qui l'aura mieux de nous ou donnée ou reçue.
Tu trahis mes bienfaits, je les veux redoubler;
Je t'en avais comblé, je t'en veux accabler;
Avec cette beauté que je t'avais donnée,
Reçois le consulat pour la prochaine année.

(CORNEILLE, *Cinna.*)

2. — Le derviche offensé.

Le favori d'un sultan lança une pierre contre un pauvre derviche qui lui demandait l'aumône. Le prêtre insulté n'osa pas se plaindre, mais il ramassa la pierre et l'emporta. « Tôt ou tard, pensa-t-il, je trouverai certainement l'occasion de me venger avec cette même pierre de cet homme orgueilleux et cruel. » Quelques jours après, il entendit pousser des cris dans la rue; ayant demandé quelle en était la cause, il apprit que le favori venait de tomber en disgrâce, que le sultan le faisait mener sur un chameau par les rues et livrer aux insultes de la populace. Aussitôt le derviche saisit sa pierre; mais, rentrant bien vite en lui-même, il la jeta dans un puits en disant : « Je sens maintenant qu'il ne faut jamais se venger; car, si notre ennemi est puissant, cela est imprudent; si, au contraire, il est malheureux, cela est bas et cruel. »

(Herder.)

AUTRES LECTURES.

3. Une vengeance charitable (P.-J. Stahl, *Contes et Récits de morale familière*).

4. Autres traits de générosité et de clémence (Th. H. Barrau, *Livre de morale pratique*).

RÉCITATION.

1. — Après la bataille.

Mon père, ce héros au sourire si doux,
Suivi d'un seul housard, qu'il aimait entre tous
Pour sa grande bravoure et pour sa haute taille,
Parcourait à cheval, le soir d'une bataille,
Le champ couvert de morts sur qui tombait la nuit.
Il lui sembla dans l'ombre entendre un faible bruit :
C'était un Espagnol de l'armée en déroute
Qui se traînait, sanglant, sur le bord de la route,
Râlant, brisé, livide, et mort plus qu'à moitié,
Et qui disait : « A boire, à boire, par pitié! »
Mon père, ému, tendit à son housard fidèle
Une gourde de rhum qui pendait à sa selle,

Et dit : « Tiens, donne à boire à ce pauvre blessé. »
Tout à coup, au moment où le housard baissé
Se penchait vers lui, l'homme, une espèce de Maure,
Saisit un pistolet qu'il étreignait encore,
Et vise au front mon père en criant : « Caramba! »
Le coup passa si près que le chapeau tomba,
Et que le cheval fit un écart en arrière.
« Donne-lui tout de même à boire », dit mon père [1].

(VICTOR HUGO, *la Légende des siècles*.)

AUTRE RÉCITATION.

2. Noble vengeance d'un soldat, par ROLLIN (H. MOSSIER, *l'Esprit et le Cœur, Nouveau Choix de lectures expliquées et commentées*).

DEVOIRS DE RÉDACTION.

1. Mettre en prose le morceau de récitation *Après la bataille*. Qu'auriez-vous pensé du général s'il avait châtié la perfidie du Maure? De quelle vertu a-t-il fait preuve en répondant à cette perfidie par un bienfait?

2. *Le roi de France ne doit pas se venger des injures faites au duc d'Orléans.* Dans quelles circonstances cette belle parole a-t-elle été prononcée? Quelles réflexions vous inspire-t-elle? Citez d'autres traits de clémence ou de générosité.

3. Racontez en quelques mots le sujet de la première Lecture et faites ressortir l'ingratitude de Cinna et la magnanimité d'Auguste.

61e LEÇON. — Le dévouement.

PLANS.

I

Définition du dévouement. — Source du dévouement : amour du prochain. Traits de dévouement. — Dévouement dans le danger. — Dévouement dans les épreuves de la vie.

1. Ce morceau est expliqué ci-après (Appendice, Extrait du *Cours de lecture expliquée et de composition française*, par M. Charles Causeret; GÉDALGE, éditeur).

II

Qu'est-ce que le dévouement? — Caractère du dévouement : il impose le sacrifice de soi-même, ne calcule pas. — Deux sortes de dévouements : 1° dans le péril, 2° dans les difficultés et les épreuves de la vie. — Beauté du dévouement.

RÉSUMÉS.

I

Le dévouement est cet élan généreux qui nous porte au secours des autres en nous amenant à nous oublier nous-même; c'est le sacrifice de notre personnalité égoïste, de nos désirs, de nos goûts, de nos biens au bonheur d'autrui.

Notre histoire est riche en dévouements de toutes sortes; aussi devons-nous profiter de l'exemple de nos aïeux pour tâcher de devenir de bons et courageux citoyens.

II

Le dévouement est la forme suprême de la charité. Il comporte l'abandon de sa vie pour sauver celle des autres. Mais le dévouement peut se montrer ailleurs que dans le danger; il trouve encore sa place dans les difficultés et les épreuves de la vie.

Nous serons prêts à nous dévouer, si nous avons assez de courage et d'amour de nos semblables.

LECTURES.

1. — Le marin Ponée.

Il n'était encore âgé que de quinze ans lorsqu'il recevait les premières félicitations de son commandant pour le courage et le sang-froid qu'il avait déployés dans le naufrage d'un bâtiment. A dix-huit ans, en rade de Brest, il sauvait, devant tout l'équipage de la *Durance*, un matelot tombé à la mer. Ce fut dès lors une de ses vocations. Depuis ce moment, vingt-sept personnes lui doivent la vie. Deux médailles d'argent, une médaille d'or le désignent à la reconnaissance publique!...

Au Mexique, Ponée a demandé comme une faveur de rester à bord de l'*Amazone*, dépeuplée par la fièvre jaune. En quinze jours, il soigne et ensevelit cinquante-quatre de ses camarades. Lorsque le bâtiment est renvoyé en France, lui seul a échappé au fléau, il demande à être débarqué pour soigner à terre de nouvelles victimes. On le lui refuse, et, en voulant le sauver, on lui offre simplement une occasion différente de montrer son courage. Le bâtiment est resté un foyer d'infection. De nombreux malades meurent en route; il y a des victimes jusque dans le lazaret de Toulon. Sur la demande des médecins chargés d'étudier la nature du mal, c'est Ponée qui les aide à faire l'autopsie des cadavres, c'est lui qui désinfecte ou qui brûle les effets des hommes morts et qui reste enfermé le dernier au milieu des germes de la contagion.

Lorsque vous verrez, mes enfants, sous l'humble uniforme d'un marin ou d'un soldat, le ruban vert et jaune, pensez à l'héroïque Ponée, songez à ce qu'une simple médaille peut représenter de dévouement et de sacrifices.

(*Rapport sur les prix de vertu*, 1882.)

2. — Élisa Sellier.

Élisa Sellier avait quinze ans; elle était l'aînée de neuf enfants et travaillait comme ouvrière dans une filature. Sa mère meurt; son père, insouciant et débauché, abandonne sa maison. Que vont devenir ces malheureux enfants, dont quelques-uns sont encore au berceau? Qui va les secourir, les nourrir, les soigner? Déjà la charité publique s'en émeut; mais, au milieu d'eux, la jeune Élisa se lève, essuie ses larmes, console ses frères, et, sans s'effrayer de sa jeunesse, leur dit : « Adorons la main de Dieu qui nous frappe et ayons confiance en lui! C'est moi qui vous servirai de mère: Dieu me protégera et m'en donnera la force. »

Dès ce moment, cette jeune fille de quinze ans se met à la tête de la maison. Avec un courage, une volonté, une intelligence au-dessus de son âge, elle pourvoit à tout, soigne les plus petits, se fait aider des plus grands, veille sur tous, et, malgré le faible gain de sa journée, elle suffit, à force d'ordre, d'économie et de travail, à l'entretien de toute la famille, sans vouloir recourir à personne. C'est là sa gloire et son orgueil.

(*Rapport sur les prix de vertu.*)

AUTRES LECTURES.

3. **Un incendie en Amérique**, par LABOULAYE (CH. LEBAIGUE, *le Livre de l'école*, cours moyen).
4. **Le sergent Marinel**, par LEBRUN (CH. LEBAIGUE, *le Livre de l'école*, cours supérieur).
5. **Le pilote de Cherbourg** (A. RENDU FILS, *le Devoir et la Loi*).
6. **Simon Faivre** (*l'Instruction primaire*, 7e année, page 651).
7. **Basque d'Avignon** (*l'Instruction primaire*, 12e année).
8. **Le brave homme** (GUYAU, *la Première Année de lecture courante*).
9. **Dévouement du trompette Escoffier** (A. RENDU FILS, *Récits moraux et instructifs*).

RÉCITATION.

1. — Épisode de l'inondation de la Garonne.

Une terrible inondation de la Garonne venait d'engloutir un des faubourgs de la ville de Toulouse. Les habitants s'étaient réfugiés sur les toits de leurs maisons, attendant avec anxiété que des embarcations vinssent à leur secours. Beaucoup d'entre eux furent sauvés, grâce aux mariniers qui, en cette douloureuse circonstance, rivalisèrent d'habileté et de courage.

Vers la fin du jour, deux débardeurs, conduisant une barque, ramenaient une famille qu'ils venaient de recueillir au milieu des décombres. Au moment de toucher à la rive, ils entendirent des cris de détresse et distinguèrent dans les ténèbres une pauvre femme abandonnée sur la pile d'un pont presque entièrement écroulé. Leur premier mouvement fut d'aller vers elle. « Nous ne la laisserons pas périr, dit l'un d'eux. — Mais la barque ne peut contenir une personne de plus, s'écriait la famille désespérée ; vous ne la sauverez pas, et vous nous perdrez tous. — Laissez-moi faire, répondit le brave ouvrier, et rassurez-vous. »

Quelques instants après, il abordait au pilier et disposait sa barque pour recevoir la malheureuse femme. « Je lui cède ma place », dit-il tranquillement ; et en même temps il se jeta à l'eau.

(JULES STEEG, *Instruction morale et civique* [1].)

AUTRES RÉCITATIONS.

2. Jacques le maçon, poésie de BRIZEUX (PELLISSIER, *Morceaux choisis des classiques français*, classe de troisième).

3. Le gué, poésie de SULLY-PRUDHOMME (MERLET, *Extraits des classiques français*, cours supérieurs, poésie).

4. Le dévouement : A la Conciergerie, poésie de FRANÇOIS COPPÉE (DUCROS, *Morceaux choisis*, cours élémentaire).

DEVOIRS DE RÉDACTION.

1. En quoi consiste le dévouement ? Quel est le dévouement le plus commun ? Montrez qu'on peut le pratiquer tous les jours de l'existence. — Citez quelques exemples de dévouement.

2. Racontez, à votre choix, un trait de dévouement historique ou autre et appréciez-le.

1. FERNAND NATHAN, éditeur.

V. — DEVOIRS ENVERS DIEU

62e LEÇON. — Devoirs religieux.

PLANS.

I

Dieu, principe et auteur de tout ce qui existe. — Preuves de son existence. — Diverses religions. — La tolérance. — Bases du culte rendu à Dieu : vénération et amour, respect de son nom, accomplissement de tous nos devoirs. — Aimer le bien, c'est aimer Dieu.

II

Dieu, auteur et cause première de toutes choses. — Ancienneté de la croyance en un être suprême. — Preuves de l'existence de Dieu : ordre de l'univers, conscience, etc. — Diversité des religions. — Unité de la loi morale. — Devoirs religieux inséparables de toutes nos obligations morales. — Les devoirs de la famille, les devoirs civiques et sociaux, le respect de notre dignité, le respect de la vérité, etc., sont des devoirs religieux qui dominent la diversité des cultes.

RÉSUMÉS.

I

Tous nos devoirs sans exception sont des devoirs envers Dieu.

« Accomplissons tous nos devoirs individuels, faisons tous nos efforts pour atteindre à la plus haute perfection que comporte notre nature : nous ferons en cela acte de piété. C'est faire de même des actes pieux que de chercher à répandre le plus de

perfection possible autour de soi, en accomplissant tout le bien qu'on peut, en donnant tous les bons exemples, en se dévouant au bonheur des autres dans la famille, dans toutes les relations humaines. »

(MARION.)

II

« Le premier culte qui soit agréable à Dieu, c'est d'être droit, juste, bienfaisant; de rester fidèle à sa parole; de sacrifier sans hésitation et sans murmure son intérêt à son devoir; de ne pas dégrader en soi, par des lâchetés ou des bassesses, le noble caractère de l'humanité; d'éviter avec scrupule toute occasion de blesser les droits d'autrui; de chercher, au contraire, l'occasion de se sacrifier au bonheur de ses semblables; de se faire un cœur bienveillant pour toutes les créatures de Dieu, et de laisser après soi des exemples de vertu et un souvenir sans tache. »

(JULES SIMON.)

LECTURES.

1. — La prière pour tous.

Ma fille, va prier! Vois, la nuit est venue.
Une planète d'or là-bas perce la nue;
La brume des coteaux fait trembler le contour;
A peine un char lointain glisse dans l'ombre... Écoute!
Tout rentre et se repose, et l'arbre de la route
Secoue au vent du soir la poussière du jour.

C'est l'heure où les enfants parlent avec les anges.
Tandis que nous courons à nos plaisirs étranges,
Tous les petits enfants, les yeux levés au ciel,
Mains jointes et pieds nus, à genoux sur la pierre,
Disant à la même heure une même prière,
Demandent pour nous grâce au père universel!

Et puis ils dormiront. Alors, épars dans l'ombre,
Les rêves d'or, essaim tumultueux, sans nombre,

Qui naît aux derniers bruits du jour à son déclin,
Voyant de loin leur souffle et leurs bouches vermeilles,
Comme volent aux fleurs de joyeuses abeilles,
Viennent s'abattre en foule à leurs rideaux de lin.

O sommeil du berceau! prière de l'enfance,
Voix qui toujours caresse et qui jamais n'offense!
Douce religion qui s'égaie et qui rit!
Prélude du concert de la voix solennelle!
Ainsi que l'oiseau met sa tête sous son aile,
L'enfant dans la prière endort son jeune esprit.

Ma fille, va prier! D'abord, surtout pour celle
Qui berça tant de nuits ta couche qui chancelle,
Pour celle qui te prit jeune âme dans le ciel,
Et qui te mit au monde, et depuis tendre mère,
Faisant pour toi deux parts dans cette vie amère,
Toujours a bu l'absinthe et t'a laissé le miel!

Puis ensuite pour moi! Dis pour toute prière :
« Seigneur, Seigneur mon Dieu, vous êtes notre père.
Grâce, vous êtes bon! grâce, vous êtes grand! »
Laisse aller ta parole où ton âme l'envoie;
Ne t'inquiète pas, toute chose a sa voie,
Ne t'inquiète pas du chemin qu'elle prend.

Il n'est rien ici-bas qui ne trouve sa pente :
Le fleuve jusqu'aux mers dans les plaines serpente;
L'abeille sait la fleur qui recèle le miel;
Toute aile vers son but incessamment retombe;
L'aigle vole au soleil, le vautour à la tombe,
L'hirondelle au printemps, et la prière au ciel!

Lorsque pour moi vers Dieu ta voix s'est envolée,
Je suis comme l'esclave, assis dans la vallée,
Qui dépose sa charge aux bornes du chemin :
Je me sens plus léger; car ce fardeau de peine,
De fautes et d'erreurs qu'en gémissant je traîne,
Ta prière en chantant l'emporte dans sa main.

Prie encor pour tous ceux qui passent
Sur cette terre de vivants!
Pour ceux dont les sentiers s'effacent
A tous les flots, à tous les vents!

Pour l'insensé qui met sa joie
Dans l'éclat d'un manteau de soie,
Dans la vitesse d'un cheval!
Pour quiconque souffre et travaille,
Qu'il s'en revienne ou qu'il s'en aille,
Qu'il fasse le bien ou le mal.

Prie aussi pour ceux que recouvre
La pierre du tombeau dormant,
Noir précipice qui s'entr'ouvre
Sous notre foule à tout moment!
Toutes ces âmes en disgrâce
Ont besoin qu'on les débarrasse
De la vieille rouille du corps.
Souffrent-elles moins pour se taire?
Enfants, regardons sous la terre :
Il faut avoir pitié des morts.

A genoux, à genoux, à genoux sur la terre
Où ton père a son père, où ta mère a sa mère,
Où tout ce qui vécut dort d'un sommeil profond!
Abîme où la poussière est mêlée aux poussières,
Où sous son père encore on retrouve des pères,
Comme l'onde sous l'onde en une mer sans fond.

Pour ceux que les vices consument,
Les enfants veillent au saint lieu;
Ce sont des fleurs qui le parfument,
Ce sont des encensoirs qui fument,
Ce sont des voix qui vont à Dieu.

(Victor Hugo, *les Feuilles d'automne.*)

---

2. — La vie éternelle.

Que l'homme ne se plaigne pas de la courte durée de sa vie. L'Éternel a attaché à son corps quelques années d'amertume et de misère; mais il a donné à son âme une éternité de joie et de ravissement. Ce n'est point un être condamné seulement à ramper sur le globe, et à en déchirer le sein avec le fer pour soutenir une frêle existence. Sa vie n'est qu'un passage; mais elle a un but, et ce but est sublime.

Voyez-le expirant sur son lit de douleur : déjà il contemple un Dieu prêt à le recevoir. Il quitte un monde de ténèbres pour un monde de lumière; il quitte des infortunés, des mourants comme lui, pour un séjour où l'on ne meurt plus. Tout douloureux encore des angoisses de la vie, il voit le ciel s'ouvrir devant lui. Il y a un instant qu'il était esclave et chargé de fers; maintenant le voici maître d'un empire et de l'éternité. Triste et souffrant, il se traînait pas à pas vers la mort, et il lui échappe éblouissant de lumière. Il habitait un monde arrosé de larmes, où tout change, tout meurt, où l'on ne se rencontre que pour se quitter : maintenant le voici dans le séjour où tout est éternel.

(BERNARDIN DE SAINT-PIERRE, *Harmonies de la nature.*)

AUTRES LECTURES.

3. Le ciel étoilé, par XAVIER DE MAISTRE (MERLET, *Extraits des classiques français*, cours élémentaires).

4. L'idée de Dieu (LAMARTINE, morceaux choisis; JOUVET ET Cie, éditeurs).

5. L'œil de Dieu, poésie de LAMARTINE (CH. LEBAIGUE, *le Livre de l'école*, cours moyen, et *Pour nos fils*, cours supérieur).

6. Le sentiment de la Divinité, par BERNARDIN DE SAINT-PIERRE (LOUIS COLLAS, *Mosaïque des écoles et des familles*).

7. La prière, par LAMENNAIS (MERLET, *Extraits des classiques français*, cours moyens, prose).

8. Le caractère de la prière véritable, par F. BUISSON (JULES STEEG, *la Vie morale*).

RÉCITATION.

1. — Invocation.

O toi que nul n'a pu connaître
Et n'a renié sans mentir,
Réponds-moi, toi qui m'as fait naître,
Et demain me feras mourir.

Dès que l'homme lève la tête,
Il croit t'entrevoir dans les cieux;
La création, sa conquête,
N'est qu'un vaste temple à ses yeux.

Dès qu'il redescend en lui-même,
Il t'y trouve; tu vis en lui;
S'il souffre, s'il pleure, s'il aime,
C'est son Dieu qui le veut ainsi.

De la plus noble intelligence
La plus sublime ambition
Est de prouver ton existence
Et de faire épeler ton nom.

Le dernier des fils de la terre
Te rend grâce du fond du cœur,
Dès qu'il se mêle à sa misère
Une apparence de bonheur.

Le monde entier te glorifie;
L'oiseau te chante sur son nid,
Et pour une goutte de pluie
Des milliers d'êtres t'ont béni!

Tu n'as rien fait qu'on ne l'admire.
Rien de toi n'est perdu pour nous.
Tout prie et tu ne peux sourire,
Que nous ne tombions à genoux.

(Alfred de Musset.)

AUTRES RÉCITATIONS.

2. J'étais seul, par Victor Hugo (P. Estienne et H. Daniel, *le Deuxième Livre de récitation et de morale*).

3. L'existence de Dieu, par Voltaire (Merlet, *Extraits des classiques français*, cours moyens, poésie).

4. Prière de l'enfant à son réveil, poésie de Lamartine (Louis Collas, *Mosaïque des écoles et des familles*).

DEVOIRS DE RÉDACTION.

1. Impressions et sentiments que vous éprouvez en contemplant les merveilles de la création, et pourquoi?

2. Quels sont nos devoirs envers Dieu? En quel sens tous nos devoirs peuvent-ils se ramener à nos devoirs envers Dieu?

3. Expliquer cette maxime : *Travailler, c'est prier*, et montrer comment celui qui remplit sa tâche avec soin accomplit ses devoirs envers Dieu.

APPENDICE

I

DÉVELOPPEMENT DE QUELQUES LEÇONS.

1re LEÇON. — Objet de la morale[1].

Mes chers enfants, nous commençons aujourd'hui la plus belle et la plus importante des études, celle de la morale. Aucune partie de l'enseignement n'est aussi digne de toute votre attention. Vous n'aurez pas de peine à le comprendre, à mesure que nous avancerons dans la série des leçons que nous inaugurons en ce moment.

La morale, en effet, a pour but de vous faire connaître vos devoirs, de vous apprendre à devenir des hommes de bien, ce qu'il importe le plus de savoir.

Il n'y a donc pas de science qui passe avant l'instruction morale. Les autres matières de l'enseignement, considérées en elles-mêmes et sans rapport avec votre développement moral, n'ont que des avantages temporels et passagers. La géographie, la géométrie, les sciences physiques, la grammaire pourront vous faciliter l'exercice d'une profession quelconque. La morale veut faire de vous des hommes dans la plus noble acception de ce mot. Elle ne se borne pas à développer votre intelligence; elle veut former votre cœur. Son but, c'est de vous aider à le purifier de toute souillure, pour l'orner des vertus qui vous rendront heureux en vous rendant meilleurs.

La morale est la science des mœurs pures, ou, en d'autres termes, la science des devoirs. Elle nous enseigne à faire

---

1. Le développement de ces leçons correspond aux plans II de l'ouvrage.

un bon usage de nos facultés, c'est-à-dire à les faire concourir à notre bien et au bien de nos semblables.

L'étude de la morale affermira aussi votre caractère. Elle fera de vous des hommes à convictions fermes. Elle éclairera votre conscience et vous donnera tout au moins le désir d'être vertueux et de vous rendre utiles. C'est ainsi que vous réaliserez le plus sûrement votre destinée.

Devenir des hommes, n'est-ce pas là votre rêve? Eh bien, sachez-le : vous pourriez être grands comme les plus grands, vous pourriez atteindre la taille d'un tambour-major, et n'être pas des hommes. Être un homme, c'est être une personnalité; c'est penser, juger, agir par soi-même. C'est aussi se tenir dans une atmosphère de pureté telle que l'exige notre dignité. C'est encore faire du bien autour de nous, donner à nos semblables l'exemple du désintéressement, de la justice, de la charité, de toutes les vertus, en un mot. La morale vous aidera à réaliser ce noble idéal. Après vous avoir appris à faire de cette vie le meilleur emploi possible, elle portera vos espérances vers un monde meilleur.

Il y a bien là, je pense, de quoi entraîner votre ambition. L'étude qui nous occupe est certainement la plus abstraite de notre programme, mais elle est aussi la plus douce et la plus bienfaisante. Elle élève celui qui s'y applique à des hauteurs d'où il ne redescend qu'à regret, parce que les petitesses, les mesquineries de la vie ordinaire y sont inconnues. Malgré votre jeune âge, vous pouvez faire l'expérience du charme qu'éprouve l'esprit quand il s'occupe sérieusement de ces hautes pensées. Je serais heureux si j'avais réussi à vous faire partager ces impressions : elles vous aideront à continuer ces leçons avec tout le sérieux et toute l'application qu'elles méritent.

2e LEÇON. — La dignité de la personne humaine.

Si l'homme, mes amis, se rapproche de l'animal par son organisation corporelle, il s'en éloigne profondément par son intelligence et par les qualités morales dont il est doué.

L'homme, en effet, a seul la raison, qui lui permet de savoir ce qu'il fait, de discerner le bien du mal, et la liberté, qui lui permet de choisir, de se décider pour l'un ou pour l'autre. Raison et liberté, voilà deux facultés importantes qui font de l'homme un être supérieur. Quand vous lisez l'histoire d'un homme utile à son pays ou à l'humanité, comme Gutenberg, Bernard Palissy, Vincent de Paul, Colbert, Washington, Lincoln, Thiers, vous dites : Ce fut un grand homme! Vous pourrez, au contraire, admirer longtemps les travaux de certains animaux, abeille, castor, fourmi, oiseau, sans être jamais tentés de vous écrier : Quel grand animal! Pourquoi? C'est que l'homme a agi par lui-même et d'après une volonté libre. Ce qu'il a fait, il pouvait ne pas le faire, tandis que l'animal ne pouvait agir autrement. Ce n'est qu'une machine vivante guidée par un instinct qui ne vient pas d'elle, et une machine ne mérite pas de compliments.

Cette supériorité de l'homme sur les autres créatures s'appelle la *dignité humaine*. Elle réside surtout dans la personne morale. Physiquement, l'homme a bien une attitude fière, une noble physionomie que ne possèdent pas les autres créatures; mais il a les mêmes besoins, est sujet aux mêmes maladies, contre lesquelles il a très peu de pouvoir. Au point de vue moral, aucun être créé ne lui est comparable. Ainsi, dans cette école, vous travaillez par vous-mêmes à votre destinée; les animaux vivent au jour le jour et subissent la leur. Vous aimez vos parents, vos camarades. Vous pensez par vous-mêmes; vous avez un but élevé, un idéal de bien-être et de vertu. Vous faites des efforts vers la perfection, et chaque progrès qui vous en rapproche vous rend heureux. Vous admirez ce qui est grand, ce qui élève votre âme, parce que vous sentez que cela vous rapproche de votre idéal. Ces sentiments et ces aspirations sont l'apanage exclusif de la créature humaine. Quand vous voyez un homme élevé en dignité, vous l'estimez heureux et vous pensez qu'il doit être fier. Eh bien, soyez fiers plus encore que cet homme-là : vous possédez la dignité par excellence; vous êtes au sommet de l'échelle des êtres créés. Seulement, prenez garde : les grands privilèges commandent les grands devoirs. Gardez-vous de compromettre cette dignité par des actions ou une conduite indigne de vous. Rappelez-vous que *noblesse oblige*, et que les robes les plus blanches sont celles qui craignent le plus les souillures.

3e LEÇON. — La conscience.

Il vous est sans doute arrivé, mes amis, d'avoir eu à l'esprit une tentation mauvaise, comme celle de dérober des fruits qui vous faisaient envie, de garder une trouvaille que vous aviez faite.

Vous étiez seul peut-être et certain que personne ne vous voyait. Qui est-ce qui vous empêchait de céder à votre désir? Qui est-ce qui vous retenait ainsi sur la pente du mal? La conscience. C'est cette voix intérieure qui se faisait entendre et vous disait : Ce que tu vas faire est mal.

La conscience est un guide infaillible qui nous accompagne partout et qui sans cesse s'efforce de nous prévenir et de nous détourner du mauvais chemin.

Mais si la conscience est un guide, elle est également un juge. Quand nous faisons bien, elle nous approuve. Nous sommes alors contents de nous : nous éprouvons la satisfaction morale, qui est la plus pure. Si nous faisons le mal, elle nous blâme : elle produit en nous le remords, qui nous tourmente et nous rend malheureux. La voix de la conscience résonne agréablement en vous lorsque vous avez fait une bonne journée d'étude; quand vous avez soulagé vos parents dans leurs travaux ou un malheureux dans ses peines, en un mot, toutes les fois que vous avez accompli votre devoir, surtout s'il a demandé des efforts. Au contraire, elle gronde lorsque vous avez été paresseux, désobéissants, dissimulés, égoïstes, méchants, lâches en présence du devoir.

La conscience juge aussi les actes accomplis librement par autrui. Elle nous porte à aimer, à admirer l'homme vertueux et à lui souhaiter du bien. Elle nous inspire, au contraire, de l'aversion pour celui qui commet de mauvaises actions.

Comme le corps, la conscience peut être malade. Des hommes vicieux, et, ce qui est plus triste encore, des enfants, vivant dans une atmosphère empoisonnée, s'habituent tellement à mal agir qu'ils finissent presque par imposer silence à cette voix importune. Hélas! s'ils n'en connaissent plus les reproches, ils n'en entendent pas non plus les saintes et fortifiantes approbations. Qu'ils sont malheureux, et combien ces tristes exemples doivent vous rendre sages! Apprenez de bonne heure à conserver à votre conscience toute sa délicatesse par la pratique de la vertu. Sachez toujours rougir devant un acte contraire à la morale ou lorsque vous sentez monter à votre esprit une pensée coupable. Écoutez la voix de votre conscience, quand elle vous défend le mal. Lorsque vous ferez votre devoir, vous l'entendrez aussi vous dire : « Cela va bien, tu as honoré ton titre de créature humaine, sois heureux! »

4e LEÇON. — La liberté et la responsabilité.

L'homme ne pourrait suivre les inspirations de sa conscience, faire le bien et éviter le mal, ni être justement loué ou blâmé au sujet de ses actions bonnes ou mauvaises, s'il n'était pas libre, s'il n'était pas responsable. Mais, dans notre deuxième leçon, nous avons dit que ce qui plaçait l'homme au-dessus des autres créatures, ce qui constituait la dignité humaine, c'était la liberté morale, que nous sommes les seuls à posséder.

C'est là un véritable titre de noblesse pour l'homme. Si vous jetez les yeux sur la création inanimée, vous remarquez que tous les phénomènes s'y accomplissent d'après des règles fixes. Ainsi le cours d'eau suit toujours une pente, une pierre qui tombe se dirige toujours vers le centre de la terre, les saisons se renouvellent sans cesse dans le même ordre, la végétation subit invariablement les mêmes transformations. Les animaux même sont soumis à cette fatalité immuable. L'abeille ne peut pas mal construire ses cellules; le castor, sa hutte; l'oiseau, son nid. Seul dans la création, *l'homme est libre*. Il est libre de faire son devoir ou de ne pas le faire, d'accomplir le bien ou le mal. Les lois humaines peuvent bien lui défendre les actions qui nuiraient au bon ordre de la société; mais aucune ne lui ordonne de se perfectionner, d'être bon et loyal, d'aimer ses semblables et de se dévouer pour eux.

C'est cette liberté du bien en lui-même qui s'appelle la liberté morale. Le croiriez-vous ? Il y a des hommes qui la nient ou la restreignent. N'avez-vous pas entendu des pères ou des mères dire d'un enfant indocile : « Il est si nerveux ! On ne peut pas le contrarier sans danger. Nous sommes bien forcés de tolérer ses impatiences ! » Le petit malin, sans s'en rendre bien compte peut-être, sent très bien qu'il aurait pu être plus soumis et plus respectueux. En lui-même il se dit : « Vous mettez mes fautes sur le compte de mon tempérament, merci ; mais je sens très bien que je pourrais vaincre ce tempérament et je vous respecterais davantage si vous m'y aidiez par une bonne réprimande et même par une correction. »

D'autres prétendent que nous sommes les victimes des habitudes prises. A ceux-là il faut répondre qu'on est libre de prendre les habitudes que l'on veut et qu'avec de l'énergie on se débarrasse de celles qui déshonorent.

Vous avez aussi entendu parler de l'hypnotisme, cette prétendue influence irrésistible qu'une personne exerce sur une autre, au point de substituer sa volonté à la sienne et de lui faire commettre même des crimes. Si cette doctrine était fondée, certains malfaiteurs devraient être considérés comme des sujets passifs et inconscients que la justice humaine ne devrait ni atteindre ni punir. Tous ces raisonneurs savent bien ce qu'ils font. Comprenez ceci : si l'homme n'est pas moralement libre, il n'est pas responsable de ses actes. Donc, quand il fera le mal, plus de remords et plus de châtiment. L'élève paresseux et l'élève studieux, le menteur et le véridique, le bon et le méchant ont droit aux mêmes égards et aux mêmes traitements. Un coupable quelconque pourra toujours attribuer sa faute à une cause qui est en dehors ou au dedans de lui, pour se déclarer irresponsable. Une telle notion aurait des conséquences épouvantables, puisqu'elle autoriserait tous les vices. Je n'ai pas besoin d'insister pour vous faire comprendre qu'elle est absurde. L'homme est *responsable de ses actes*, parce qu'il les accomplit librement, et il le sait très bien. Il sent qu'il doit en supporter les conséquences devant la justice ou l'opinion humaine, devant sa conscience et devant Dieu.

(*Extrait d'un travail d'instituteur.*)

II

EXPLICATION DES MORCEAUX DE LECTURE ET DE RÉCITATION.

Dans son *Cours de lecture expliquée et de composition française*, M. Charles Causeret donne les excellents conseils qui suivent au sujet de l'explication d'une lecture.

Il s'agit d'un morceau de Victor Hugo : *Après la bataille*.

« On connaît, dit-il, cette page superbe où Victor Hugo raconte l'acte de générosité sublime dont son père, le général Hugo, fit preuve, un jour, envers un soldat de l'armée espagnole.

« Le général parcourait avec son fidèle housard, quelques instants après la bataille,

> « Le champ couvert de morts sur qui tombait la nuit.

« Il entend des gémissements plaintifs et aperçoit un Espagnol de l'armée en déroute qui se traînait tout sanglant sur le bord du chemin, râlant, brisé, livide,

> « Et qui disait : « A boire, à boire, par pitié ! »

« Le général, n'écoutant que son bon cœur, tend au housard une gourde de rhum et lui commande de donner à boire au pauvre blessé; mais, au moment où le housard se penche vers lui, l'Espagnol saisit son pistolet et vise au front le général.

> « Donne-lui tout de même à boire », dit mon père.

« Cette magnifique poésie figure, et à juste titre, dans un grand nombre de recueils de morceaux choisis; elle est très connue dans nos écoles urbaines et rurales. On me l'a récitée bien souvent, et, chaque fois, j'ai demandé ce que l'on y trouvait de plus remarquable et de plus frappant. Les réponses ont presque toujours été singulières. Ici, c'est l'idée du champ de bataille, de cette plaine lugubre sur laquelle s'appesantissaient les ombres de la nuit, qui avait surtout fixé l'attention; là, ce sont les cris plaintifs et déchirants du soldat blessé. J'ai même rencontré un enfant qui avait — le croirait-on? — admiré plus que tout le reste la noble prestance et la haute taille du fidèle housard.

« Il faut, à tout prix, épargner à nos élèves de semblables erreurs et d'aussi regrettables contresens, et, pour cela, il faut les exercer de bonne heure, non seulement à expliquer toutes les phrases qui présentent quelque point obscur, mais à trouver les rapports qui unissent ces phrases, non seulement à saisir chaque idée, mais à suivre, dans tous ses détours, dans toutes ses évolutions, parfois si compliquées et si savantes, la marche progressive du sentiment et de la pensée; il faut encore et surtout les habituer à ne pas accorder à toutes les parties d'un développement la même valeur, mais à assigner à chacune le rôle et l'importance qui lui revient.

« Cela ne suffit pas encore. Ce n'est pas assez d'expliquer, comme il convient, la pensée d'un auteur; il est encore nécessaire, surtout lorsqu'on s'adresse aux enfants les plus avancés de nos écoles, et principalement à ceux qui suivent nos cours complémentaires et nos écoles primaires supérieures, il est nécessaire de juger et d'apprécier cette pensée. Toutes les idées d'un écrivain ne sont pas également justes et originales, fortes et élevées. Le style et la langue doivent être aussi l'objet d'un examen attentif : le choix des mots et des phrases, les figures et les formes du langage, ce sont là autant de choses qui permettent au maître de solliciter toutes les forces de l'esprit, et, plus spécialement, de cultiver et de développer le sens critique et le goût.

« Il est facile, après ce qui vient d'être dit, d'apprécier les nombreux et inestimables avantages de la lecture expliquée.

« Les enfants ont une tendance à ne rien voir au delà des mots. Les mots sont tout pour eux, et ils ne soupçonnent même pas qu'il y ait à considérer autre chose. On ne saurait croire avec quelle facilité déplorable les enfants apprennent sans comprendre. Il importe, si nous voulons faire des élèves qui nous sont confiés autre chose que de vulgaires et insupportables perroquets, il importe que nous leur montrions que le mot n'est pas tout, puisqu'il n'est qu'un signe conventionnel qui change et varie suivant les pays et suivant les temps, mais qu'il y a une chose plus importante encore que le mot, qui ne varie pas et ne change pas, qui reste fixe et immuable, nous voulons dire le sentiment et la pensée. L'explication des textes fournit au maître l'occasion de montrer, à côté des termes, l'idée même dont ces termes sont l'expression et le symbole[1]... »

On ne saurait mieux penser ni mieux dire.

Voici, d'ailleurs, ce morceau expliqué par M. Causeret :

Après la bataille.

Le comte Hugo, accompagné d'un housard, parcourt le champ de bataille.

Mon père, ce héros au sourire si doux[2],
Suivi d'un seul housard[3] qu'il aimait entre tous
Pour sa grande bravoure et pour sa haute taille,
Parcourait à cheval, le soir d'une bataille,
Le champ couvert de morts sur qui tombait la nuit[4].

Il entend les plaintes d'un Espagnol blessé qui demande à boire.

Il lui sembla dans l'ombre entendre un faible bruit :
C'était un Espagnol de l'armée en déroute[5]
Qui se traînait, sanglant, sur le bord de la route,
Râlant[6], brisé, livide[7] et mort plus qu'à moitié,
Et qui disait : « A boire! à boire, par pitié! »

---

1. CHARLES CAUSERET, *Cours de lecture expliquée et de composition française*. GÉDALGE, éditeur.

2. *Héros au sourire si doux :* le trait final qui termine le morceau justifie pleinement cette appréciation.

3. *Housard.* On dit plus ordinairement *hussard*, mot d'origine hongroise qui signifie vingtième, parce que, dans les guerres contre les Turcs, chaque village devait fournir, sur vingt hommes, un homme équipé. — *Hussard* désigne aujourd'hui un soldat de cavalerie légère dont l'uniforme ressemble à celui de la cavalerie hongroise.

4. Remarquez la largeur et l'ampleur de la période.

5. *Déroute*, fuite de troupes rompues et en désordre.

6. *Râler*, faire entendre, en respirant, un bruit qui est produit par le passage de l'air à travers les mucosités (sécrétions produites par les membranes muqueuses) accumulées dans les voies respiratoires. — Le *râle* est souvent le précurseur de la mort.

7. *Livide*, couleur plombée entre le noir et le bleu : « Une pâleur *livide* et une froideur mortelle avaient saisi tout son corps. » (FÉNELON, *Télémaque*, VIII.)

Au moment où le housard lui donne à boire, l'Espagnol tire sur le général.	Mon père, ému, tendit à son housard fidèle Une gourde[1] de rhum qui pendait à sa selle, Et dit : « Tiens, donne à boire à ce pauvre blessé. » Tout à coup, au moment où le housard baissé Se penchait vers lui, l'homme, une espèce de Maure[2], Saisit un pistolet qu'il étreignait encore[3], Et vise au front mon père, en criant : « Caramba[4]! » Le coup[5] passa si près que le chapeau tomba, Et que le cheval fit un écart en arrière.
Que dit le général?	« Donne-lui tout de même à boire », dit mon père.

VICTOR HUGO.

(*La Légende des siècles*. Édition Hetzel.)

Remarque. — On comprend sans peine tout ce qu'il y a de grand et d'héroïque dans la conduite du comte Hugo. Le général avait déjà donné la preuve d'une grande bonté d'âme en s'apitoyant sur le sort d'un ennemi blessé et en voulant lui porter secours; mais quand à la plus lâche des perfidies il répond immédiatement par un généreux pardon et par un bienfait, le comte Hugo pousse la vertu jusqu'à l'héroïsme.

---

1. *Gourde*, calebasse ou courge vidée et séchée, dans laquelle on met du vin ou d'autres liquides.

2. *Maures*. Nom, chez les anciens, des habitants de la Mauritanie (partie du Maroc et partie ouest de l'Algérie). Les Maures occupèrent longtemps l'Espagne, en sorte qu'une partie des Espagnols étaient *Maures* d'origine. « Les *Maures* sont assez petits, maigres et de mauvaise mine, avec de l'esprit, de la finesse. » (BUFFON, *Histoire naturelle*. — *L'Homme*.)

3. *Qu'il étreignait encore*, qu'il avait encore la force de serrer, d'étreindre.

4. *Caramba*, juron espagnol.

5. *Coup*, c'est-à-dire la balle. — *Coup* se dit souvent de la décharge d'une arme à feu.

TABLE DES MATIÈRES

II. — DEVOIRS DE L'ENFANT

1° L'ENFANT DANS LA FAMILLE

2° L'ENFANT DANS L'ÉCOLE

3° L'ENFANT BIEN ÉLEVÉ

4° L'ENFANT APPRENTI

III. — DEVOIRS ENVERS LA PATRIE

DEVOIRS CIVIQUES.

IV. — DEVOIRS DE L'HOMME

1° DEVOIRS DE L'HOMME ENVERS LUI-MÊME

2° DEVOIRS ENVERS LE CORPS

3° DEVOIRS RELATIFS AUX BIENS EXTÉRIEURS

4° DEVOIRS ENVERS LES ANIMAUX

5° DEVOIRS ENVERS L'AME

6° DEVOIRS ENVERS LES AUTRES HOMMES

DEVOIRS DE CHARITÉ.

V. — DEVOIRS ENVERS DIEU

APPENDICE

93-2147. Paris. — Imprimerie Charle[illegible] [illegible]lon, 2, rue Blé[illegible]e.

Paris. — Imprimerie CHARLES BLOT, rue Bleue, 7.

www.ingramcontent.com/pod-product-compliance
Lightning Source LLC
LaVergne TN
LVHW010538100826
845148LV00001B/222